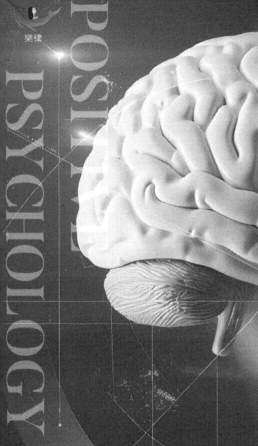

POSITIVE PSYCHOLOGY

U0059373

敘事療法、替身技術、利社會行為、心理場……

「偽裝」的樂觀，掌握內心的平衡

因為人生太悲慘，所以需要
正向心理學

- 掌握情緒的藝術，將內心的紛擾轉化為創造力的泉源
- 透過持續且深入的自我探索，重建生命的意義與方向
- 發現並鍛鍊自身的優秀特質，塑造更強大的個人形象
- 學習建立積極的人際關係，提升社交能力與生活品質

韋志中 著

發掘深層心理力量，彰顯每個人獨一無二的價值！

目錄

目錄

第三章　積極意義轉換

第四章　積極人際關係建設

目錄

前言

當人們開始關注精神層面的滿意度時，人本主義思潮就應運而生了。人本主義的核心內涵是激發人性中的真善美。人本主義認為，身體有自主修復的功能，心理也有自我療癒的能力。當個體對他人施以愛和真誠時，所有的問題都會迎刃而解，所以人本主義比較關注人情層面的理解和尊重。對現代社會來說，這是一個比較完美的理論，但為什麼在社會大眾中，很少看到人本主義的影子，反而正向心理學更受歡迎呢？原因可能有很多，但筆者認為最主要的原因是人本主義沒有把理論技術化，它在解決具體問題方面還有待完善。

人本主義若想實現理論化，就需要對一些理念進行整理歸類，其中肯定會涉及對一些思想的摒棄，這可能會導致人本主義的整體價值降低。另外對一些主要概念進行操作定義，透過數據分析來闡釋其中的原理，這種客觀冰冷的研究也會損害人本主義的理念，所以人本主義的科學化研究還是面臨很大困難的。

正向心理學其實是人本主義的進化，兩者的基本思想沒有多大區別，不同的是，正向心理學已經邁向了科學化。有關正向心理學的實證應用研究已有很多，比如有很多正向心理學在學校中的應用、在家庭中的應用之類的文章，但具體的研究成果還比較少，所以正向心理學要想擁有旺盛的生命力，能夠深入解決人們的實際問題，就要持續在科學實證研究方面下工夫。

另外，在中國，正向心理學是具有本土化特色的。中華文化有漫長的心理學思想歷史，其中的積極思想也不勝列舉。如儒家「安貧樂道」

前言

的生命觀，孟子的「仁、義、禮」的人格觀，老子「禍福無門，唯人所召」的處世觀等。這些思想牢牢根植於傳統文化中，並在個體身上打下深深烙印。彭凱平教授等人也認為，積極情感與先秦儒家「能近取譬」、「實施仁愛」的幸福理念有連繫。從這一點來說，正向心理學的思想在中國是有文化根基的，因此在國民的接受度方面，可能更容易一些。但僅僅只有文化基礎還不夠，正向心理學要想更多地融於社會大眾中，就需要和傳統文化相結合，使它帶有本土化的色彩。當然，這些還需要我們進行不斷的探索。

正向心理學在中國的發展，除了要持續進行科學研究和本土化探索之外，還需要進行一系列的技術化，這樣才能使其理念轉換為具體可操作的方法和技術，從而更好地解決人們的實際問題，讓更多的人因為心理學而受益。但目前的情況是，正向心理學具體的研究成果還比較少，正向心理學的教育和技術都還處於初級階段。

正向心理學主要有兩個服務方向：一個是改寫過去不良情緒的體驗，另一個是塑造未來積極情緒的能力。所以正向心理學不只是對人性中已經淨化出來的原始本能的開發，也不只是立足現在社會人們對幸福的追求，還要對過去遺留下來的心理問題進行處理。因此正向心理學技術不僅需要問題模式，還需要積極干預模式，這樣才能成就積極支持的理念。即問題模式＋積極干預模式＝支持模式。

筆者在心理學社會應用的實踐過程中，發現正向心理學在社會應用過程中要實現的功能主要有四種：培育積極情緒，提升積極特質，轉化積極意義，改善人際關係。故圍繞實現這四種功能將正向心理學技術進行了以下分類。

● 培育積極情緒

正向心理學之父塞里格曼（Martin E. P. Seligman）指出，正向心理學研究的三個方面：第一是積極情緒，第二是積極性個體的個性特質，第三是積極的社會制度。可見積極情緒是正向心理學要研究的一個首要問題。

關於積極情緒的理論研究，目前影響最大的理論當屬擴展－建構模型。該模型認為相對於中性狀態，快樂、滿意等積極情緒能夠擴展個體的注意範圍和思維活動序列。同時積極情緒對於思維活動序列的擴展促進了個體內資源和個體間資源的建設，如增強心理和生理恢復力，增強社會連繫，這有利於個體積極主動地參加活動。

彭凱平教授的大數據研究顯示，人類自 18 世紀初期開始，在兩個重要的心理維度上出現了下滑，一是生活目標、信仰、意義的持續下降，二是人類所體驗到的積極情緒的逐步減少。積極情緒的培育在正向心理學的研究中是至關重要的，怎麼把它轉向技術化，讓更多人體驗到正向心理學的奧妙，是每一個正向心理學者的責任。

如筆者創造的情緒臉譜技術，讓個體在一個安靜的環境下從 72 個臉譜中選擇一個最能代表自己內心情緒的臉譜，然後陳述與該情緒有關的故事，與情緒臉譜直接對話。最後，與情緒臉譜建立某種情感連線，透過詩歌、繪畫、舞蹈等形式表達自己的內心感受。這個技術主要是讓個體了解自己的情緒狀態，進而對不良情緒進行減壓與疏導，並透過積極方向的引導與轉化來實現對積極情緒的培育。

● 提升積極特質

在正向心理學思潮的影響下，心理健康教育逐步向培育積極心理特質轉化。羅素（Bertrand Russell）在《幸福之路》（*The Conquest of Hap-*

piness）中指出：「種種不幸的根源，部分在於社會制度，部分在於個人的心理素養。」一個人幸福與否，幸福的程度如何，在相當程度上取決於他在主觀上是否具備獲得與感受幸福的能力。

積極心理特質是指個體在先天潛能和環境教育互動作用的基礎上形成的相對穩定的正向心理特質，這些心理特質影響或決定著個體思想、情感和行為方式的積極取向，繼而為個體擁有幸福有成的人生奠定基礎。塞里格曼總結出了 24 種主要的積極心理特質，其中包括：好奇和興趣、愛學習、創造性、批判性思維、情感性智力、勇敢、勤奮、正直與誠懇、慈祥、慷慨、愛、忠誠、公正、自我控制和自我調節、審慎、適度和謙虛、對優秀和美麗的敬畏與欣賞、感激、希望、樂觀、信念與信仰、寬恕與仁慈、風趣與幽默、熱情等，並把它們歸納為智慧、勇氣、人性、正義、節制和超越六大美德力量。

目前已有研究發現，積極心理特質在對抗心理壓力、心理疾病時有緩衝作用。積極心理特質有助於個體採取更為有效的應對策略，更好地適應生活中的各種壓力情景。另外積極心理特質可以增加個體的心理資源，幫助個體尋求良好的健康行為與社會支持。積極心理特質的種種優勢就已經表明正向心理學離不開積極特質的培養，個人的主觀幸福感離不開積極特質的訓練。

● 轉化積極意義

人具有追求生命意義的本性，追尋生命意義是人的基本需求。塞里格曼把意義作為幸福的第三元素，他認為意義和積極情緒都含有主觀成分。但積極情緒的主觀展現在你覺得快樂，你就快樂，這是當時當地的個人體驗。而意義則展現在它是否對你的人生發展有價值，你是否在其

中有所收穫。在時間上講，這是一種滯後的感悟式的體驗。

塞里格曼把意義定義為歸屬於和致力於某樣你認為超越自我的東西。而弗蘭克（Viktor Emil Frankl）的意義療法在治療策略上著重引導來訪者尋找和發現生命的意義，樹立明確的生活目標，以積極向上的態度來面對生活。我是誰遠比我會做什麼重要一百倍，懂得生命存在的意義，懂得自己為什麼而活，只有個人存在的意義問題得到真正的解決，人才能夠更好地發展。所以在技術轉化階段，以積極意義轉化作為主要方向是有重要意義的。

既然積極意義轉化如此重要，那麼意義轉化途徑就是我們創作的方向。在本技術環節中，我們利用的載體形式主要有繪畫、故事等。如繪畫形式有：繪畫九宮格我的童年故事、繪畫我的教師生涯（自我認同、職業認同）、連環畫、心理刮痧之心理穴點陣圖（繪畫）、十年繪畫；故事形式有：講故事（塞翁的故事、掌燈之教等）、心理刮痧之心理按摩（講故事）、親愛的小石頭等。

● 改善人際關係

美國著名的心理學家和人際關係學家戴爾·卡內基（Dale Carnegie）說：「一個人的成功，只有15%是靠他的專業技術，而85%要靠人際關係和他待人處事的能力。」此話道出了人際交往的重要性。中國著名心理學家丁瓚教授曾經指出，人類的心理適應，最重要的就是對人際關係的適應。所以人際關係不僅關係到事業的成功，還牽涉到心理健康的標準。塞里格曼在《邁向圓滿》（Flourish）一書中提出幸福的五元素：積極情緒、投入、人際關係、成就和意義。所以在正向心理學技術的轉化中，人際關係建設的技術已成為個體幸福的重要標準之一。

前言

　　曾經有一項調查，是針對 10 個國家的 3,000 名社會上層人士，整體而言，這些人都認為自己的生活是成功的，當再問他們成功的決定因素是什麼，結果有 96％的人認為是幸福的家庭，95％的人認為是真正的朋友，93％的人認為自由時光最重要，91％的人認為有道德的、有尊嚴的生活最重要。所以，成功人士並有沒有提到職位，也沒有提到財富、職稱，他們更多地提到決定人幸福的最主要的一點是人際關係。

　　在積極人際關係建設的技術中，我們就是要充分挖掘人性中的積極方面，使個體能真正地從與他人的交往中感受到自我存在的價值以及他人對自己的重要影響，從而建構更和諧的人際關係和生命的意義。

　　正向心理學在走向大眾服務的過程中，除了繼續堅持科學化、本土化之外，更需要把核心理念技術化，並且把技術分類細化，以使正向心理學的理念能更加靈活地應用到各個領域中去。積極特質的培育、積極情緒的表達、積極人際關係的建設以及積極意義的轉化已基本囊括了正向心理學思想的各個方面。當然，以這四種功能為目標的正向心理學技術的轉化還需要進一步的探索。雖然在這方面我們已做了不少工作，但技術的製造和創新是沒有止境的，希望在未來發展過程中對其繼續進行探討與優化。

第一章
積極情緒表達

丹尼爾・韋格納（Daniel Wegner）的反語處理假說認為，「當我們抑制非自然現象時，通常會適得其反」，當我們准許自己為人，傾向於釋放感情，放開心胸，才能使更多的積極情緒得以釋放，這就是治療產生作用的原因，就是為什麼和朋友分享、與人傾訴和寫日記能夠有所幫助的原因。

正向心理學之父塞里格曼指出，正向心理學研究的三個方面：第一是積極情緒；第二是積極性個體的個性特質；第三是積極的社會制度。可見積極情緒是正向心理學要研究的一個首要問題。

關於積極情緒的理論研究，目前影響最大的理論當屬擴展－建構模型。該模型認為相對於中性狀態，快樂、滿意等積極情緒能夠擴展個體的注意範圍和思維活動序列。同時積極情緒對於思維活動序列的擴展促進了個體內資源和個體間資源的建設，如增強心理和生理恢復力，增強社會連繫，這有利於個體積極主動地參加活動。

彭凱平教授的大數據研究顯示，人類自 18 世紀初期開始，在兩個重要的心理維度上出現了下滑，一是生活目標、信仰、意義的持續下降，二是人類所體驗到的積極情緒的逐步減少。積極情緒的培育在正向心理學的研究中是至關重要的。

情緒畫
—— 顏色對情緒的影響

問題提出

當我們看到藍色的時候，腦海中會浮現出藍天或者大海，當我們看到綠色的時候，想到的是綠草或森林，這些大自然先天的顏色往往會影響我們的情緒。心情不好時，選擇灰色或者黑色，興高采烈時，熱衷紅色或者橘色。顏色就是這麼神奇，既可以代表自然，也可以代表人類，既可以呈現外物的活力，也可以彰顯內心的動靜。所以當我們不想和別人交談時，當我們想一個人靜靜時，不妨選擇用顏色來書寫心情。

技術理念

● （1）顏色對心理的影響

眾所周知，顏色對人的心理和生理影響很大，就好像我們選擇的食物會對身體健康產生不容忽視的影響一樣。顏色對精神和生命活力可以造成非常重要的作用，同時也會刺激人的心理活動。

顏色，是光波作用於人眼所引起的視覺經驗，包括色相、明度、彩度三個基本特性。據猜想，正常視力者可區分 230 多萬種純色，無數種

混合色。最早對顏色與心理功能之間的關係展開論述的是歌德的「色彩論」。歌德（Johann Wolfgang von Goethe）就顏色對情緒的影響給出了最直觀的理解，他將顏色分為「加色」和「減色」兩類。典型「加色」如黃色，易使知覺者充滿生機，備感溫暖和鼓舞。典型「減色」如藍色，易使知覺者感到寒冷、疲倦或焦慮。奧特從生理學角度出發，發現當知覺到粉色或橘黃色等「加色（暖色）」時，肌肉功能因受到內分泌系統的調節而減弱，而藍色等「減色（冷色）」卻會使肌肉功能增強。我們的心情可以靠顏色來描繪。比如：你今天的心情可能是天空般的藍色，透明而憂鬱；是陽光般的金色，燦爛得不像話；是暴風雨來臨前的灰色，沉到谷底……將色彩與心情配成對，透過描繪顏色來紓解自己的心情。情緒畫技術，就是讓你真正具有管理情緒，與情緒和諧相處的能力。

你如何應對情緒，控制情緒呢？是咬破嘴唇也不能哭出來，還是握斷拳頭也不能有一絲憤怒的跡象，還是心花怒放也不能放聲大笑以防損害淑女形象……

我們堅信所謂的樂觀就是時時開心，所謂的幸福就是沒有壞情緒，覺得那才是理想的生活境界。只是卻不曾想過，沒有情緒起伏的人生，將是多麼乏味和無聊。我不贊成對情緒用「控制」這樣的詞語，在多年的臨床經驗中，我也無數次碰到因為情緒控制、壓抑過度而造成的心理問題。和情緒相處，良好地管理情緒，你會發現情緒其實是個很可愛的孩子。

● （2）情緒管理能力

情緒管理能力是指你對情緒的一些自我管理的能力。「情緒管理」即以最恰當的方式來表達情緒。如同亞里斯多德所言：「任何人都會生氣，

這沒什麼難的，但要能適時適所，以適當的方式對適當的對象恰如其分地生氣，可就難上加難。」據此，我們可以看出，情緒管理指的是在合適的時間、合適的地點，對合適的對象恰如其分地表達情緒。

那麼，我們應該如何做到良好的情緒管理呢？

首先，需要情緒的自我覺察。一個人所具備的、能夠監控自己經常變化的情緒狀態的直覺，是自我理解和心理領悟力的基礎。如果一個人不具有這種對情緒的自我覺察能力，或者說不認識自己真實的情緒感受的話，就容易聽憑自己情緒的擺布，做出許多遺憾的事情來。在實際生活中可以發現，人們在處理自己的情緒與行為表現時風格各異，你可以對照一下，看看自己是哪種風格的人。

傳統上處理自己的情緒只有三種途徑：

* 忍：隱藏在心裡；
* 發：發洩出來；
* 逃：使自己忙碌不去想起有關的事情。

實際上這三種解決情緒問題的途徑都沒有效果。隱藏在心裡會造成個人的心情不穩定，現在的科學研究更證實這會引起嚴重的健康問題。發洩出來的方式包括發脾氣（這影響了人際關係和別人對你的看法）、暴食或瘋狂購物等行為，每次發洩過後還是覺得沒有徹底解決，經常要重複發洩，造成很大的後遺症。使自己忙碌不去想起有關的事情，當時有點效果，但是每當夜闌人靜，獨自一人時，事情和情緒便又再湧出來，往往還會造成失眠的問題。

處理他人的情緒的方式，通常有四種類型：

交換型

給予一些對方在乎的價值去驅使對方的情緒暫時消失，例如給小孩子糖果要他停止哭泣，帶對方去唱歌、飲酒驅走不良情緒。這些方法都是暫時性的，因為沒有解決引發情緒的事情，只要那些活動消失，事情引起的情緒又會再次出現。

懲罰型

把情緒看作是惡毒的東西，是不應該出現的，對方應因此而受罰，就像威嚇孩子說再哭便會打他。若對方是成年人，懲罰包括拒絕溝通、冷淡、冷言冷語、斥責等。這樣孤立對方並不能舒緩他的情緒，只會使他產生更多的消極情緒。

冷漠型

認為成年人應該控制自己的情緒，或者不應把情緒顯露出來，同時又認為情緒是個人自己的事情，應該自己處理。所以，擁有這個類型的行為模式的人會完全漠視對方的情緒，又或者直接向對方表示對方應自己處理好情緒，而不會提供任何建議或幫助。

說教型

顧名思義，說大量的道理，而不顧對方的感受，這很容易使對方陷入更大的情緒困境中。

其次，需要情緒的自我調控。情緒的自我調控是建立在對情緒狀態的自我覺知的基礎上的，是指一個人如何有效地擺脫焦慮、沮喪、激動、憤怒或煩惱等，如何有效擺脫因工作失敗或不順利而產生的消極情緒的能力。這種能力的高低，會影響一個人的工作、學習和生活。情緒的自我調控能力低下，會使自己總是處於痛苦的情緒漩渦中。自我調控

能力高，則可以使自己從情感的挫折或失敗中得到迅速調整。

以前的人認為「有修養」就是良好情緒管理能力的同義詞，而「有修養」就是不會在人前發脾氣，或者哭出來。其實，那只不過是個體在壓抑某些情緒而已，價值很低。一個人調控情緒，需要具備以下四種能力：

自覺力

隨時隨地都清楚自己處於怎樣的情緒狀態之中，也就是說總是與自己的感覺在一起，這就是情緒的自我覺察能力。

理解力

明白情緒的來源不是外界的人、事、物，而是自己內心的信念系統。這就是說，清楚了解自己的信念、價值觀與規範裡什麼地方受到冒犯，因而產生情緒。這點也就決定了一個人是被環境所控制（因而充滿無力感），還是把自己的人生放在自己的手裡。因為信念系統是自己可以改變的東西，而外界的人、事、物則是一個人無法控制的變數。

運用力

認識負面情緒的正面價值和意義，因而可以在三贏（我好、你好、世界好）的基礎上運用它，去獲得更高的成功快樂。也就是指使負面情緒總具備正面情緒的性質。

擺脫力

當某種負面情緒不能幫助自己獲得更高的成功快樂時，能夠使自己從這種情緒中擺脫出來，進入另外一種更有幫助的情緒狀態。

核心目標

● （1）認識自己的情緒

　　一天的時間說長也不長，就是 24 個小時，三頓飯吃完也就過去了。但是說短也不短，人類的腦細胞每天要死亡約 10 萬個（越不用腦，腦細胞死亡越多），拆分成小時來計算，人一小時步行能走五公里，火車能行幾百公里，飛機能行幾千里，而「神七」則可以圍繞地球轉大半圈。所以在一天中，我們其實會經歷許多事情，也會產生很多想法。每一件事情都會引發相應的情緒，每一個想法也會啟用相應的情緒，所以人在一天中會體驗到各式各樣的情緒，但是究竟是一種情緒占主導，還是幾種情緒混雜在一起，這是需要我們用心來感受的。心理畫技術提供了一個感受情緒的空間和時間，在作畫期間，我們用心感悟，隨意揮灑，將自己的情緒淋漓盡致地發揮出來。描繪自己的情緒，表達自己的情緒，宣洩自己的情緒，這些都可以透過情緒畫得到實現。

● （2）釋放不良情緒

　　我們每天都會遇到一些煩心事，可並不是所有的不良情緒都會得到有效發洩。有些消極情緒可能當時覺得沒什麼大問題，可時間一長，不良情緒日積月累，就會影響個體以後的性格和態度，甚至使個體一生都打上消極的烙印。所以及時疏通不良情緒，是身心健康的保障之一。在此技術中，我們每天都進行情緒畫的創作，每天都對消極情緒進行疏解，從而營造積極健康的心態。

技術特點與優勢

●（1）繪畫操作，簡單易行

　　大家對於繪畫，是熟悉得不能再熟悉了，當我們還沒有上學時，就開始接觸繪畫，當然至於繪畫水準的高低，就不能一概而論了。但在此技術中，我們不講究繪畫的技術，只關注繪畫的顏色。你只需要找出能夠代表你今天心情的顏色，然後隨著自己的感覺隨意揮灑就可以了。至於畫完之後是一幅什麼樣的成品，我們是不做評價的。繪畫的過程遠比繪畫的結果更重要，繪畫的顏色遠比繪畫的技術更可靠，這就是情緒畫的特色。

●（2）多種藝術表達相結合，更好地釋放不良情緒

　　情緒畫不單單只是繪畫，還包括說話。當我們繪畫完畢後，需要對繪畫的內容進行一個總結。這個總結可以是一篇小文章，也可以是一篇詩歌，隨著大家的喜好選擇。總之，心中的語言加上書面的語言，往往更能發揮效力，多種藝術表達相結合，更能治癒心靈。

技術操作指南

1. 每天在一個固定的安靜的時間裡，放鬆下來，仔細回想一下今天發生的事情，認真地體驗自己的情緒，是悲傷，是歡喜，是憤怒，還是無聊。辨識一下自己的情緒究竟是什麼。

2. 選擇一種或幾種代表今天心情的顏色。比如紅色代表憤怒、藍色代表憂鬱、黑色代表恐懼。當然你可以盡情發揮想像力，找到最能表達心情的顏色。接下來以顏色為主題，在紙上隨意把情緒畫出來。

3. 用心感受自己內心的情緒的顏色和形狀。繪畫時可以天馬行空，毫無顧忌，只要表達內心最真實的情感即可。

4. 反思自己在繪畫過程中存在的矛盾和衝突，學會和自己的畫交朋友。

5. 作畫完畢，餘興未了，不妨看圖說話，以今天的畫作為題目寫一篇小文章，說說自己在這幅畫中看到了什麼。小文章配合繪畫是不良情緒釋放的最佳拍檔。

故事接龍
—— 運用故事療法進行積極情緒表達

問題提出

說起「接龍」，大家腦海中想到的可能就是「成語接龍」、「紙牌接龍」這種經典的遊戲。可大家知道為什麼學成語，要用成語接龍的方法呢？因為興趣是最好的老師，激發同學的興趣遠比在黑板上教同學幾百個成語有效得多。這是借外在條件引發孩子的內在動機，化被動為主動的一種教學法，也是教育界和心理學界比較推崇的方法。

成語接龍，是一種知識的傳遞和展現，其實也是我們文化、文明的一個縮影。那麼如果我們用大眾更能接受的形式來進行接龍遊戲，會不會有不一樣的效果呢？這其實在教育中是有所展現的。

幼兒時期，老師為了激發孩子們的想像力，會給出故事的開始，讓孩子們編創故事的過程和結果。孩子在這個過程中，透過你一言我一語的接話，可以任由想像發揮。

美國著名的兒童智力發展研究專家簡・海麗（Jane Hailey）認為，鼓勵孩子編故事不僅是一種語言訓練，更重要的是可以幫助孩子運用自己的想像與推理能力，得到出乎意料的結論。

技術理念

　　故事療法的產生其實遠遠早於心理學者將它運用於心理治療中。對於一個文明社會的生存而言，價值觀的傳承從古到今都是使用故事作為媒介。在文明社會的初期，如果故事可以配合社會團體的需求，人們便會直接利用這些資訊作為學習的材料，講故事的人可以有效掩飾、合併價值資訊，減少威脅性。透過這種方法，講故事的人巧妙迴避了聽眾的防禦心態。

　　敘事療法是一種新穎獨到的心理治療模式。它蘊含了後現代主義精神，又符合中國人心理特點，真正展現了心理諮商、心理治療「助人自助」與「以人為本」的基本精神。

　　後現代主義是 1960 年代產生於西方先進國家的泛文化思潮，現已廣泛存在於文學藝術、歷史學、社會學、政治學、哲學等意識形態領域之中。它以否定、超越西方近現代主流文化的理論基礎、思維方式、價值取向為基本特徵，以「去中心」和「多元化」、提倡差異性與創造性為基本精神。在後現代主義心理治療師的觀念中，任何求治者都是一個特殊的個體，每個人都有獨特的成長環境和人生經驗，而將其診斷歸類為某種精神疾病並採用所謂正確治療方案的傳統經驗模式是不適當的，心理治療都應是個別化而非普遍性或系統化的。後現代主義心理治療師們透過對現代各種心理治療流派的批評與解構，應用社會建構主義並借鑑結構主義敘事論，「運用故事的隱喻，把眾人的生活當成故事，以有意義且能實踐的方式，體驗他們的生活的故事，以此治療他們。以社會建構的隱喻，以人和人、人和習俗制度間的互動，建構每個人的社會和人際的現狀，並把焦點放在社會現狀對人類生活意義的影響上來」。

積極心理治療的理論和方法由德國神經科專家、心理治療醫師佩塞施基安（Hamid Peseschkian）所創立。他在心理治療中嘗試把東西方文化相結合，進行一種綜合的治療模式。這一方法強調心理矛盾和衝突的積極方面，認為在每個人身上都具有實際的和潛在的能力，在治療中運用直覺和想像以及寓言故事作為諮商師與求助者之間的媒介，在不與求助者的觀念發生直接衝突的情況下提出改變其觀念的建議，從積極的方面重新認識和評價問題，喚醒求助者的自助能力，消除求助者的消極想像，從而達到治療的目的。

在生理生物學的研究中有這樣的推斷：故事能夠改變人的思維方式以及人對某種事物的感受。因此故事也同樣能改變人的心理與生活過程。我們觀察那些聽故事聽得入了迷的人就會發現他們身上發生的一系列心理與生理的連帶變化，如呼吸的變化、肌肉運動的變化、心率的變化等。故事能強化和豐富人的體驗，宣傳某種生活方式、人生哲學。故事本身可以幫助聽故事的人採取預防性的措施應對在未來生活中可能出現的問題，並提供有效的方法使問題迎刃而解。我們自身是故事創作的泉源，故事幫助我們認識和定義自我，交流彼此的體驗與感受，使人處於一種樂觀向上的心理狀態中。透過調節態度、情感、行為模式，促進個人與環境的協調，從而保證一種健康的身心狀態。

核心目標

他人的故事本身就具有話題性，透過自己的理解，對故事進行鋪墊和發展，這可以展現我們的思維水準和推理能力。但關於自我的故事，意義就會大不相同。我們自己做主角，自己做編導，同時自己還做觀

眾，三個不同的身分更能從不同方面展現自我意識和自我認同。

我們給自己一個品格定位，並用自己的親身經歷或者編造的自己的故事來展現它，然後透過自己的言語來詮釋它，還讓主觀存在的我去評價它，這本身就具有戲劇效果。再加上對他人故事的情景連結，對他人故事的評價或者總結。可以說，這既是自我認同的技術，也是讀懂他人的技術，我們自己的積極情緒會得到強化，也會因他人的表達得到昇華。

技術特點與優勢

我們羅列出比較積極的五個自我感受，例如：滿意、感激、愛、快樂、自豪。然後每人分享一個關於自我感受的事例，事件是非常具體鮮明的，可以很好地表達我對自己的認知。這樣四五個人分享下來，不僅自己的自我感受會得到強化和昇華，同時還會受到他人自我感受的滋養，滿意、感激、快樂等積極感受我們一下子全品味過了，正能量就會流遍全身，還帶有不同的溫度和強度。這是何等的舒服和愜意，瞬時就會讓人覺得如沐春風，生機盎然。

技術操作指南

1. 尋找七八個同伴，和你一同來體驗。
2. 製作一份自己的積極感受清單，五六個感受即可。如：滿意、感激、愛、快樂、自豪。
3. 每人準備紙筆，寫出你自己的積極感受，並給出具體的事件支持。

4. 同伴們圍成一個圓圈,每人輪流分享自己的感受和事件。第一個人
分享之後,第二個人分享的感受和事件要和第一個人的故事的情景
連結。你可以給出自己的思考和總結。這樣依次進行發言表達。

5. 事件分享完畢後,每個人可在此基礎上,昇華自己的體驗。自由表
達對於分享事件的感受,包括自己的事件和他人的事件。

參考文獻

1. 汪明春(2010)·積極心理學與故事敘事取向在團體心理輔導中應用
的研究·黑龍江教育學院學報·

2. 魏源(2004)·解構並重述生命的故事:敘事療法述評·台州學院
學報·

3. 趙漪蓉(2007)·互說故事療法對兒童問題行為的干預研究·華東師
範大學碩士論文·

黏貼畫

—— 透過黏貼畫技術進行情緒表達

問題提出

提起黏貼畫，大家一定不會覺得陌生，就是在廢舊的雜誌、報紙上選擇自己喜歡的圖畫或裁剪出所需的圖案，在黏貼紙上重新排列組合，黏貼成畫。這個操作非常簡單，且很有趣味性，一直深受現在小孩子的喜歡。其實在心理學領域內，黏貼畫也是一門獨特的心理治療方法。

技術理念

黏貼畫療法源自日本，其創意來源於「便於攜帶的沙盤療法」。沙盤療法雖然是非常有效的療法，但是需要治療師隨時準備沙盤和玩具等裝置。為了能在沒有沙盤療法裝置的情況下也能進行心理治療，日本的森谷寬之在沙盤療法的啟發下，於 1987 年開發了黏貼畫療法。

黏貼畫療法以榮格的分析心理學，尤其是他的無意識理論和積極想像技術為理論基礎。榮格認為當一個人的意識與無意識之間搭起了溝通的橋梁時，無意識豐富了意識的內容，意識又照亮了無意識的世界，它們從對立面走向融合，從而使一個人的認知增強、人格發展壯大。黏貼畫療法就是在一個安全、不受干擾的環境下，選擇、排列圖片以創造圖

畫，透過自由、創造性的遊戲，使無意識過程以圖畫的形式顯現出來，與意識進行無聲的交流，從而達到令人意想不到的治療效果。在來訪者的第一個黏貼畫作品中，意識與無意識的對峙、交流就開始了。之後透過一系列的遊戲過程，無意識的能量逐漸釋放，意識與無意識的對立逐漸轉化，最終達到和諧一致，人格整合，也就是榮格所說的治療的最終目標——達到自性化階段。

黏貼畫療法是黏貼畫技法和沙盤治療的結合體，與沙盤相比，對場地和設施的要求更寬鬆、更便於實施。一般要求來訪者在一個安靜的環境中（如安靜的教室），在廢舊的雜誌、報紙上選擇自己喜歡的圖畫，或裁剪出所需的圖案，然後將剪裁好的圖畫、圖案在黏貼紙上重新排列組合，黏貼成畫。基本方法分為兩種：一種是來訪者自己剪裁圖案、自己黏貼；另一種是諮商師根據來訪者可能的需求而剪裁出圖案，然後交給來訪者進行黏貼。黏貼好的作品將作為來訪者與諮商師溝通的媒介。

在兒童做黏貼畫的過程中，諮商師要陪伴在其周圍，以便及時發現來訪者在創作過程中所洩露出的種種祕密。當黏貼畫完成之後，諮商師要調查一些來訪者惹人注意的舉動的特殊含義，詢問每一個形象具體代表著什麼，或提出一些其他的問題。當一幅黏貼畫完成之後，諮商師就要圍繞著對主題或擴展主題的興趣與來訪者展開討論。

兒童的言語發展水準常常使得他們不能夠表達特殊的需求和特別的想法，所以黏貼畫對兒童有特殊的意義。尤其是在兒童面臨巨大災難後，其內心的恐懼和監護人的幫助可能會干擾兒童的言語表達，此時黏貼畫技術就像一扇窗，可以幫助諮商師開啟或者透視兒童的心靈。在治療過程中，諮商師根據兒童完成的黏貼畫及作畫過程中的行為表現，去

洞察兒童的潛意識。這種類似遊戲的方式可以讓兒童自由地表達自我、宣洩不良情緒，並逐步找回安全感和歸屬感。

黏貼畫療法在兒童心理干預中具有重要作用。兒童除了在認知、生理、心理、社會或生活自理技能等方面與成人有著明顯的差距外，也常在語言表達及溝通方面存在一定的困難。因此，當兒童發生情緒與行為的困擾問題時，如何介入非語言溝通和活動化的治療或輔導方案，常是教師和治療人員頗感興趣的課題。在非語言溝通的治療方案中，透過美術活動及遊戲治療的模式，以視覺藝術題材作為表達和治療的工具，能提供給兒童另一種表達和溝通的機會，並能統合兒童的感覺、動作和認知，調和其情緒和行為的衝突，將意念化為具體的圖畫心像與概念，幫助兒童從事探索、分享與回饋，是促進兒童在認知、動作、溝通、情緒和行為等方面潛能發展的另一種可行途徑。

當然此技術在成人世界中仍然流行。成人的自我保護欲都很強，不願意向別人洩漏自己的心事，對於生活或工作中的煩心事件，大部分成年人選擇「苦往肚裡咽」，這種壓抑的情緒如果長時間得不到疏導，就容易「破堤而出，一瀉千里」，現如今出現的這麼多患有精神疾病和心理疾病的人，大多數都是由於不良情緒引發的。所以利用黏貼畫技術來為成人疏導負面情緒，緩解內心的壓抑情緒，也不失為一種好方法。

核心目標

透過黏貼畫技術來洞悉來訪者潛意識的情感，把埋藏在冰山下的壓抑和焦慮「拎」出來，接受意識的察覺和修復，從而進行負面情緒疏導和積極情緒的轉化。

技術特點與優勢

● （1）黏貼畫療法易於操作

在廢舊的雜誌、報紙上選擇喜歡的圖畫，或裁剪出所需的圖案，在黏貼紙上重新排列就可以構成一幅黏貼畫。這種簡單快速的方法非常適合現代人的心理需求。

● （2）遊戲對於個體來說可以是一種憤怒、敵視情感的發洩

它是一種能被社會接受，且不會傷害他人的發洩方法。在做黏貼畫的過程中，個體透過自由表達自己內心的情緒情感，使自己的潛意識自由流露於作品中，使其恐慌、悲傷、憤怒等情感能量得以釋放。

技術操作指南

1. 成員把不需要的報紙和雜誌堆放在一起。
2. 成員從報紙和雜誌中選擇一些自己喜歡的圖案，並把它剪下來。
3. 成員把剪下來的圖畫按自己喜歡的方式黏貼在白紙上。
4. 老師可以進行現場指導，分析黏貼畫所代表的內心感覺。

參考文獻

1. 崔光成，張嘉瑋（1994）·兒童中心遊戲療法·中國心理衛生雜誌·
2. 李江雪，申荷永（2004）·沙盤遊戲療法的理論與應用·大慶師範學院學報·

3. 徐光興（2012）‧兒童遊戲療法心理案例集‧吉林出版集團有限責任公司‧

4. 薛飛，張紹剛（2009）‧黏貼畫療法在災後兒童心理危機干預中的應用‧現代中小學教育‧

5. 肇嘉，劉建新，蔡成后，古麗丹（2006）‧沙盤遊戲與心理疾病的治療‧廣東高等教育出版社‧

情緒臉譜

—— 表達自己的情緒

問題提出

　　情緒，是每一個人都具有的主觀體驗。我們和情緒相伴相生，不管我們從事什麼工作，過著怎樣的生活，有著怎樣的生存狀態，只要我們還在社會中存活，只要我們還具有基本的知覺、記憶和思維，我們都無法和情緒脫離關係。可是現在，人們卻被情緒困擾，被情緒糾纏，甚至身陷其中，無法自拔。

　　已有研究顯示，90％的疾病源於情緒，源於情緒得不到表達、釋放和宣洩。我們知道，內在的事物需要外在的表達才能實現內外在的和諧統一，既然情緒是一種主觀體驗和內心活動，自然也需要外在的表達。當我們感受到快樂時，我們會透過唱、跳、笑、說等方式來抒發這種快樂，這樣我們才會覺得盡興、暢快。如果我們不進行表達呢？就會產生焦慮、煩躁、憂鬱等感受，而這些情感都屬於非健康狀態。於是因為沒有表達快樂，我們產生了不健康的心理狀態。相比負性情緒來說，正向情緒是人們比較樂於表達的，對於負性情緒，如擔心、恐懼、嫉妒、仇恨，我們總不願意將其表達出來，因為大部分人認為，表達消極情緒，會影響自己的人格魅力。比如緊張，如果你向別人說出來，別人可能會

覺得你小題大做，會覺得你沒見過世面，心理狀態怎麼這麼差等。就是因為我們太過於在乎自己的面子，所以往往選擇壓抑自己，什麼事都朝肚子裡咽，長久下去，我們就會變成一團「有毒氣體」。

所謂的「有毒氣體」，是經過科學認證的。美國科學家艾爾瑪（Elmer Gates）曾做過一個實驗，將人在不同情緒下撥出的氣體，放到0°C的環境下進行液化。結果發現：人在情緒好時撥出的氣體，液化後變成無色透明的液體。人在憤怒時撥出的氣體，液化後變成帶有顆粒物的紫色液體。人在悲傷時撥出的氣體，液化後變成了帶有沉澱的白色液體。科學家又進一步將人在憤怒時撥出的氣體液化後的紫色液體注射入大白鼠體內，發現大白鼠在幾分鐘之後死亡。這個實驗結果告訴我們，憤怒、悲傷、憂鬱等負性情緒「毒性」相當大。

技術理念

負性情緒的毒性特別大，但人們寧願讓其侵蝕心靈，也不願意將其表達出來。但我們要想實現真正的心理成長，就需要把我們內心深處那些人之常情，那些羞愧之心、悲憫之心、是非之心激發出來，這樣我們才更有勇氣面對當下與未來，並且可以隨遇而安。負性情緒可能會損害我們的面子，傷害我們的自尊，但我們只有正視自己的情緒，才能夠接納它成為自己的一部分，進而才能微笑著與它和解。

消極情緒或積極情緒並不是每一個人的專屬。七情六慾每個人都會體會到，高興的事情，大家都樂於接受，悲傷的事，有些人傷感一陣子後就會重新振作，但有些人卻整日愁容滿面，悶悶不樂。為什麼會出現這種情況呢？表達是主要因素之一。悲傷的情緒找到了宣洩口，就會得

到疏通，心情也會漸漸變得順暢起來。如果得不到宣洩，消沉之水就會一直積在心中，不僅侵蝕我們的心靈，還會汙染積極情緒的活泉。所以，消極情緒需要表達，也必須表達出來。

在我們的傳統文化中，臉譜是一種表現人物性格和特徵的主要繪畫藝術。關於臉譜的起源，有一種說法是為了歌頌蘭陵王的戰功。蘭陵王英勇善戰，在戰爭中常常大敗敵軍，但由於他長相俊美，不但在戰場上起不到威懾敵人的作用，還經常引來輕視。他的敵軍爭相上前跟他交手，耗費了他大量的體力和武力。後來蘭陵王找到了用面具遮住臉的方法，就是在木製的面具上雕出可怕的神態，塗抹上陰沉的色彩，營造出陰狠嚇人的效果，讓敵人看上去就會產生可怕的感覺。從此蘭陵王不僅時常取勝，還創造了許多以少勝多的戰績。雖說蘭陵王的面具是為了遮住面容，但其實也是其性格、情緒的彰顯。蘭陵王想讓敵軍知道自己不是玉面小生，不是軟柿子，就採用表情陰狠的面具來向敵方證明，「我是英勇無敵的，我是你們的無極煞星」。

而在現代社會中，我們沒有蘭陵王的樣貌困擾，但卻有蘭陵王的情緒困惑，只不過蘭陵王是急於表達，而我們卻是為了隱忍情緒。我們可以和蘭陵王一樣，選擇臉譜工具來進行情緒表達，可以根據自己的心境來選擇屬於自己的色彩和圖案。如果你覺得自己耿直且忠義，你就可以選擇紅色臉譜；如果你覺得自己性格嚴肅、不苟言笑，你就可以選擇黑色臉譜；如果你覺得自己脾氣比較暴躁，你就可以選擇黃色臉譜……臉譜藝術作為傳統文化之一，透過其造型和顏色、圖案，就可以明確告訴欣賞者這個人物的性格特徵和道德取向。其色彩鮮明，圖案多變，形成了強烈的藝術刺激，可以對觀眾造成振奮、宣洩和震動的作用。當我們挑選一個臉譜作為自己情緒表達的對象時，我們其實是可以對其產生共

鳴的。這個臉譜就是我們當時內心的寫照，就是自己此刻內心的面部表情。我們在情感上和認知上都比較容易接受這種工具性的表達，因為它是有文化底蘊的，這是我們對傳統文化的認同。另外，對於臉譜我們並不陌生，許多戲劇舞臺上都有呈現，甚至還有專門的臉譜歌，也許大家都可以哼唱出來。所以透過臉譜來與情緒對話，既有文化基因，又有現實意義。

核心目標

我們每天都會經歷多種情緒，但並不是每一種都會得到宣洩和表達。對於一些難以啟齒的情緒，我們往往會選擇壓抑。也許當時這是一種權宜之計，我們不得已而為之。但事後如果沒有對其進行合理的疏導，這種情緒就會長期積壓在心中，影響我們的生活和工作，嚴重者甚至還會產生身心疾病。所以此技術旨在幫助人們宣洩自己的不良情緒。也許這些情緒已被埋入潛意識之中，但透過臉譜的呈現，我們可以把潛意識內的情緒挖掘出來，進而進行減壓和疏導。

另外，我們也想透過此技術，明確告知人們積極情緒的重要性。每個人都追尋開心幸福的時光，但快樂並不是時時刻刻都存在的。我們不免會被一些消極情緒所干擾。如果消極情緒積壓過多，積極情緒也就失去了正向的效力。即使我們不能化悲痛為力量，不能化消極為積極，但至少我們要懂得如何不影響積極情緒的表達，不能因為消極情緒占上風，我們就忽視了積極情緒的作用。

消極情緒對身心的影響，可以使我們從中意識到積極情緒的重要性。如果我們擁有較多的積極情緒，我們不單單可以感覺到快樂、滿

足、幸福、自信、樂觀、向上，還可以擴展我們的視野，使我們對思考和行動保持更加開放的心態，並且比平常更具有創造性，弗雷德里克森（Barbara Lee Fredrickson）把這稱為「積極情緒的擴建理論」。假定一個人在第一天狩獵時獲得了一頭肥碩的梅花鹿，他肯定會產生高興的情緒，這時候他的行為可能是手舞足蹈。當他第二天又獲得一頭肥碩的大山羊時，他就不一定和第一天那樣手舞足蹈了，而可能會透過大喊大叫來慶祝。也就是說在愉悅情緒的影響下，個體的行為可能是多種多樣而沒有規律的 —— 只要這些行為能表達出他的興奮就好。因此，在積極情緒的作用下，人就會有多種行為（或思想）選擇，甚至可以創造出一種前所未有的新行為、新思想。反過來，當個體能用各種方式來表達自己高興的情緒時，他對積極情緒的體驗又會更深刻、更徹底，而這本身又會促使個體不斷地想去創造條件複製這種積極情緒的體驗。

透過情緒臉譜，我們與情緒對話，與自我進行交流，進而可以更好地認識自己。認識自我這個命題，從古至今，從西方到東方，一直為人們所探討。現在關於自我的認知已不僅僅是哲學命題，還是心理學比較關注的方向。我們大多數人往往被外在事物所驅趕、所鞭策，卻忽視了心靈的安靜和和諧。現在大多數人一談到有關精神、心理的話題，就懷疑是不是洗腦，是不是傳銷，一些人對心理學的認知已比較偏激。雖然大多數人知道心理學的存在，但是卻不能給心理學下一個完整的定義，不能理性地看待心理學的服務對象，這是我們社會發展的阻礙，也是心理學邁向大眾的桎梏。其實對於自我這個話題，對於人性的探討，對於現實世界和精神世界的連線，心理學工作者們的確已經做了很多重要的工作。單從這次的情緒臉譜來說，如果不想公開表達我們的消極情緒，不想讓別人知道我們藏在心裡的話，可以找一個能夠代表自己，且自己也比較認同的象徵物來進行

訴說。此時，這個象徵物就是另一個自己。我們與另一個自己進行心靈對話，把纏繞在內心那根糾結的藤蔓連根拔起，把自己的情緒的前因後果疏理清楚，透過表達、感悟、沉思、昇華來實現完整的認知轉化，並把這些想法都講於另一個自己聽。這樣我們實現了情緒的宣洩，也進行了自我的交談，從而可以更加客觀地了解自己，接納自我。

技術特點和優勢

● （1）虛實結合

我們把情緒的表達和中國傳統的臉譜藝術結合起來，使情緒表達不僅具有心靈的聲音，還具有實物的語言。一實一虛，一外在一內化，就像太極的陰陽結合。我們要想實現身心的和諧統一，就需要內外在相結合。情緒表達是來自內心的聲音，臉譜的選擇是外在的行為，當我們用心靈的聲音來和鮮明的實物進行交流時，這不僅僅是情感的表達，還是力量的交融。我把我的情感交付於臉譜，臉譜用它的色彩來融化於我，我們兩個已經合而為一，我就是臉譜，臉譜就是我。

● （2）與傳統文化相結合，具有本土化的色彩

臉譜藝術是我們的傳統文化之一，採用臉譜進行情緒表達，大眾的接受度會比較高，認可度也會比較強，對於熟悉的實物，我們往往也容易進行情感的宣洩。對於那一張張色彩鮮明、圖案多變的臉譜，我們在挑選的過程中，也會特別謹慎小心。我們選中一個臉譜，可能會花費大量的情感和精力，此時這個臉譜已不僅僅是被挑選出來的一件產品，而是自我情感的彰顯。它就代表此刻的自己，甚至可以說它就是此刻的自己。

●（3）藝術性的情感表達，具有美學色彩

心理學技術在進行情感宣洩時，往往會採用詩歌、繪畫、故事、舞蹈、音樂等藝術形式。藝術能夠表達「不能言又不能緘默的東西」，是開放內心和自我獨白的手段，能夠喚醒麻痺的心靈，釋放積聚的情感，解除超負荷的精神壓力。同時藝術可以使人產生意向和超經驗體驗，既可以將欣賞者帶入一種脫離煩惱的審美之中，也可以引發其對生活經歷的回憶和聯想，加深生活體驗，激發對生活的熱情。在此技術中，運用臉譜來進行情感表達，可以讓當事人比較容易開放心胸，激發內心不能言的事物，將自己窩在心中的話一股腦地全倒出來，這是心靈的解脫，也是自我的舒展。

技術操作指南

1. 在活動室的牆上掛好 108 種情緒臉譜，團體成員在這個房間內緩慢走動，觀察哪一個臉譜最符合自己內心的情緒，找到能夠代表自己的臉譜。

2. 找到能夠代表自己的臉譜後，靜靜地站在那個臉譜面前細細體會。在體會的過程中，醞釀一個關於這個臉譜的故事。這個故事可以是自己的親身經歷，也可以發揮想像力現場創造，然後把它講述出來。

3. 講一個關於情緒臉譜的故事。講故事時，可以把情緒臉譜摘下來，直接面對著情緒臉譜來講述這個故事，與情緒臉譜直接對話。

4. 與情緒臉譜建立某種情感連結，透過詩歌、繪畫、舞蹈等形式表達自己的內心感受。

注意事項

「情緒臉譜」技術工具需要在一個安靜、不被打擾的環境下操作。為了給團體成員帶來強烈的心理震撼，諮商師可以關掉大燈，只留下比較黯淡的光線來營造一個安靜的操作環境。

小蘇放飛機
—— 釋放消極情緒

問題提出

　　2013 年 3 月，心理學者韋志中到河南商丘第二幼稚園開展體驗式團體心理教育模式第二期培訓時，幼兒園的蘇梅老師見韋老師比較瘦，就開玩笑說「做一個風箏都能把韋老師放回廣州去」，韋老師說：「為了被人關心，我寧願自己瘦一輩子。」3 月正是春光明媚的時候，孩子們提到放風箏都是興高采烈的，風箏在此時象徵著積極的情緒過程。受此啟發，韋老師創造了「小蘇放風箏」團體心理諮商技術。考慮到團體成員自製風箏來放飛情緒的可操作性不強，韋老師把此技術優化為「小蘇放飛機」。這便是「小蘇放飛機」的來源。

技術理念

　　情緒資訊理論認為，情緒具有資訊性。具體來說，積極情緒攜帶了「有價值的」、「良好的」、「容易的」資訊；消極情緒攜帶了「無價值的」、「不好的」、「困難的」資訊。不同效價的情緒會將其攜帶的資訊自動賦予與其相連繫的認知活動，從而對其產生影響。積極情緒賦予優勢認知加工「有價值」的資訊，促進其進行；消極情緒賦予認知加工「無

價值」的資訊，阻礙其發生。除了優勢認知加工外，情緒資訊理論還被應用於認知判斷中。如當消極情緒與幸福感相關聯時，會降低人們對該事件的幸福感體驗；當消極情緒與經濟判斷相連繫時，人們認為該經濟犯罪更嚴重。情緒資訊理論既可以很好地解釋消極情緒的抑制現象，又強調了情緒與優勢認知加工的重要連繫性，因此被廣泛接受。

生活不如意者十之八九，我們常常會產生各式各樣的不良情緒，使自己無法愉快地工作和生活。消極情緒使人憂慮、恐懼、悲傷、煩惱、苦悶、易激惹、發脾氣，影響生活品質，還常常伴有血壓升高、心跳加快、呼吸急促等一系列腎上腺素增高的症狀。日常生活中，因精神因素致病、致命者並不罕見。大量事實證明，精神刺激與心身疾病和精神病症都有密切關係，對我們的身心健康有著消極作用。受到劇烈的精神刺激後，我們可能會產生一系列消極情緒，如恐懼時雙眼發直，呆若木雞，特別是受到嚴重而劇烈的精神創傷後，可引致精神失常，甚至致命。精神科的某些疾病，如情感性精神病、反應性憂鬱症以及思覺失調時出現的罪惡妄想，常使人自責、自罪、自殺。

因此，我們應該主動宣洩自己的負面情緒，調整自己的心理，保持一種健康、樂觀、積極向上的心態。「小蘇放飛機」技術中，紙飛機象徵著我們的負面情緒，把自己的負面情緒寫在紙飛機上，然後放飛紙飛機，象徵著我們的負面情緒得到了一定程度的釋放。其他成員在撿到紙飛機後進行二次創作的過程，是表達性藝術治療的互動的過程。這樣可以使我們很好地釋放被壓抑的情緒，處理在情緒上的困擾，形成一種積極的心理場。整個「小蘇放飛機」的過程宣告了自己在日後的生活與工作中將積極面對困難，放飛負面情緒與壓力，選擇幸福和諧的生活。

核心目標

1. 積極面對困難，轉化、昇華負面情緒情感，溝通潛意識，埋下積極心理的信念種子。
2. 幫助個體緩解心理壓力，促進個體身心健康和諧，使個體更好地生活與工作。

特點及優勢

透過兒時的放飛機形式來釋放情緒，既能激發成員的積極性，又能喚起成員的積極情感。紙飛機這種遊戲大多數人在小時候都玩過，當時我們在玩耍的時候，心情一定是輕鬆且愉快的。現在我們重新拾起這種遊戲形式，透過放飛消極情緒的紙飛機，來達到心理的愉悅狀態，提升對生活的樂趣。

技術操作指南

1. 團體成員在飛機紙上畫一幅畫來表達自己的情緒，並在飛機紙上寫下自己的名字。
2. 將紙折成飛機，舉行賦予儀式，即用雙手象徵性地把自己的負面情緒，包括軀體反應特徵，莊重地從自己身體中抽離出來寄託在紙飛機上。賦予儀式結束後，放飛紙飛機。
3. 團體成員每人撿起地上的一個紙飛機，根據畫上的內容，有針對性地寫一首詩，然後放飛紙飛機。

4. 團體成員每人撿起地上的一個紙飛機，根據畫和詩的內容，寫一個故事。故事要寫滿整個格子。

5. 等到寫好故事之後，喊出飛機主人的名字，待確定其方位後，向其放飛他的紙飛機，讓其撿起。

6. 每位團體成員都拿回自己的紙飛機，展開，花一分鐘的時間仔細看上面的內容，再根據以上三個內容寫一首詩。

7. 團體成員間互相分享，團體導師這時可以引導團體成員讀出所創作的詩。

注意事項

1. 此活動適合釋放長期壓力和負面情緒，幫助心靈深度成長。
2. 控制團體成員數量，操作效果更佳。

參考文獻

1. 金靜，胡金生（2015）·消極情緒對優勢認知加工的抑制·心理科學進展·
2. 劉立紅，賈曉梅（2012）·心理因素對身心疾病的影響·中國民康醫學·

身體在唱歌

—— 運用舞蹈來釋放被壓抑的情緒

問題提出

當你在工作過程中遇到壓力時，你會選擇怎麼做呢？大多數人都會選擇支配身體來進行一些運動，如眺望一下遠方，去操場上揮灑一下汗水或者乾脆去 KTV 唱歌。我們心裡不痛快時，會讓身體動起來，我們心裡痛快時，也會表現在身體上，如手舞足蹈、眉開眼笑和歡呼雀躍等。

我們看到一些舞蹈演員，他們不僅舞姿優美，氣質也十分優雅。舞蹈不僅僅讓他們的肢體在旋轉傾訴，心靈也在逐漸玲瓏剔透。這就是舞蹈的魅力，淨化身心，放鬆自我。

技術理念

舞蹈是一種身體運動，也是一種心理活動、意識形態和精神現象。舞蹈作為藝術之母，其本質正與人的本性息息相通，正如我們不能把人的本質理解成一種物質、一種由分子原子構成的碳水化合物、一種簡單的物理運動和物理現象一樣，我們也不能把舞蹈藝術的本質簡單地理解為一種身體運動、物質運動和物理現象（身體只是舞蹈的工具和載體）。人的本質是精神，人最重要的是精神，藝術的本質也是精神，美的精神

才是藝術活的靈魂。

人的身心是一體的，我們表達或者調節情緒時，往往都會利用身體來將其外放，我們的思維和認知依賴於身體以及身體與環境的互動。

自身認知為我們找到了很好的科學依據。我們每個人的生態統一需要認知、身體以及環境的和諧，身體同時也歸屬於環境，所以我們往往透過身體來與環境進行互動，從而達到身心合一。

那麼身體是怎麼影響認知過程的呢？首先認知過程的進行方式和步驟等是由身體的物理屬性決定的。身體的構造、神經的結構等塑造了我們認識世界的方式，所以每一個人感知到的世界都是獨一無二的。另外，有國外學者提出「認知在身體中得到進化」這一觀點，也就是說，身體屬性和認知過程並不是固定不變的，甚至存在著聯合進化。其次，大腦與身體的「感覺－運動通道」在認知的形成中有著非常重要的作用。

談到身心合一，就要說一下深受現代女性歡迎的瑜伽。「瑜伽」一詞出自梵語，其含義為「合一」、「和諧」，它是一項使身體、心靈和諧統一的運動方式。瑜伽起源於印度，已有五千年的悠久歷史，是東方最古老的強身術之一。目前，瑜伽作為一種時尚的健身方式，運用古老而易於掌握的技巧，有完善鍛鍊者生理、心理、情感和精神方面的能力，是一種塑身、美體、緩解精神壓力的輔助療法。

瑜伽能夠對心理產生重要影響。斯特里特等人將健康受試者分成瑜伽組和步行組，進行每週 3 次、每次 60 分鐘，共 12 週的練習。結果顯示，與步行組相比，瑜伽組受試者的焦慮情緒有更大的改善，焦慮情緒的減少與丘腦 γ- 胺基丁酸（簡稱 GABA）水準呈正相關。醫學家已經證明，GABA 是中樞神經系統的抑制性傳遞物質，是腦組織中最重要的神經遞質之一，其作用是降低神經元活性，防止神經細胞過熱。GABA 能

結合抗焦慮的腦受體並使之啟用，然後與另外一些物質協同作用，阻止與焦慮相關的資訊抵達腦指示中樞。所以，瑜伽練習對焦慮水準的緩解是有重大作用的。

拉赫沙尼等以孕婦為研究對象，隨機將其分成瑜伽組和對照組，瑜伽組接受綜合瑜伽干預，每週 3 次，每次 1 小時。透過世界衛生組織生存品質測定量表（WHOQOL-100）進行測量，結果顯示，瑜伽組受試的生理、心理、社會和環境等領域的問題都顯著改善；透過基本人際關係傾向問卷（FIRO-B）進行測量，結果顯示，瑜伽組表達歸屬和需求控制兩個領域的得分明顯提高。這表明綜合瑜伽可以改善孕婦生活品質，改善其人際關係。所以，身體與環境進行互動，有助於自我達到身心合一。

佛學就比較講究身心合一。聖嚴法師在《如何讓身心合一》中曾經說過，「身體在哪裡，心就在哪裡；身體在做什麼，心就在做什麼；手在做什麼，腳在哪裡，你的心就在哪裡」。著名學者石文山、葉浩生教授也採用佛學視角研究體現認知，發現「心色不二」的蘊積身體觀、「根」、「塵」、「識」相互緣起的認知觀以及獨到的「第一人稱研究方法」（禪觀）等，對於當前體現認知研究的進一步深入具有重要的啟發意義。

另外認知科學的研究也支持體現認知這一理論。加萊塞和萊考夫在 2005 年使用功能性磁振造影（fMRI）技術研究了「抓握」概念。我們頭腦中執行抓握的動作實際上是感覺－運動系統執行過的動作，由此得到結論：「認知的關鍵方面是神經系統的開拓，即在保持其原有功能的同時，把感覺－運動的大腦機制服務於新的角色，在理性和語言中發揮新的作用。」

所以，我們的身體是和認知密切相關的，情緒和認知也是分不開的，認知系統通常會控制情緒系統。詹姆斯－蘭格理論甚至認為，情緒

體驗的產生來源於身體的生理反應，情緒是對身體變化的直覺，所以，我們悲傷是因為哭泣，我們開心是因為微笑，雖然此觀點有一些片面，但是卻關注到了身體和心理的密切關係。不管怎麼說，我們的身體和心理是連繫在一起的，我們透過肢體語言來傳送情感，利用身體與環境的互動來表達我們的情緒。通常意義上的講道理、聊天雖然也可以改善我們的認知，釋放我們的情緒，但總覺得不如揮灑來得盡興。正如陳慧琳唱的那首歌，

「聊天倒不如跳舞，讓自己覺得舒服，是每個人的天賦。」所以，我們需要身體唱歌來釋放自己的靈魂。

核心目標

身體的跳舞技術屬於積極心理技術中的積極意義轉化技術，我們透過舞蹈來釋放那些不良體驗，在主動環境中提升自己的積極能量，使情緒和身體達到完美的融合。

技術特點及優勢

運用舞蹈來釋放心靈。舞蹈的優勢就是輕鬆、自在、隨意。每個人展現自己最快樂的狀態，不管是什麼肢體動作，只要是自己喜歡的就好，把這種快樂的語言傳遞給在場的每一個人，大家都會不自覺地附和起來，使整個場面沸騰起來，那些壓抑、煩惱、煩躁、生氣等情緒都可以在不知不覺中被蒸發掉。

技術操作指南

1. 全體成員起立，圍成一個大圓圈。

2. 選取一首歡快的歌曲，作為背景音樂。

3. 輪流推出一個人，站在中央，用自己覺得舒服的姿勢來領導眾人跳舞，每人五秒鐘以上。

4. 全體單人領舞結束後，兩個人一組，牽手跳起來。

5. 四人一組，手拉手圍成一個圓，盡情展現自己的歡樂。

6. 八人一組，大家一起跳起來。

7. 全場圍成一個大圓，跟著音樂的節奏，跑起來，跳起來。

8. 結束時，大家一起向中間湧，匯聚向上的力量。

參考文獻

1. 陳士強（2012）·瑜伽的生理心理功效研究進展·中國運動醫學雜誌·

2. 平心（2001）·試論舞蹈心理學的體系與理論：關於《舞蹈心理學》學科建設的思考與探討·北京舞蹈學院學報·

3. 葉浩生（2011）·有關體現認知思潮的理論心理學思考·心理學報·

4. 葉浩生（2010）·體現認知：認知心理學的新取向·心理科學進展·

積極披風

—— 不同觀察視角引發不同情緒

問題提出

2012 年 11 月 11 日 15 時 16 分，詹姆斯・鮑威斯基（James Pawelski）博士 —— 美國賓州大學正向心理學研究中心的執行主任，國際正向心理學會（IPPA）的祕書長，走上清華大學第二屆中國國際正向心理學大會的講臺。大螢幕上先是呈現出一個身穿紅色斗篷的男士，鮑威斯基博士用他來指代「與壞事情做鬥爭，即把注意力放在問題上，放在出錯的部分上」。接著，身穿綠色斗篷的男士也出現在大螢幕上，他代表的是「讓好的方面不斷成長、壯大，即把注意力放在積極、正向、有效果的部分上」。

鮑威斯基博士讓臺下聽眾用舉手的方式告訴他每個人分別支持哪個觀點，即屬於紅斗篷這邊，還是屬於綠斗篷這邊。之後紛紛有人舉手投票。接著鮑威斯基博士出乎意料地從講臺下面的櫃子裡取出一樣東西，抖開，然後披在自己身上 —— 原來是一件紅綠雙色斗篷！他說，一個人如果患了闌尾炎，而且可能馬上就會穿孔，這個時候應該怎麼辦？毫無疑問，去醫院做闌尾切除手術（紅斗篷）。闌尾切除了，那這個人就是健康的嗎？就幸福了嗎？博士的結論是：沒有綠斗篷，他是不能獲得幸福的。我們需要的是雙色斗篷。

這其實是回答了傳統心理學和正向心理學的關係問題。

技術理念

我們往往把注意力放在有「問題」的人身上，人們問的問題大多是「出了什麼問題？」、「犯了什麼毛病」等，卻忽視了自身存在的積極力量，如「你最擅長的是什麼，你在家裡有哪些是做得好的」等方面。馬丁・塞里格曼也提出，正向心理學的目標是促使心理學從只關注修復生命中的問題，趨向同時致力於建立生命中的美好特質。所以只是致力於問題的解決是不夠的，我們還需要帶著積極向上的正能量來迎接生活中的各種挑戰。

弗雷德里克提出了拓延－建構理論，認為某些離散的積極情緒，包括高興、興趣、滿足、自豪和愛，都有拓延人們瞬間的執行的能力，並能建構和增強人的個人資源，如增強人的體力、智力、社會協調性等。麥德沃杜瓦等人的研究顯示，積極的人格有助於個體採取更為有效的應對策略，從而更好地面對生活中的各種壓力情景。桑德拉等人的研究發現，積極的情緒狀態可以增加人的心理資源，使人相信結果會更好。在面對壓力時，常處於積極情緒狀態的人更不容易產生疾病。

核心目標

每個人身上都是優點與缺點共存的，當我們關注自己的缺點時，我們就會感覺自卑與煩躁；而當我們關注優點時，就會引發自身的積極情緒，產生愉悅的體驗。「積極披風」技術的目標就在於轉化自己的視角，讓大家更多地看到只注重消極面的危害以及多關注積極面帶來的愉快體驗。

技術特點及優勢

披風正反面代表兩種觀察視角。當披戴者把披風的紅色面展露在外面時，大家可以從問題視角來看待披戴者；當把綠色面展露在外面時，則從積極面看待披戴者。這一積極視角、一消極視角，能夠讓披戴者很好地進行情感對比，從而更加傾向自身的積極面。

旁人視角來觀察自己。有時候我們對於自己身上的優缺點是不自知的，此技術利用披風的紅綠面可以讓其他團體成員指出自己的優勢與問題，這對了解自我來說是一個有效的管道。

透過自身體驗來改變消極觀察模式。我們看待他人有時會帶著挑剔的眼光，總覺得別人這裡沒做好那裡也有問題。此技術可以讓自己感受一下當別人帶著問題的視角來看待自己時，自己內心的消極體驗。己所不欲，勿施於人。當自己產生不好的體驗時，自己對待別人的模式也會慢慢發生改變。

技術操作指南

1. 團體成員圍成一個圓圈。
2. 團體導師進行積極披風的使用解讀。
3. 選擇一個成員進行技術展示。
4. 展示成員先把披風紅色面展現在外面，圍繞其他成員行走一圈，爭取讓每個成員都能看到自己的全身樣貌。
5. 其他成員運用問題視角，根據自己對展示者的觀察，講述展示者身上存在的問題。

6. 展示者重新穿戴披風，把綠色面展現在外面，同樣圍繞其他成員行走一圈。

7. 其他成員運用欣賞的視角，根據自己對展示者的觀察，講述展示者身上存在的優點。

8. 展示者根據兩次不同的展示及其他成員的表達，分享自己的感受。

參考文獻

張高產（2006）‧積極心理品質培養：心理教育的重要價值取向‧江蘇教育學院學報（社會科學版）‧

石頭日記 21 天
—— 採用正向心理學技術管理情緒

問題提出

我們出生時，母親都在我們愛的帳戶裡存了 10,000 元。隨著與他人的接觸，愛的帳戶可能會增加存款額，使我們變成擁有愛的能力的孩子，也有可能在成長當中我們因為總是被否定、被誤解、被忽略，使帳戶裡的存款被扣完甚至透支，我們變得焦慮，漸漸形成衝突型人格。這時，情緒的世界裡愛的空間被壓縮了，裡面多了一些怨恨、自責、內疚、憤怒、悲傷、委屈，而像喜悅那樣的正面情緒不斷減少。當兩者的主導地位逆轉時，雖然我們在社會化教育過程中形成的人特別殼會對不良情緒進行掩蓋和壓制，但這些被掩蓋、壓制的情緒可能會在噩夢中出現，或在不經意時跑出來影響我們與別人的關係，或者讓我們莫名地不適。這時我們就會想辦法與這種情緒進行鬥爭。

技術理念

在我的所有積極心理技術中，「石頭日記」的技術是最受歡迎的技術之一。所以這一章節我們再次拿起「石頭」，與內在的自己對話。

從空間範圍看，中國的石頭文化心理普遍存在，這是一個本土化範

疇的問題。人與石頭的關係首先是一種直接的實用關係，人在直接使用石頭時才能感受到石頭的存在及意義，在此過程中人們會創造出一種石頭符號。其次，石頭並非直接建構人心，因為兩者是異質的，石頭被人類抽取、創造為石頭符號，之後才參與了心靈的建構。我們將石頭符號內化後轉化成為自己的一部分，不斷地與它進行自我對話。

寫日記就是很好的對話方式，有研究顯示，每天堅持寫日記能夠帶來意想不到的效果。心理學家本尼曾經做過一項實驗，他要求實驗者連續4天，每天堅持用15分鐘，匿名寫下自己最痛苦的經歷。他對參加實驗的人員是這樣要求的：「連續記下你一生中最痛苦的經歷，不用考慮語法和句型，只需寫下自己內心最真實的想法。你什麼都可以寫下來，但是這段經歷必須深深地影響過你，而且最好是你從來沒有向其他人提及的。記下發生的經歷，記下你當時的真切感受和你現在的想法。在這4天中你可以寫出相同的或者是不同的經歷，這完全取決於你自己的意願。」這段要求中有很直接的提示，「對痛苦經歷的感受」相當於描述自己的情感；「寫下那段痛苦的經歷」相當於描述自己當時的行為；「事後的分析」相當於描述自己對事物的認知。參加實驗的人員按照本尼的要求堅持寫日記。本尼發現，當他們在持續兩天記下痛苦的經歷之後，焦慮度開始上升，但是到了第四天的時候，他們的焦慮度又開始下降了，甚至是低於原始的焦慮水準，然後在很長一段時間內一直保持穩定。4個15分鐘不過是短短的1小時而已，但是帶來的效果卻是受益終生的。

上述實驗證明，寫日記是一個很有效的緩解壓力的手段。實驗者在以後的時間裡降低了焦慮度，並且提高了心理和生理的免疫能力，情緒也變得更加積極樂觀，為什麼會有這樣的結果呢？這是因為痛苦情緒和快樂情緒共用一個神經通道，如果堵住痛苦的情緒，同時也會將快樂的

情緒堵住。所以，只有疏導痛苦的情緒，才有可能獲得更多的快樂情緒。這就像你面前有條河，流過的水越多，它就變得越寬闊，然後會有越來越多的水流進去，這就是變化的本質 —— 自我實現。丹尼爾·韋格納（Daniel Merton Wegner）的反語處理假說認為，「當我們抑制非自然現象時，通常會適得其反」，當我們准許自己為人，傾向於釋放感情，放開心胸，才能使更多的積極情緒得以釋放，這就是治療產生作用的原因，就是為什麼和朋友分享，與人傾訴和寫日記能夠有所幫助的原因。

上述實驗是釋放消極情緒，勞拉曾做過類似的積極情緒的日記研究。他讓實驗者連續 3 天每天用 15 分鐘的時間記錄人生中最高興的經歷。他對參加實驗的人員這樣要求：「請你們記錄下來生命中最難忘、最高興的經歷，可能是戀愛經歷，可能是讀到一本好書，可能是聽到一段美妙的音樂。選擇一段美好的經歷，讓自己重新去體會當時的心境，盡可能詳細地記錄當時的感受。」這個實驗的內容與本尼的實驗正好相反，但是卻取得了相同的結果：參加者提高了心理和生理的免疫能力，情緒也變得更加積極了。當一個人在重新體驗快樂的時候，其實就是在強化神經通道。

你越是回味它，它就越有可能再次發生。

另外，寫日記可以有效強化我們的三種能力：

★ 第一，理解的能力，透過日記，我們可以更好地梳理和認識這個世界；

★ 第二，應對的能力，透過日記，我們可以感知自己應對事件的能力，進而增強自信；

★ 第三，反思的能力，透過日記，可以讓我們從錯誤中吸取教訓，獲得成長。

核心目標

把情緒自我投射到石頭上，在藝術化過程中改善情緒，使其得到蒸發和沉澱。我們與石頭進行對話，記錄每一天想對它的表達，這實際上就是提升自我意識，改善情緒問題，提高幸福感的重要方式之一。同時透過長達 21 天記錄自己積極的情緒，每天體會自己快樂的情緒，從而藉助積極情緒的暗示力量，有效培養更多的積極情緒。

特點與優勢

心理成長需要一個過程，可以透過不同的方法、不同的形式來完成，我們在這裡運用詩歌與石頭相結合的方式，這個創作和表達的過程已經反映了我們正在發生的變化。當我們把石頭作為內在的自己時，我們利用寫日記的方式來與它對話，在此過程中體驗到的積極情緒相當於在大腦中再受一次良性刺激，這有助於我們消除自我懷疑，提升自尊和自信。

技術操作指南

1. 要求成員找一塊代表自己快樂情緒的石頭，注視並體會快樂情緒。可以包括真實的、理想的、嚮往的，或馬上要實現的情境。
2. 在與石頭溝通後，每位成員以〈快樂的石頭〉為題寫一首詩歌或者散文，約 20 分鐘。可以選輕柔、旋律愉快的音樂配合。
3. 進行詩歌朗誦比賽。
4. 成員分享創作和朗誦過程的感悟。

5. 以〈快樂石頭的變化〉為題，每天寫一篇日記，要求日記內容積極
   向上，不允許有消極內容出現，為期 21 天。21 天之後，把日記完
   整地看一遍，從中體會自己情緒的變化，感受啟示。

參考文獻

韋志中（2013）‧學校心理學：工具箱指導手冊‧武漢大學出版社‧

除舊迎新
—— 和不良情緒說拜拜

問題提出

　　人生就像是在不斷翻越一座座高山，在這個過程中，我們可能是處在山腳下、半山腰或是山頂上。有一些人，當他們走到半山腰的時候，可能會出現三種情況：想回到山下去做自己想做的事；想要停下來歇歇腳；想要繼續往上攀登。出現這三種情況都沒有對錯，只要能夠明確這是自己的選擇，心安理得就可以了。

　　但是，往往有許多人會出現迷惘和矛盾，他們很想下山做自己想做的事，但是害怕被別人說自己不思進取，不敢繼續攀登，也猶豫自己這樣輕易放棄，是不是太可惜了。有些人則很想歇一歇腳，但是又怕被路過的人說「你怎麼這麼懶」，也害怕自己浪費了時間。還有些人想要繼續往前走，向上攀登，但他們又害怕前路的坎坷和未知的困難。其實這些顧慮都是無用的。因為無論你選擇什麼，都需要明確自己的選擇，為自己的行為負責任。

　　很多人都憧憬活在當下，可這種境界究竟有幾個人能夠達到。對於過去，我們始終不容易釋懷。當我們遇到親人故去時，對著他們生前的所用之物、所喜之事、所居之屋，往往容易睹物思人，甚至睹物傷情。

明代柯丹邱《荊釵記·時祀》曾寫道:「紙錢飄,蝴蝶飛。血淚染,杜鵑啼,睹物傷情,越慘淒。」

看過《紅樓夢》的讀者都知道這一章節「林黛玉焚稿斷痴情」。黛玉在臨死前燒掉了寶玉送她的手帕和他們互作的情詩,這其實是黛玉在對他們兩個人的感情做一個了結。在影視作品和小說中也會出現很多類似的情節,戀人分手後,會透過丟掉一些物件來與過去的感情告別。正如陳慧琳的那首〈記事本〉所寫的那樣:

> 日記本裡頁頁執著記載著你的好
>
> 像上癮的毒藥,它反覆騙著我
>
> 愛得痛了痛得哭了哭得累了
>
> 矛盾心裡總是強求勸自己要放手
>
> 閉上眼讓你走燒掉日記重新來過

往事如煙,我們需要和過去告別,需要對自己的現在和未來負責。而我們要想從過去走出來,不僅需要身體的力量,還需要內心的勇敢。

技術理念

時下,一個新鮮的詞彙 ——「斷捨離」越來越多地出現在大眾媒體中。

「斷」,斷絕接受不需要的東西。

「捨」,捨棄掉沒用的東西。

「離」,離開對事物的執念。

「斷捨離」是日本雜物管理諮商師山下英子提出的概念。可以說,「斷捨離」不僅是一種高效能的整理術,更是一種令人生清爽分明、輕裝上路的哲學境界。

在日常生活中，我們到底怎樣才能做到「斷捨離」呢？斷＝不買、不收取不需要的東西。

捨＝處理掉堆放在家裡沒用的東西。

離＝捨棄對物質的迷戀，讓自己處於寬敞舒適、自由自在的空間裡。

人們之所以捨不得扔掉一些物件，是因為把它們當作了生活的一部分，認為離棄以後，生活就丟失了一部分，缺少了一部分，但這只是一種感覺而已。只要勇敢、果斷地做出清理的決定，你就會發現，生活並沒有受到影響，而且自己變得更輕鬆、更快樂了。對一些承載著痛苦記憶的物件進行處理，其實也是對過去的一個交代，是你更好地活在當下的一個憑證。

我曾經讀過這樣一個故事：

唐娜是美國密西根小學的教師。有一次，她叫學生們把自己認為做不到的事情寫下來。等大部分學生寫滿一張之後，唐娜拿出一個箱子讓學生們把紙投進去，然後她帶著箱子和學生們來到離操場最遠的角落裡，挖了一個1公尺見方的坑，把箱子埋進去。這時，唐娜說：「感謝各位朋友能來參加『我不能』先生的葬禮，希望他的姐妹『我可以』、『我願意』能代替他陪伴各位朋友。但願『我不能』先生安息。」回到教室後大家一起慶祝，唐娜用紙剪成了墓碑形，上面寫著：「我不能」安息吧。以後每當有人不小心說出「我不能……」這句話的時候，唐娜都會指指寫著「『我不能』安息吧」的「墓碑」，孩子們便會想起「我不能」已經死了，進而想出積極的解決方法。後來，唐娜所帶的這個班的學生在事業上都取得了非常大的成功。

我們往往會被過去羈絆，殊不知，告別過去是為了活在當下，也是為未來創造更多的機會。

核心目標

除舊迎新技術就是和過去的一個告別儀式。在這個儀式中，我們扔掉那些不想擁有的回憶，或者是不想被纏身的痛苦。這個儀式可以讓我們擺脫那些不好的情緒或者記憶，從而讓我們在未來的人生路上輕裝上陣。

特點及優勢

物品清理和情緒整理。對那些給自己帶來不好情緒體驗的物品進行清理，這不僅騰出地面空間，而且優化心靈空間。辭舊迎新技術仿照傳統過年的做法，給人心一個積極的指向。

技術操作指南

1. 選擇一個熟悉的地點，如家中或者是工作的地方。
2. 回想一下，這個地點的哪個物件是對自己影響重大，且自己在看到它時，帶有不好的情緒體驗的。
3. 把這個東西拿出來，然後丟進垃圾桶。
4. 拿出紙和筆，把你此刻想說的話寫下來，寫出扔掉此物件的理由，以及你扔掉它之後的心情、感受。

「摔哇嗚」
—— 宣洩自己的負面情緒

問題提出

在中國山東濟南，很多小朋友都玩過這樣一個遊戲：在一個陰雨天，幾個同伴各自從田間地頭取一塊泥巴，摔捏揉搓成扁平圓柱狀，兩個大拇指插入中間，其他四指輕攏在周邊，旋轉著捏，最後捏成一個碗狀，便是「哇嗚」了。捏好後，同伴們高唱「東鄉的、西鄉的，都來聽俺放槍的」，也有高唱「東北風、西北風，摔個響兒給你聽」，同時按照順序，把「哇嗚」高高舉過頭頂，口朝下摔在地上。伴隨著一陣聲響，「哇嗚」內的空氣受到擠壓，就會把薄弱的底部或者周邊給衝出個窟窿來，對方就要給補齊同樣大小的一塊泥巴。依次輪流，最後誰的泥巴多，誰就是贏家。

技術理念

從情緒心理學的角度來說，健康的情緒能增強肌體的抵抗力，提高有效適應環境的能力，對促進身心健康有積極的作用；而過度的、不適當的情緒可能導致心理活動失去平衡，對人的身心健康具有消極的影響。如果不對不良情緒加以及時調節、疏導與釋放，就會影響人的工

作、學習和正常生活，繼而導致身心疾病的產生，危及人的健康。

宣洩，即排解或釋放緊張情緒的過程，此種緊張與抑制衝突、記憶或觀念有關，常伴有對痛苦經歷的回憶。宣洩就是從情緒本身出發，透過減少或排除不良情緒而解決情緒問題的方法。也就是說，情緒宣洩是基於生理需要，對自己情緒釋放的適應性表達，包括替代表達和直接表達。

替代表達指透過間接表達情緒，使情緒得到釋放的一種情緒調節方式。例如：透過傾訴、哭泣等方式宣洩不快的情緒，從而使情緒恢復平靜。直接表達指面對激發情緒的事物，直接表達自己情緒的一種情緒調節方式。現實生活中宣洩的方法很多，人與人因個體差異和所處環境、條件各異，採用的宣洩方式也不同，從小小的一聲嘆氣，到大聲痛哭、疾呼、怒吼以及打球、散步、聊天等，都可以造成宣洩情緒的作用。

「摔哇鳴」技術工具中，一塊小小的泥巴化身為情緒宣洩的工具，人在不斷「摔哇鳴」的過程中，宣洩自己的負面情緒。

核心目標

透過不斷地「摔哇鳴」，個體全面釋放自身的負面情緒，懂得情緒宣洩的重要性及積極意義，更好地面對工作和生活。

特點及優勢

趣味性強。人們透過「摔哇鳴」的方式能夠很好地調動自己參與的積極性。

在摔打過程中，大聲表達自己壓在心底的話，既造成合適的宣洩作用，又具有積極的心理暗示作用。

技術操作指南

1. 指導語：「我們在日常工作與生活中，難免會存在一定的情緒困擾。這些微小的情緒問題如果得不到及時的宣洩，就會像滾雪球一樣，越來越大，給我們的身心健康帶來嚴重的影響，甚至會影響到家人和同事。所以說，宣洩不良情緒是很有必要的。今天我們也來玩『摔哇嗚』，用這種方式來宣洩不良情緒。」

2. 兩人一組，互為競爭對手。每人領取一塊泥巴，將泥巴分為兩個部分：一部分用於捏「哇嗚」，一部分用於補齊對方「哇嗚」上的窟窿。

3. 憑著自己的感覺捏出「哇嗚」，然後用力摔在地上。在摔的過程中，大聲喊出自己想表達的話，如「我會很快樂」、「我要做個幸福的人」、「再見，那些不痛快」等。

4. 比一比誰的窟窿大，根據對方「哇嗚」上窟窿的大小，拿出自己的泥巴給對方補上。

5. 重新進行下一輪，直至自己的負面情緒得到徹底宣洩。

6. 成員之間互相分享自己在「摔哇嗚」的過程中的感受，然後每人寫一首小詩，對整個過程做一個表達。

注意事項

在最開始製作「哇嗚」時，團體導師可以現場進行示範，既可以教會大家如何來製作並「摔哇嗚」，又可以帶領全體成員投入宣洩情緒的熱情中去。

參考文獻

1. 韋志中（2013）·學校心理學：工具箱指導手冊·武漢大學出版社·

2. 羅輝輝，孫飛（2010）·情緒宣洩方式與心理健康的關係研究·科協論壇（下半月）·

3. 秦美濤（2014）·積極心理學視域下學前兒童宣洩的研究·廣西師範大學碩士論文·

第二章
積極特質訓練

　　在正向心理學思潮的影響下，心理健康教育逐步向培育積極心理特質轉化。羅素在《幸福之路》中指出：「種種不幸的根源，部分在於社會制度，部分在於個人的心理素養。」一個人幸福與否，幸福的程度如何，在相當程度上取決於他在主觀上是否具備獲得與感受幸福的能力。

　　積極心理特質是指個體在先天潛能和環境教育互動作用的基礎上形成的相對穩定的正向心理特質，這些心理特質影響或決定著個體思想、情感和行為方式的積極取向，繼而為個體擁有幸福有成的人生奠定基礎。塞里格曼總結出 24 種主要的積極心理特質，其中包括：好奇和興趣、愛學習、創造性、批判性思維、情感性智力、勇敢、勤奮、正直與誠懇、慈祥、慷慨、愛、忠誠、公正、自我控制和自我調節、審慎、適度和謙虛、對優秀和美麗的敬畏與欣賞、感激、希望、樂觀、信念與信仰、寬恕與仁慈、風趣與幽默、熱情等，並把它們歸納為智慧、勇氣、人性、正義、節制和超越六大美德力量。

　　目前已有研究發現，積極心理特質在對抗心理壓力、心理疾病時有緩衝作用。積極心理特質有助於個體採取更為有效的應對策略，更好地適應生活中的各種壓力情景。另外積極心理特質可以增加個體的心理資源，尋求良好的健康行為與社會支持。積極心理特質的種種優勢就已經表明正向心理學離不開積極特質的培養，個人的主觀幸福感離不開積極特質的訓練。

963 特質練習
—— 運用正向心理學技術來認識自己

問題提出

　　愛默生（Ralph Waldo Emerson）曾經說過：「如果星星每千年閃爍一次，我們都會仰視讚美這個世界的美麗，但是因為它們每天都在閃爍，我們便將之視為理所當然。」其實我們每個個體身上都擁有很多積極特質，但是由於我們認為「勤勞是應該的」、「努力工作是應該的」、「孝敬老人是應該的」……這些所謂的「應該」降低了我們對自己的積極認知。所以當面試時，面試官讓我們講自己的優勢，我們才會沉思

　　好幾秒才磕磕絆絆地吐出幾個字，而當面試官問我們這些優勢具體表現在哪些事件中時，我們竟直接回答不出來。

　　老子曰：「知人者智，自知者明。勝人者有力，自勝者強。」人貴有自知之明，我們認辨識人總是比認識自己來得容易，所以在這一章節，我們就要突破難點，從認識自己出發。

技術理念

　　正向心理學致力於激發和培養個體的積極心理特質，促進個體生活更加美好。以塞里格曼為核心的「價值在行動」專案組，展開了「重要優勢

特質」的研究，著力研究哪些優勢特質最有利於人類的發展。經過多年研究，專案組首次對人類優良特質和美德的結構與類型進行了分析和劃分，進而透過跨文化、跨年齡群體的比較研究，最終確立了 24 個為人們廣泛認可的人格特質，並把它們劃分為六大維度，命名為六大美德力量。

● 第一維度 —— 智慧與知識：知識的獲得和應用

好奇心

你對世界的好奇和情趣。你對任何事都感到好奇，你經常發問，對所有話題和題目都感到著迷，你喜歡探索和發掘新事物。

喜好學習

你喜歡學習，不管是在上課或自學，你都喜愛學習新事物。你喜愛上學、閱讀、參觀博物館和任何有機會學習的地方。

創造力

你有創造力、獨立性和完整性及開放的胸襟，能夠想出新方法解決問題是你擁有的重要特質。如果有更好的方法，你絕不會滿足於用傳統方法去做同樣的事。

開放的思想

你有判斷力、批判性思維和原創力，能從多個角度思考和考證事物是你重要的特質。你不會妄下結論，只會根據實際的證據做出決定。你能夠變通。

智慧和知識

包括社會智慧、個人智慧、情緒智慧。你明白別人的動機和感受。在不同的社交場合，你知道該做什麼、要做些什麼，才能使其他人感到自在。

獨特視角

你有統攬全域性的洞察力和獨特的觀點見解。你不認為自己有智慧，但你的朋友卻認為你有。他們重視你對事物的洞察力，並向你尋求意見。你對這個世界的看法，無論對自己和別人來說，都具有意義。

● 第二維度 —— 勇氣：面對內部、外部兩種不同立場誓達目標的一致

勇敢

英武、有膽量、有勇氣。你無所畏懼，絕不會在威脅、挑戰、困難或痛苦面前畏縮不前。即使面對打擊，你仍會為正義疾呼。你會根據自己的信念而行動。

堅持不懈

堅持性、努力、勤奮和堅毅。你努力完成自己組織的工作。無論怎樣的工作，你都會盡力準時完成。工作時，你不會分心，而且在完成工作的過程中獲得滿足感。

真實性

正直、誠實、真實。你是個誠實的人，不只說實話，還會以真誠和真摯的態度去生活。你是個實事求是的人，不虛偽，是個「真心」的人。

● 第三維度 —— 仁慈和愛：人際交往的特質

善良仁慈

你對別人仁慈和寬宏大量。別人請你做事，你從不搪塞。你享受為別人做好事的感覺，即使那些人和你認識不深。

愛與被愛的能力

你重視和別人的親密關係，特別是那些互相分享和關懷的關係。那些給你最親密感覺的人，他們同樣感到跟你最親密。

● 第四維度 —— 正義：文明的特質

精神

責任、團隊精神和忠誠。指公民之間的關係、公民的權利和義務。作為團隊的一分子，你的表現突出，是個忠心又熱心的員工。你對自己的分內工作負責，併為團隊的成功而努力。

公平

平等、正義。對所有人公平，是你堅持不變的原則。你不會因為個人的感情，而影響你對別人做出的判斷。你給予每個人平等的機會。

領導能力

你在領導力方面表現出色。你鼓勵組員完成工作，令每名組員有歸屬感，並能維持團隊的和諧。你在籌劃和實踐活動方面表現良好。

● 第五維度 —— 修養與節制：謹慎處世的特質

自我控制

自我控制和自我管理。你自覺地規範自己的感覺與行為，是個自律的人。你對自己的食量和情緒有自制力，不會反被它們支配。

謹慎小心

你做事很小心，選擇也是一貫地審慎。你不會說些將來會令自己後悔的話，或是做會後悔的事。

適度和謙虛

你不追求別人的注視，比較喜歡讓自己的成就不言而喻。你不認為自己很特別，而你的謙遜是公認和受重視的。

● 第六維度 —— 心靈超越：個體與整體人類相連繫的特質

欣賞美和完美

對美、卓越的敬畏、欣賞和領會。對生命中的一切，從大自然、藝術、數學、科學乃至日常生活體驗，你都注意到和欣賞到其美麗、優秀和富有技巧之處。

感激、感恩

你留意到發生在自己身上的好事，但從不會將其視為理所當然。由於你常常表達謝意，你的朋友和家人都知道你是個懂得感恩的人。

希望、樂觀

對未來充滿期望。你對未來有美好的期望，併為此不斷努力。你相信未來是掌握在自己手中的。

有目標和信仰

精神追求、對目的的觀念。你對崇高的人生目標和宇宙的意義有著強烈貫徹的信念。你知道自己怎樣在大環境中做出配合。

你的信念塑造了你的行為，也成了你的慰藉之源。

寬恕、憐憫

你寬恕那些開罪你的人，也經常給別人第二次機會。你的座右銘是慈悲，而不是報復。

風趣、幽默

你喜歡大笑和逗別人開心。對你來說，為別人帶來歡笑很重要。在任何情況下，你都嘗試去看待事情輕鬆的一面。

熱情

熱心、激情、精力充沛。這些優秀特質其實在每個人身上都或多或少地有所展現，塞里格曼曾經說過：「相信有捷徑通向滿足，繞過個人力量和美德的訓練是很蠢的，它使很多人在坐擁巨大財富時感到憂鬱，精神飢渴而死。」所以我們需要做的就是發現自己身上的優秀特質，並能從經歷過的事情中證實這些特質是真實存在的，其實這也是讓自己信服的一個理由。

核心目標

以當下的自己作為參照，看看自己身上有哪些地方是令自己不滿意的，哪些地方是可以改善的。給自己一個動力，一個方向，這就是 963 特質訓練的核心所在。

技術特點與優勢

●（1）客觀性

認識自己要從客觀出發，不能一味地拔高自己，也不能一味地貶低自己。此技術從個體的積極特質和不足之處兩方面入手，具有一定的客觀性。

●（2）可操作性

對於自己的優勢和不足的認知，有詳細事件的支持。並且針對不足，有改進意見和方向。具有一定的可操作性。

技術操作指南

9 ── 在一個安靜的環境中，靜下心來搜尋自己所擁有的積極特質，寫出 9 個即可。

6 ── 寫出 6 個你曾參與過、主導過的事情。在這些事情中，你可以真實看出自己所擁有的積極特質。

3 ── 寫出 3 個你要改進的方向。考量一下自己身上哪些地方是自己不滿意的，給出改進意見和方向。

參考文獻

韋志中（2013）. 幸福干預 · 清華大學出版社 ·

桃花朵朵開
—— 優秀特質彰顯自我認同感

問題提出

一位 88 歲高齡的老太太總結說人生幸福有三訣：不要拿自己的錯誤懲罰自己、不要拿自己的錯誤懲罰別人、不要拿別人的錯誤懲罰自己。看似簡單的三句話，很多人卻不能做到。

「不要拿自己的錯誤懲罰自己」，即我們不要和自己過不去，如果我們一有過錯，就整日自責痛悔，那只會給自己帶來更大的痛苦。「不要拿自己的錯誤懲罰別人」，就是不要把自己的痛苦強加在別人身上，自己不痛快，也不讓別人舒服，這其實是虛榮心在作怪，是極端嫉妒的表現。「不要拿別人的錯誤懲罰自己」，以別人的錯誤懲罰自己是我們以別人為參照物而造成的一種錯誤心理。

這三個「不要」其實就涉及自我認同的問題。如果一個人的自我認同感良好，以上這三種錯誤就能很好地化解。但現實生活中，能夠有良好自我認同感的人越來越少，人們越來越失去自我或者過度自我。

技術理念

　　自我認同是能夠理智地看待並且接受自己以及外界，能夠精力充沛、熱愛生活，不會沉浸在悲嘆、抱怨或悔恨之中，而且能夠奮發向上、積極而獨立、有明確的人生目標，並且在追求和逐漸接近目標的過程中體驗到自我價值以及社會的承認與讚許，能夠既從這種認同感中鞏固自信與自尊，同時又不會一味地屈從於社會與他人的言論，是自己對自己所思所做的一種認可感。自我認同包含自我了解和自我實現兩部分。

　　自我了解就是對自我所處環境的適當評估，對所扮演角色的正確認知和對於理想與現實能力的掌握。包含了以下 4 個內容：

★ 我是誰，我的本質是什麼？

★ 我是怎麼樣的人，我的個性、特長與能力如何？

★ 我想做怎樣的人，我的願望和理想是什麼？

★ 我應該做怎麼樣的人，我的道德和價值觀是什麼？

　　「自我實現」已成為當下流行於教育界、心理學界、哲學界（人生哲學、價值哲學）以及大眾媒體之中的時尚性話語。那麼，什麼叫「自我實現」呢？現代性背景下的「自我實現」，是由美國現代著名的人本主義心理學家馬斯洛最先提出來的。馬斯洛說，自我實現也許可以大致描述為充分利用和開發天資、能力、潛力等。這樣的人似乎在竭盡所能，使自己趨於完美。自我實現源自於個人自我實現的需求、個人自我發展的需求，它是繼人的生理需求、安全需求、愛與歸屬需求、自尊需求等基本需求出現之後而產生的最大力量和最大強度的總體需求，即自我完善這一人性的需求。由此而觀之，個人實現乃是個人的最高價值。因此，「自我實現」是很難做到的。

「自我認同」其實就是個體對自己的生命有一種自己的思想、感情和認知。每一個生命有一種生命點，每個人在這個社會都有一個位置。所以，「自我認同」要尋找自己生命的支點與位置。

「桃花朵朵開」技術，就是充分展示自我認同的技術。你羅列自己比較認可的優秀特質，且給出具體的理由，確定這些特質是你發自內心的認同，是你比較欣賞的，然後分享給大家。

核心目標

透過五個優秀特質的呈現來對映出自我認同感。如果你能快速寫出五個優秀特質，就說明你對自己有一個清楚的認知，自我認同感較好。反之，就說明你的自我認同感較弱。不管是出於何種狀態，你都可以透過此技術來澄清你的自我認識，優化你的人格結構。

技術特點與優勢

把積極特質放入五片花瓣中，使其不僅具有優越感和獨特感，還具有花的魅力和芬芳。這不僅僅是你的特質，也是你的生命之花的綻放，形象生動的花瓣就是你生命的寫照。

技術操作指南

1. 準備紙筆，畫出一朵桃花，不需要美觀，只需具有形狀，五個花瓣即可。
2. 歸納你比較欣賞的五個積極特質，把它們分別填入花瓣中。
3. 把你的特質分享給大家，且給出合適的理由。

戴高樂

—— 眞誠讚美的力量

問題提出

當大家第一眼看到「戴高樂」三個字時，肯定想到的是法國的那位戴高樂總統，他帶領法國人民抗擊德國的侵略，並建立了法蘭西第五共和國。在「法國十大偉人榜」評選中，戴高樂被評為法國歷史上最偉大的人。就是這樣一位偉人，今天成了我們技術的標籤。也許你會覺得這是噱頭，是利用偉人賣人氣，但實際上，它只是我們技術的代名詞，戴高樂技術就如同總統那樣，擁有無限的力量，會點燃人們內心的火焰，使人爆發出無限的熱情。如果現在讓你立刻說出自己的五個優秀特質，你能不假思索地說出來嗎？相信大部分人都覺得很難。希臘有句名言：「最困難的事就是認識自己。」哲學家也一直在探索這個命題 ——「我是誰」，但一直無果。可見這是大家公認的難題。但是方法總比問題多，自己探索不成功，我們可以藉助外力。身邊的朋友、同事，甚至是陌生人都會根據自己的判斷標準給你一個答案。戴高樂技術正是藉助外力的一個典範。

技術理念

心理學家威廉・詹姆斯（William James）說：「人性最深層的需求就是渴望別人欣賞。」如果在人際溝通中，你能夠滿足別人人性中的這種渴望，懂得讚許，善於讚許，那麼你將成為一個有同情心、有理解力、有吸引力的人。

美國《幸福》雜誌對美國 500 位年薪 50 萬美元以上的企業高

管人員和 300 名政界人士進行調查，結果顯示：其中 93.7% 的人認為人際關係順暢是事業成功最關鍵的因素，其中最核心的課程就是學會讚美別人。中國每 100 位頭腦出眾、業務實力堅強的人士中，就有 67 位因人際關係不順而在事業中嚴重受挫，難以獲得成功。他們共同的心理障礙是：難以開口讚美別人。由此可見，學會讚美別人是事業成功的主要因素之一。

在人和人的交往中，適當地讚美對方，能夠創造出一種熱情友好、積極肯定的交往氣氛。這首先是因為贏得別人對自己的讚許，是人類的一種本能的需求，人們正是在別人的讚美聲中認識到自己的存在價值，獲得非常重要的社會滿足感。人在嬰兒時期，就從父母的點頭、微笑、拍手、撫摸等讚美性的動作中獲得滿足。成年以後，我們更多的是在別人、在社會輿論的讚許聲中獲得強烈的成就感。在社會心理學上，這被稱為「社會讚許動機」。我們應該了解到，每一個人都有他的優點和長處，這些優點和長處正是個人存在價值的生動展現。人們一般都希望他人能看到和肯定自己的價值，因此，誠懇的讚美之聲，總是能夠贏得對方的歡心，同時也為自己開啟局面創造了良好的氛圍。

　　戴高樂技術，就是給別人「戴高帽」，如果要用比較專業的表述，就是依靠他人來實現自己的人格發展。他人評價是我們人格發展的一個重要的外部因素。他人評價來自他人對我們的某種判斷過程，它是個體自我評價的一個重要依據。一般來講，個體對自己生理、心理等方面的評價不可能做到全都恰如其分，常常需要透過他人的評價來加以調節，而他人的評價對個體的影響又常常是在不知不覺中實現的。

　　正如費斯廷格（Leon Festinger）的「社會比較理論」所論述的那樣，如果個體評價自己的能力與觀點有「客觀」的工具可以利用，就會依賴這種工具，而當缺乏客觀現實性作為評價的基礎時，人們往往就會依賴其他人（社會現實性），以此作為評價自己觀點正確與否或能力高下的基礎。

　　日本社會心理學家高田利武在 1979 年曾進行過一項「音樂適應能力診斷」的實驗。讓受試者判斷兩種音樂旋律，各 20 次，一組受試者可以藉助手邊的開關（客觀工具）知道自己判斷的正誤，另一組受試者則無客觀工具可利用。判斷音樂的旋律有兩種內容：一種內容是判斷哪種音樂旋律悅耳（對社會依存性強），另一種內容是判斷音樂旋律的異同（對物理依存性強）。結果發現，對自己判斷的正確性不能藉助客觀工具的一組受試者，更多次數地想知道他人的判斷，特別是在判斷對社會依存性強的音樂旋律悅耳性的內容時。社會比較理論認為，當個體發現自己對自己的評價和類似於自己條件的他人對自己的評價一致時，就加強了自我評價的信心，大大提高了安全感。相反，如果個體發現自我評價和這些人對自己的評價差距很大時，就會使自己的意見受到極大的威脅。

　　庫利（Charles Horton Cooley）指出，別人對自己的態度，是自我評價的「一面鏡子」，一個人處在一定的社會關係中，透過與他人相處，從

他們對自己的評價中看到了自己的形象，為自我評價提供基礎。他人評價這面鏡子，並不是指某個人的某一次評價，而主要是指從對自己有影響、關係較為密切的人的一系列的評價中概括出來的某些經常的、穩固的評價。個人常常是根據他人對自己的評價與態度來評價自己的。

評價他人主要透過三個方面：樣貌、品德和能力。就像網上流行過的那句話：「喜歡一個人，始於顏值，陷於才華，忠於人品。」當我們對他人不熟時，往往會憑藉樣貌和穿衣風格來對其進行評價。慢慢地，隨著了解的深入，我們會看到他的能力。再深入了解，其人品就會顯現出來了。所以這是一個循序漸進的過程。

戴高樂技術貴在尋找和表述，但這些都建立在真誠的基礎上，沒有真誠，你所說的話，所做的事，都一文不值。曾經有心理學家做過關於真誠的調查，讓被調查者從 500 個描述人格特質的詞語中選出最喜歡和最討厭的人格。結果顯示：在被調查者最喜歡的 8 個形容詞中，有 6 個是直接與「真誠」相關的，分別為真誠、誠實、忠實、真實、信得過、可靠。而撒謊、虛偽、作假和不老實是他們最厭惡的人格。也就是說，真誠最受人歡迎，不真誠最令人生厭。所以在評價他人的過程中，真誠是基本，也是最後的底線。

核心目標

1. 透過戴高帽技術，我們真誠地讚美別人，同時也被別人真誠讚美著，這個過程是奇妙且美好的，我們樂在其中。喜愛讚美是人性使然，透過讚美他人，我們不再吝嗇自己的表揚，不再以審視的眼光看待對方，唯有一顆真心、一句讚美才可以表達我們內心的感情。

2. 讚美使自我不再渺小。通常情況下，我們不會被一大堆人圍著，也不會被他們輪流誇獎。而當出現這種情況時，自我不再是一顆渺小的種子，而是充滿力量的參天大樹。我們不再覺得自己很無能、很弱小，旁人道出的那些優點正是我們平時忽略的自身的優點，我們也是自帶光環的人，也是行走的正能量。所以，此技術可以改善我們對自我的評價，從而提高自信水準。

技術特點與優勢

形象化和儀式感。平時我們常常說「戴高帽」，此技術真正讓我們體驗了一下所謂的「戴高帽」。手捧高帽，圍著對方行走，在行走的過程中，感受對方身上所具有的美好特質。行走結束後，靜靜地凝視著對方的眼睛，把高帽穩穩地戴在他的頭上，並告訴他為他戴高帽的原因，他的哪些特質吸引了你。這種莊重的儀式使讚美變得更加可信和可貴。

技術操作指南

選擇兩人以上成員，準備一把椅子。

1. 一個成員坐在椅子上，作為被戴高帽的人。其餘的成員捧著帽子（真實的和虛擬的均可，主要是行為動作）慢慢地圍著他轉圈行走。
2. 在行走的過程中，靜靜地感受他身上所擁有的特質，一些自己比較欣賞的特質。
3. 行走的成員走完一圈後，靜靜地站在或者蹲在坐著的人面前，靜靜地凝視他的眼睛，讓對方感受到你的真誠。

4. 凝視對方眼睛 5 秒鐘，然後給他戴上這頂高高的帽子。

5. 告訴他他身上所擁有的積極特質。

6. 互換身分，小組成員輪流做被戴高帽的人。重複上述步驟。

參考文獻

任國華（2003）· 自我圖式、他人評價與人格發展的關係 · 心理科學 ·

會心技術

—— 人性的探索之真誠

問題提出

清代的申居鄖曾經說過：「世間好看事盡有，好聽話極多，唯求一真字難得。」一句話道出了真誠的可貴。「真誠」這兩個字，也許在小學期間老師就這樣教過我們：「真，真心；誠，誠實。只要我們對待別人真心實意，我們就擁有了真誠的美好特質。」於是伴著老師的講解，我們慢慢地長大，我們想一直踐行著這個人際準則，但是發現，原來世界並不是我們想像中的那麼美好。「媽媽，那個奶奶摔倒了，我們去扶一下吧！」、「這怎麼敢扶呢，萬一她是個騙子怎麼辦！下次遇到這種情況，就當沒看見。」說到這，我的腦海中就浮現出了前幾年開心麻花在中國春晚上演的那個小品《扶不扶》，說的就是這個現象，一句「我本來是開大奔（賓士）的，就是扶老太太多，現在都騎自行車了」讓人感覺笑中帶淚。為什麼會出現這樣的現象呢？難道我們的世風已經變了嗎？「夜不閉戶，路不拾遺」已離我們遠去，難道我們的人心也倒了嗎？真心、愛心真的要慢慢離開我們了嗎？

著名的人本主義大師羅傑斯（Carl Ransom Rogers）曾經給真誠下過定義：真誠有兩層含義，一層是所說的和所想的一致，這叫不欺人；另一層是所想的和所體驗的一致，這叫不自欺。做到不欺人的人也許很

多，但是做到不自欺的人就相當少了。為了迎合某種權勢，或者謀取某種利益，我們大多數人會採取附和的態度。內心所想和親身所為並沒有統一，時間長了我們的頭腦和身體就會產生分裂，隨之各種身心疾病便乘虛而入。但我們往往比較關注身體疾病，心理問題則被擱置再談。

現代社會，紛紛擾擾，大家在追逐利益的時候，慢慢習慣於勾心鬥角、爾虞我詐，但這都非人之本性。曾有一位哲學家這樣說：「如果這個世界缺乏真誠，我們的臉上就彷彿蒙了一個面罩，無法看清楚每一個人的真面目。」為什麼大家會感悟人心莫測，友誼的小船說翻就翻。其實大多數時候都是因為我們缺乏真誠，沒有以自己的真面目示人。一個具有人格魅力的人，需要真誠地對待每一個人。真誠是魅力的閃爍，真誠是良心的表現，這都是為自己贏得真誠、贏得尊重的必要條件。人生就像一個棋局，走錯一步就可能導致滿盤皆輸。所以，我們不能主觀認為缺乏真誠只是一個小毛病、一個壞習慣而已，貫穿始終的人生態度就是真誠。

技術理念

會心團體的概念有廣義和狹義之分。從狹義來看，會心團體是羅傑斯基於當時社會的需求，在實踐活動中首創的團體諮商與治療方法。它是指個體基於在團體中會心交流的體驗，來促進自我探討、自我認識、自我接納和自我發展，藉以深化和發展人與人之間的關係。從廣義來看，會心團體是對 20 世紀以來，在美國社會中存在的性質相似、功能類似的強化團體的總稱。這種團體包括自助小組、人際關係小組、敏感訓練小組、個人成長小組、任務導向團體、格式塔專題討論會、人類潛能小組等。後來發展成為心理健康的群眾性運動。這些小組在法國、英

國、荷蘭、日本和澳洲等國都有發展,如英國的塔維斯托克(Tavistock)小組等。我們所講的會心團體主要是狹義層面上的。

「會心」指心靈與心靈的相遇,是透過溝通、交流等方式來領會、解悟別人的內心,將對方沒有表明的意思領悟於心。這個技術主要來源於團體動力學,這一概念由德裔美國心理學家、實驗社會心理學的先驅庫爾特·勒溫(Kurt Zadek Lewin)在〈社會空間實驗〉(*Experiments in Social Space*)中首次提出。團體動力學的理論基礎是場論,該理論認為人的心理活動和行為由環境和人兩個因素共同決定。每個成員的心理活動都與其他成員的心理場息息相關,團體不是個體的簡單機械相加,它具有內生動力,個體的改變是透過團體實現的,而部分成員的改變、團體的整體變化又引起其他成員的變化。該理論還強調團體動力源自需要和環境的互動作用,成員行為的改變是成員心理機制與環境共同作用的結果。團體心理學探討的是團體的動力、氣氛、目標、規律、領導方式、凝聚力等問題,團體效能的發揮取決於目標設定、氣氛和諧、規範合理、人際關係等因素。團體動力學的研究,對有效發揮團體的作用、使成員在這個動力場中取得實質性收穫提供了理論依據,也啟發了會心團體的進行過程,如促進動員的作用如何發揮,如何才能形成溫暖、自由的團體心理圍,成員透過什麼方式才能有安全感和歸屬感等。

在羅傑斯看來,個人並不是生活在客觀的現實環境中,而是存在於一定的現象場之中。現象場是個體所能夠體察到的那部分整體經驗,是知覺、意識、經驗等主觀精神世界的總和,思想、行為、感情等都來自現象場並受其決定。每個人的現象場都與眾不同且不可替代,並具有限制性。不同的人面對同樣的刺激會產生不同的反應,基於此,在團體心理諮商中,諮商師認為只有當事人自己最了解自己。來訪者要想深化對自己的認識,可以視其他人

的現象場為一面鏡子，反映自己。個體要想客觀真實地了解其他人，可以透過放下自己的現象場、進入他人的現象場的換位來實現。

那什麼是會心技術呢？其實就是藉助真誠的力量來實現心靈的交融與碰撞。此技術最初由心理劇創始人莫雷諾先生提出，後來由羅傑斯應用到團體心理諮商領域，會心團體就應運而生。會心境界是個體諮商的最高境界，心理諮商師不是用技術去幫助別人，而是用心和愛的靈魂去體悟他人，當諮商師交出真誠和愛心時，會心時刻就會到來。

核心目標

● （1）不僅僅是解決問題，而是幫助當事人

成長在會心團體中，我們以人為中心，提供一種氣氛，建立安全、可信任的和諧關係，使當事人能減少防衛，真實地自我探索，進而察覺阻撓自己成長的各種障礙，從而變得更開放、更能信任自己、更願意進步，以及更願意按照內心的標準去生活。當然在實現這個目標之前，我們必須先拿掉自己在社會化過程中形成的面具，從虛假的背後顯現出一個不斷實現的真實的自我。

● （2）使當事人能夠對自己和本身的感受以及對他人較為接納

對於接納的場景，國外學者曾這樣描述：兩個人的相遇，兩人目光相接，面與面相聚，就在你靠近我的剎那，我將穿戴上你的眼睛，就如同你穿戴上我的眼睛一樣。那麼，我將能用你的目光來認識你，如同，你亦用我的目光看著我。這是一種透過眼神的心靈交流，已經超越了身體的存在狀態。在這種情境中，雙方不需要做任何事，只需要看著對方的眼睛，

就能讀出他內心的情感，他的孤獨、他的敏感、他的悲傷、他的喜悅，都可以透過眼神傳遞出來。眼睛是心靈的窗戶，這句話並不是沒有道理的。另外，雙方在對方的眼睛中能夠看到自己的影子，這其實也是對自我的解讀，也是對自我的關注，此時此刻，你會發現，你會領悟，別人眼中的自己是怎樣的一幅畫面，自我的存在是怎樣的一種感知。

● （3）改善人際關係

　　美國學者安德森（John Edward Anderson）研究了影響人際關係的人格特質，排在序列最前面、受喜愛程度最高的六個人格特質是：真誠、誠實、理解、忠誠、真實、可信，它們或多或少、直接或間接同真誠有關。排在系列最後、受喜愛水準最低的幾個特質如說謊、假裝、不老實等，也都與真誠有關。安德森認為，真誠受人歡迎，不真誠則令人厭惡。羅傑斯也認為，真誠是人際關係中最重要的交往基礎。所以，唯有真誠可以重塑我們的人際關係，也唯有真誠可以拯救社會中的一些不良風氣。在會心技術中，我們藉助真誠的力量來緩解人際關係中的冷漠氣氛，藉助真誠來改善我們的現象場。

技術特點與優勢

● （1）沒有高階的技術，只有溫暖的心靈

　　在此技術中，並沒有什麼操作流程，也沒有什麼注意事項。我們需要做的就是找一個喜歡的人，坐在他的對面，默默地注視著他的眼睛，體會他的內心所想。這是一個很普通的行為，但卻是最真誠的行為。會心技術講究的就是以人為本，就是真誠的關注，所以語言也被省去了，

只是透過眼神的碰撞，來實現心靈的感悟。此時，「我」既是一個了解別人的感受器，也是體驗別人情緒的接收器。只需要一個「我」和一個同伴，這就是會心技術的精髓。

● （2）無聲勝有聲

在人們的習慣意識裡，「溝通」幾近等同於「語言交流」，人們總覺得「溝通」就是有聲的對話。但有時候，我們了解他人，不需要促膝長談，只需要一個眼神足矣。首先，語言傳遞的資訊是「分離」的一個詞，一句話說完了，這個過程也就結束了，而眼神的交流具有連續性，資訊傳遞的雙方在一起，一舉一動、時時刻刻都在傳遞某種資訊。其次，眼神傳遞的資訊比語言更可靠，因為人對語言的操縱是自覺的，這就帶有掩飾的可能，而眼神的傳遞是不知不覺的，更具有暗示之「暗」的功效。所以在會心技術中，我們充分發揮眼神的作用，透過眼睛的語言，來展現心靈的語言。

技術操作指南

正如上面所提到的，在此技術中，並沒有什麼操作流程，也沒有什麼注意事項。我們需要做的就是找一個喜歡的人，坐在他的對面，默默地注視著他的眼睛，體會他的內心所想。這是一個很普通的行為，但卻是最真誠的行為。

參考文獻

石燁（2014）·羅傑斯會心團體對大學生思想政治教育的啟示研究·蘭州大學碩士論文·

掌控練習
—— 提升自己的樂觀水準

技術理念

●（1）掌控與掌控感

　　掌控可分為對外掌控和對內掌控兩種方式。對外控制的形式廣為人知，即對外界事物的把控，對權力的追求。如把事情計劃好、追求話語權、去控制某事或某人。對內控制即一種自我心靈的淨化，無論面對好事壞事，多麼驚喜或是多麼震驚的事，都能夠讓自己寵辱不驚，坦然接受，這便是自我的效能感。如對自我情緒的控制、對壓力、焦慮的時間接受的能力。

　　一味追求對外掌控而不去鍛鍊自己對內掌控的人是「鐵血戰士」，總是容易受挫、受傷，但越挫越勇，因為在他的心中，只有對外掌控，實現自己設定的目標，才能獲得滿足感，否則他無法靠自己內心的力量去對抗因失控帶來的內心無助感。一味追求對內掌控而從來不去對外掌控的人是「不倒翁道士」，看破紅塵是他們內心的終極目標，閒庭信步、笑看花開花落，是他們的人生態度。但社會、家庭的環境要求他們必須要有追求，有對外掌控的心，所以大多數只追求對內控制的人是抵擋不住不去對外控制的種種「失控攻擊」的。

只有能綜合運用兩種掌控的人才能感受到世界的意義與真諦。會生活的人，必定是在生活中會打太極的人。無形的球始終掌握在自己的手中，收放自如。一時對外控制，一時對內控制，該對外控制時對外控制，該對內控制時對內控制，掌控兩手間無形的兩極世界，體會著陰陽交錯帶來的身體愉悅。一張一弛，文武之道，對內對外，掌控之道。

●（2）習得性無助

習得性無助是指當個體認為將面臨的情景是不可控的，不管自己如何努力都不可能對結局產生影響時，個體很容易產生消極的認知，體驗到無助、無望、憂鬱等消極情緒，放棄努力。

美國心理學家塞里格曼，在 1967 年研究動物時發現了一個現象，他起初把狗關在籠子裡，只要蜂鳴器一響，就給狗施加難以忍受的電擊。狗被關在籠子裡逃避不了電擊，於是在籠子裡狂奔，驚恐哀叫。多次實驗後，只要蜂鳴器一響，狗就趴在地上，驚恐哀叫，也不再狂奔。後來實驗者在給狗施加電擊前，把籠門開啟，此時狗不但不逃，而且不等電擊出現，就倒地呻吟和顫抖。牠本來可以主動逃避，卻絕望地等待痛苦的來臨，這就是習得性無助。為什麼狗會這樣，在受到威脅時連「狂奔，驚恐哀叫」這些本能都沒有了呢？因為牠們已經知道，那些是無用的，這就是「習得性無助」的表現。

塞里格曼認為，習得性無助主要由三個因素造成：

不可控環境

在該情境下，是否所有的行為都不能改變結果？這個結果是否不受行為控制？（是不是無論跳起、跑動、坐下、吠叫都沒有辦法停止電擊。）

伴隨性認知

個體認知到任何積極的行動都不能控制其結果。（狗認識到自己的行為不可能對自己受到電擊的命運有任何作用了。）

放棄反應

繼續用無助的心態來看待以後發生的事情，感到了自卑，缺乏自信，而放棄努力去避免類似的事情發生。（再次被電擊時，憂鬱的狗不再做出任何反應，用「什麼都不做」來防禦「做了也沒有用」的沮喪感。）

在對人類的觀察實驗中，心理學家也得到了與習得性無助類似的結果。細心觀察，我們會發現，正如實驗中那條絕望的狗一樣，如果一個人總是在一項工作上失敗，他就會在這項工作上放棄努力，甚至還會因此對自身產生懷疑，覺得自己「這也不行，那也不行」，已經無可救藥。

事實上，此時此刻的我們並不是「真的不行」，而是陷入了「習得性無助」的心理狀態中，這種心理讓人們自設藩籬，把失敗的原因歸結為自身不可改變的因素，放棄繼續嘗試的勇氣和信心，破罐子破摔。比如：總是有很多人認為，學習成績差是因為自己智力不好，失戀是因為自己本身就令人討厭等。所以要想讓自己遠離絕望，我們必須學會客觀理性地為我們的成功和失敗找到正確的歸因。

核心目標

運用掌控練習來提升自己的樂觀水準，對於那些不可控的事件能夠做到理性歸因。

技術特點與優勢

我們有時候對生活失去信心，很大原因在於我們無法掌控一些事情。對於那些消極事件，我們無法做到理性地應對。此技術針對人生事件進行掌控感的分類。對於那些能掌控的事件，我們自然心中歡喜；而對於那些無法掌控的事件，我們透過溝通交流、轉換歸因模式，也依然可以提高自己對未來生活的樂觀程度。

技術操作指南

1. 導師引導成員分類，哪些東西是可以掌控的，哪些東西是不能掌控的，例如自然現象、生老病死不能被掌控，是否早起、是否注意身體健康是可以被掌控的。
2. 分組討論所想到的事件，結合掌控類型為每一事件各選擇一個象徵物。
3. 在一張大白紙上寫出事件和對應的象徵物。
4. 討論不同事件的應對方式，應當選擇的心態。

參考文獻

韋志中，盧燕博，周治瓊（2016）·社區心理學：254 模式理論與實踐·武漢大學出版社·

感恩拜訪

—— 展現自己的感恩特質

問題提出

　　孟子曾經提到過四心：惻隱之心、羞惡之心、辭讓之心和是非之心，且認為這四心是人與生俱來的品格。當碰到感動的情景時，我們心中自然會流過一陣暖流。無須太多的言語表達，無須太多的動作指引，我們就會無意識地放下勞累的心石，為它傳輸情感的能量。這是自然而然的，是人的天性使然。

　　雖然我們每年都會過感恩節，感恩教育也是我們每天掛在嘴邊的口號，但由於整個社會缺失感恩的氛圍和行動，我們的感恩似乎只流於形式。感恩節那天，大家一起出去吃喝玩樂，順便說一句「感恩節快樂」。對感恩教育而言，無非是一封感恩父母的信或者幫父母做些家事等。當然並不是說大眾沒有感恩意識，不懂得珍惜身邊的人，而是我們習慣於含蓄和內斂，不善於表達自己的想法或情感，即使內心已非常感動，我們表現出來的也就是那一句「謝謝」而已。但這樣的表達，對說者而言並沒有淋漓盡致地展示自己的所有情感，對聽者而言，也並不能真切感受到對方的誠意，甚至還會造成誤會的尷尬場面。

　　所以，這個社會並不缺乏感恩的情懷、感恩的教育，而是缺乏感恩

的情感表達。當我們發自內心地感激對方的時候，我們的內心就會升騰起一股力量，能真實感受到自己是被人關心和愛護的。這種正能量的獲取和傳遞，就是我們的心理干預真正發揮作用的地方。

技術理念

感恩曾被當作一種情緒、美德、道德、態度等。在國內，《說文解字》對感恩的解釋是：「感，動人心也；恩，惠也。」在國外，感恩一詞來源於英語「grace」，表示上帝帶給人類的愛與恩典，及由此產生的感恩。比較官方的定義是，感恩是指個體對他人、社會和自然給予的恩惠在內心的認可，是個體接受被認為珍貴的、有價值的和利他的幫助後出現的一種情感。其實通俗一點講，感恩就是你感受到了對方的善意，在心靈上給予回應的一種正性體驗。

正向心理學的科學研究取得了許多成果，其中一個主要的概念就是感恩。經過一定時間的研究，感恩已經被正向心理學家定位是實現幸福的主要心理能力和特質。也就是說，越是有感恩能力的人，越是幸福的。正向心理學之父 ── 美國賓州大學心理學家馬丁・塞里格曼做了一個有關感恩的正向心理學效應的研究。他測試了參與過積極干預的 411 個人的效應，標記了那些寫過「感恩之心」的人和其他一些只寫過「自傳」的人，研究他們之間的幸福指數的差異。結果發現，寫過「感恩之心」的人，他們的幸福指數有顯著增加，而且這些幸福指數可以一直持續一個月左右。感恩與幸福感的關係在青少年、大學生、中年人、老年人等群體中都得到了證明。伍德（Wendy Wood）等人的研究也發現，除去人格特質，感恩仍是影響生活滿意度的顯著變數。感恩與幸福感的關

係可以用感恩的拓寬建構理論來解釋。感恩可以拓寬認知的範圍，建構永續性的個人資源，包括生理資源、知識資源、社會資源以及心理資源等。它能幫助個體建立和加強與他人的社會性連繫，使人應對壓力和困境變得容易，並能抵消負性情緒帶來的不良影響，從而提高個體的幸福感水準。

感恩可以擴大認知，使自己在遇到困難的時候，即使有心理壓力，也可以掌控全域性。有學者做過研究，他們把受試者分派到 3 種條件，即感恩條件、中性條件以及積極情緒條件中去。結果顯示，感恩條件組受試者表現出的助人行為要顯著高於中性條件組和積極情緒組；而且，這種效應是以感恩情緒體驗為仲介，積極情緒不能解釋這種效應。也就是說，利社會行為的引發主要是由於感恩情緒，單純的積極情緒並不能使個體產生利社會行為的傾向。感恩是潛在的互惠利他行為的一種動力機制，它既是對道德行為的情緒反應，也是道德行為的推動者。感恩的道德情感理論指出，感恩具有三種特殊的道德功能：道德晴雨表、道德動機和道德強化物。

道德晴雨表即感恩的道德計量功能。該理論認為感恩的道德計量依賴於一定的社會認知資訊：

★ 已獲得特別有價值的利益；

★ 別人為此付出了巨大努力和代價；

★ 別人是有意付出的；

★ 別人是無償付出時。

在這些情況下人們最有可能體驗到感恩。

意外恩惠效應的發現支持了感恩的道德計量功能，即與較熟悉人的

恩惠相比,人們對較陌生人的恩惠更為感激;與社會地位和權力較高的人的恩惠相比,人們對與自己社會地位和權力相當的人的恩惠更為感激。因為陌生人和與自己權力地位相當的人更有可能是有意的無償付出,且更有可能為此付出了巨大努力和代價。

道德動機即道德的激發功能。感恩激勵感恩者自己的道德和利社會行為。這個功能似乎是顯而易見的。對施惠者行為表示感激的人,將來很有可能幫助施惠者,甚至是他人。此外,如果人們對施惠者的利社會行為心存感激,那麼他們就可能避免傷害施惠者和他人。

感恩的第三種功能是,感恩表達能強化道德行為。定性研究顯示,感恩表達能強化慈善行為。實驗數據顯示,受惠者感謝施惠者為其利益所付出的努力,比起不感謝他們付出的努力,能使施惠者願意為別人的利益付出更多,並且工作更賣力。

當我們了解到感恩的重要性時,我們需要做的就是行動。每個人在生命中都有很多值得感恩的人和事。從你呱呱墜地的那一刻起,你首先要在父母的精心呵護下才能健康成長;當你慢慢懂事,需要接受文化知識教育時,又會有很多老師給你灌輸寶貴的知識和做人的道理;當你碰到困難時,還會有熱情的同伴為你排憂解難……

現在學校也很重視感恩教育。但是他們對感恩尚沒有一個全面的認識。那些所謂的感恩教育,其實更多的是道德教育,是告訴你作為一個人應該知道的「知恩圖報」,應該具備的良心,這其實是比較理論化,並沒有從心底中喚起學生的感恩之心。心理學中所說的感恩,是讓你融入特定的場景中,真實地感受到來自人性中的真善美,從而使你突然生出一種對社會的熱愛、對美好生活的感激。由事件到情緒,從而引發情感,這才是真正的感恩。感恩拜訪就是讓你體驗到什麼是真正的感恩。

核心目標

● （1）積極表達感恩之

感恩表達能夠提升個體的心理健康水準。有學者透過縱向研究發現，感恩拜訪可以增加個體的感恩水準和主觀幸福感。我們曾對一些兒童和青少年進行為期兩週的感恩拜訪干預，每兩天進行一次，每次 10 ～ 15 分鐘，實驗組被要求寫感恩信件並當眾郵寄，控制組被要求寫關於日常事件及對事件的想法和感受的信件並當眾郵寄。結果表明，與控制組相比，實驗組中低積極情感者在干預後即時測量和兩月後測量的報告中均表現出更多的感恩和積極情感。所以，積極表達感恩之情和個人的幸福感是緊密相連的。

● （2）傳播社會正能量

感恩拜訪技術中，我們重新體驗那些無私幫助過我們的人，我們可以感受到社會的愛和和諧，體驗到人性中的真誠和善良，這是積極力量的強化，也是正效能量的傳播。我們在人際交往中常常有這樣的體驗：和某些人打交道，能讓你感覺良好，因為他身上帶有正能量，和這樣的人交往能將正能量傳遞給你，令你感染到那種積極快樂的感覺。而另一些人則相反，因為他身上負能量過多，不斷地向你傳遞消極悲觀的情緒。所以，如果你身上充滿著正能量，不僅可以笑對自己，還可以笑對他人。

● （3）調節人際關係

許多研究都已表明，表達感恩對提高關係的品質非常重要。雙方經常對彼此表達感恩，其關係品質更高，持續時間更久。發現－提醒－連

結理論認為，感恩表達會讓個體發現一段新關係且決定要不要和對方繼續交往；而對於已經存在的關係，感恩表達提醒個體以前沒有注意到但是已存在的關係，並讓雙方的關係更加緊密。不論是建立新關係還是維持現有關係，感恩表達都造成重要作用。因為感恩表達帶來良性互動，即表達感恩的人在一定程度上對對方的認知更加積極，而接受感恩表達的人則會產生回報的想法，從而形成良性循環，有利於雙方關係的發展，所以表達感恩的人更有可能擁有一段良好的人際關係。

技術特點與優勢

● （1）連結過去、現在和未來

曾經在佛教頻道上看到過這樣一句話：「成熟的人不在乎過去，聰明的人不懷疑現在，豁達的人不擔心未來。」但是成熟、聰明和豁達並不是每個人都能夠擁有的。我們往往總是在想曾經失去了什麼，未來要得到什麼，現在卻不知道要幹什麼。其實這種迷茫、功利的心態只是由於我們沒有用發展的眼光來看待自己的人生。我們斷然地將人生進行切割，過去、現在和未來已成為獨立的階段，它們已經失去了連結的紐帶。在感恩拜訪中，我們重新把焦點放在連結上，讓過去的感恩經歷重現，點燃現在的感恩情緒，進而規劃未來的感恩行動。現在、過去和未來已成為有機統一體，在此技術中，它們已不可分割。

● （2）感恩之情連線感恩之行

心理學上把人的心理結構分為三個最重要的系統，即認知、情感和行為系統。認知是情感的泉源，以情感為導向；情感是行為活動的泉

源，以行為活動為導向；情感最初是從認知中逐漸分離出來的，它又反過來促進認知的發展；行為活動最初是從情感中逐漸分離出來的，它又反過來促進情感的發展；認知、情感與行為活動相互滲透、相互作用、互為前提、共同發展。一個心理健康、生活幸福的人，他的認知、行為、情感之間是協調的。如果不協調，就可能出現問題，就可能讓我們失去幸福感。在此技術中，我們透過回想生命旅程中的感恩點滴，引發自己的感恩之情，進而又透過感恩之情來施行感恩行動 —— 感恩信或親自拜訪，這是一個完整的心理活動，是一個動態的心理結構，知情意行的聯合發功，更能讓我們感受到感恩的意義和旺盛的生命力。

● **（3）小感恩，大人生**

很多時候，我們總是希望得到別人的好。一開始，我們還感激不盡，可是久了，便習慣了。習慣了一個人對自己的好，便認為是理所應當的，有一天他不對你好了，你便覺得怨懟。其實，不是別人不好了，而是我們的要求變多了。習慣了得到，便忘記了感恩。人生中有很多這樣的情況，我們自認為的人之常情，自認為的理所當然，其實都是源於別人的無私付出。有時候當我們對一些結果感到無可奈何時，我們能做的就是，擁有時珍惜，失去時感恩。所以，常懷感恩之心，我們才能看到生活中不一樣的風景，才能在困境猛生時，不會怨天尤人，仍會理性地感恩這次劫難，讓我們獲得真正的成長。

技術操作指南

1. 在一個空閒的時候，拿出一張紙，仔細地回想一下，在自己過往的生命旅程中，有沒有人曾無私地幫助你，關心你，讓你感受到溫暖

和愛，是你一直感謝，一直有一些話想對他們說，卻又沒有說出口的。列出至少十個這樣對你有重要意義的人的名字，回想與他們的交往過程。

2. 按照重要順序或者感激的急迫順序，將這十個人名做一個排序，挑出最重要人，作為首先拜訪的對象。

3. 回想這個人與你交往的過程，尤其是你特別感激他的地方，寫一份誠懇的追憶往事和表達感激的信。

4. 找一個合適的地方，透過電話或者當面拜訪的方式，將這封信讀給他聽。注意，一定要他親耳聽到。可以給自己一個時限，但一定要去做，做完之後，你會發現自身奇蹟一般的改變。

5. 堅持每月能做一次，拜訪名單中所有的十個不同的人。如果堅持下來，你會發現你身邊的整個生活圈子和自己的內心狀態都發生了巨大的變化。

注意事項

一定要在相對完整而不受打擾的時間內進行，環境安全無干擾；材料（紙、筆、音樂）準備齊全；堅持將所有步驟都完成；以真誠而嚴肅的態度面對，這是一次與自己內心對話的好機會。

參考文獻

1. 曹歡（2017）·感恩表達的作用與機制·心理技術與應用·

2. 王定升（2008）·感恩對助人行為的影響·河南大學博士論文·

3. 韋志中（2013）·幸福干預·清華大學出版社·

4. 梁宏宇，陳石，熊紅星，孫配貞，李放，鄭雪（2015）· 人際感恩：
社會交往中重要的積極情緒 · 心理科學進展 ·

5. 孫配貞，江紅豔（2012）· 感恩的心理學研究進展 · 江蘇師範大學學
報（哲學社會科學版）·

感恩求助
—— 運用求助行為來進行愛的表達

問題提出

在我的團體中，我帶過一個叫「我需要你」的團體。我把組員分為兩隊：幫助他人的人和需要被幫助的人。被幫助的人，想想最近遇到的一個問題，閉上眼睛，然後大聲喊出自己的問題，要一直喊，直到有人願意停下來幫助他。

環節結束後，有的成員分享道：「我在生活和家庭中，一直充當著幫助別人的角色，但其實我也很需要幫助。但是當老師說要大聲喊出來的時候，我一直喊不出來，怎樣也喊不出來，我一直咬著嘴巴，不讓自己喊出來。平時自己是很壓抑的，一直都是在幫助別人，我也真的很需要幫助啊。」也有人說：「我很需要讓別人愛我，但是我又很害怕讓別人知道我這麼脆弱。所以剛開始的時候，我想的更多的是我需要提升，但當我聽到其他人都喊出來的時候，我鼓起勇氣把自己內心積壓了很久的東西，大聲地說了出來。」

我不斷地發現和驗證，我們有時候，不是缺少愛心，而是缺乏被愛的能力，是害怕接受別人的幫助。

技術理念

馬斯洛的需求層次理論指出：人有五種需求，從低到高排序依次是生理需求、安全需求、愛與歸屬需求、尊重需求和自我實現需求。能夠進行自我實現的人的特點是，他們具有愛的能力並能成為被愛的人。梅寧格（Karl Augustus Menninger）說過這樣一句透澈的話：人的本質是真正願意互愛的，但不知道怎樣做到這一點。這至少對健康的人來說是符合事實的。

中國當代著名學者周國平也曾說過：「對於我們的幸福來說，被愛是主要的。」如果我們得到的愛太少，我們就會覺得這個世界很冷酷，自己在這個世界上很孤單。所以，當我們幫助別人時，我們付出了愛的能力，但當別人幫助我們時，我們就體驗到被愛的溫暖。人生的幸福追求，也無疑是這兩點：愛和被愛。

高一虹和陸小婭在 2001 年發表的〈大學生心理幫助與求助方式的性別差異中〉提到，大學生的幫助和求助方式以及對心理服務的態度有顯著的性別差異。女生較男生更多地透過人際互動排解心理煩惱，也更多地向他人提供心理幫助。在求助期待上，男生都傾向於理性的「非指導性」幫助而非「指導性」幫助，但女性表現出較強的接受性，同時也更多地期望得到對方的啟發，認識事情的多種可能性，最終自己做出決策。在對心理服務的態度上，女性比男性更加肯定和開放，同時也具有相當程度的評價能力。為什麼會出現這種情況呢？其實是受傳統文化下的性別定式的影響。男性更加注重「面子」，因而控制乃至壓制情感情緒的表達，難以開放自我。

在學業求助行為的研究中，巴特勒發現學生迴避求助的心理原因主要有三點：

* 獨立掌握。「我想自己嘗試解決問題」、「我希望自己能夠獨立完成」。

* 無須幫助。「我想我能夠獨立完成」、「題目看起來並不難」。

* 掩飾無能。「我不願顯得很笨」、「求助說明自己不聰明」。

後來，他編制了「學生不求助心理原因問卷」，又歸納出能力中心、獨立性和便利性三個維度。其中，便利性如「認為即便求助也不會得到解答」、「認為求助會花更長時間」、「認為沒有時間求助」等。

學生對自我能力的認知與評價會影響學生的求助態度、是否求助和求助的具體方式。巴特勒─紐曼研究發現，自我效能感知對自我捲入條件下自我表現目的學生的求助行為產生影響。在任務目的之下，學生只關心自己的知識掌握和能力提高，自我效能感不會對學生求助行為產生明顯影響。在自我表現目的的條件下，具有中等水準的自我效能感或能力水準的學生比具有較高和較低能力水準或自我效能感的學生有更多的求助行為。他們用「敏感性理論」和「一致性理論」對這種現象進行了解釋。「敏感性理論」認為，幫助會對具有較低能力水準和自尊心的學生產生威脅感。「一致性理論」認為，具有較高能力的個體一般把求助看作與已經存在的自我概念不一致的行為。根據上述兩種理論，求助行為對具有較高和低較自我效能感的學生比對中等水準自我效能感的學生更具有威脅性。所以，無論自我效能感很高的學生還是自我效能感太低的學生都會迴避求助。

目前在學術界，主要從心理求助和學業求助兩個方面來研究求助行為。綜上的研究顯示，學生的求助意願都不是很高。在他們看來，求助行為關係到自己的自尊和能力，是一種不可碰的選擇。而在成人身上，也存在這種想法，他們同樣認為求助行為是能力低下、軟弱的表現。這種不理智的想法其實危害極大。

核心目標

我們常常以為愛人才是高尚的，付出才是應當受到尊重的，但其實，我們除了有被愛的需求，同時也有付出愛的需求。付出真心去愛一個人，同樣是一件幸福的事。因為曾經幫助我們的人，使我們感到溫暖，我們回饋我們的愛，會讓更多的人感受到我們的善意，感受到我們的正能量，這何嘗不是一種快樂！

感恩求助技術旨在感恩那些曾經向我們求助的人，他們在困難時刻向我們發出呼喊，這是對我們的依賴和信任。我們應該感謝他們，感謝他們讓我們有付出愛的機會，感謝他們讓我們感覺到了自身存在的價值。我們用同樣的行為來向他們求助，感受作為求助者的內心波動，同時傾聽對方的情感變化，使我們在愛和被愛的空間內自由切換。

技術特點與優勢

● （1）禮尚往來

對方的求助行為使我們感受到了存在的價值，我們的求助行為同樣也可以讓對方產生價值感。這種互動行為其實也是一種「禮尚往來」。

● （2）求助者和助人者靈活切換

作為助人者，我們感受到了自信和價值感，作為求助者，我們體驗到了自己的無助和無奈。這種情感起伏使我們更加了解人際交往的重要性。

技術操作指南

1. 在一個安靜的環境中，坐下來，輕輕地閉上眼睛，仔細地回想一下，在自己過往的生命旅程中，有沒有一個人，曾經向你求助，讓你有給予愛的機會，有展現自己價值的機會。你一直有一些話想對他說，卻又一直沒有說出口。想到這個人的名字，感受你與他的交往。

2. 想一件他幫助你的事情，可以是很小的請求，比如他對你說：「我遇到很難拿主意的事情，想聽聽你的意見。」在心中確定一件這樣的事情。

3. 找一個恰當的時機，將你想求助的人約出來，跟他表達你遇到的困難，說明你想請他幫助的意願，傾聽他的回應。

4. 仔細體會你的整個心理過程，可以的話將這個心路歷程記錄下來。

5. 完成這件事之後，請對方分享收到你請求時的感受，你也需要分享請對方幫忙時的整個心理過程。

參考文獻

1. 陳志霞（2000）·課堂求助行為及其影響因素研究·心理科學·

2. 高一虹，陸小婭（2001）·大學生心理幫助與求助方式的性別差異·婦女研究論叢·

3. 韋志中（2013）·幸福干預·清華大學出版社·

感恩幫助

—— 運用冥想和表達喚醒感恩能力

問題提出

人與人共處的過程中，當所面對的結果不順時，我們會因遇到的人和事而產生挫折感與無助感，漸漸地不再相信、不再肯定自己以及他人在過程中的能力、特質和幫助，因此不再主動感恩和協助他人，長此以往，抱怨、低落情緒堆積，造成了隨後諸多的其他困惑。

鑑於此，感恩幫助技術在本會團體諮商的基礎上，運用冥想與書信，讓閱聽人在自己的反思和動手當中覺醒，喚醒和提升自身擁有的處理能力。

技術理念

冥想起源於五千年前的東方宗教和文化傳統，隨著歷史的演變，它逐漸跨越了最初的宗教和文化鴻溝，目前已經成為心理學研究的一個重要主題。心理學研究冥想始於 1960 年代，這在某種程度上可以說是人本主義心理學興起後的一個產物。

對於冥想究竟是什麼，心理學界尚未形成一個統一的標準。

一些研究者從認知的角度出發，認為「冥想是透過身心的自我調

節，建立一種特殊的注意機制，最終影響個體的心理過程的一系列練習」。冥想包括一系列複雜的情緒和注意調節訓練，有提高個體幸福感和情緒平衡等作用。

另一些研究者從行為角度來看，指出冥想「是包括身體放鬆、呼吸調節、注意聚焦三個階段的綜合過程」。它的核心本質在於「有目的地集中注意力於個體內心的某種體驗」。

也有學者從心理體驗的角度，強調冥想可以「透過自我調控練習，讓個體獲得寧靜、明晰和專注，從整體上產生一種心理幸福感」。

總之，冥想不僅強調身體方面的放鬆，也強調認知和心理方面的放鬆，因而是一種綜合性的心理和行為訓練。冥想有一些特定的練習技術和階段，需要個體注意力等多方面認知功能的參與，在此過程中還會產生微妙的心理體驗變化。同時，儘管冥想的訓練方式多種多樣，但其最終目的都在於提升個體自身的生活意義。

對冥想的心理發展功能領域的研究主要以普通人為研究對象，這是當代心理學的研究重點。過去的一系列研究顯示，冥想對個體的認知、情緒和工作成績等各方面均有一定的影響，這種影響整體而言具有正向的作用。

首先，冥想對情緒、情感的調節作用一直受到心理學界的廣泛關注。一方面，它能直接增加人們的積極情緒和情感，從而提高心理健康水準，如珍娜（Janna Koretz）等人的一項研究顯示，個體的積極情緒狀態在冥想後獲得了顯著增加。也有人調查了受試者瑜伽練習前後的快樂、成就和人際關係幾個方面，結果發現，10 天訓練後他們的主觀幸福感明顯增加。另一方面，它也可以透過緩解消極情緒來促進心理健康，例如有研究者發現，連續 8 週、每週 90 分鐘的冥想訓練能緩解大學生的

壓力感等不良情緒，從而提高其寬恕感。冥想對認知能力的積極影響也是研究者關注的方面。如傑哈（Amishi Jha）等人研究發現，冥想對注意力系統具有調節作用，能分別提高受試者的對內注意力以及對外部訊號的注意能力。也有研究者發現，冥想能降低認知任務中的情緒（尤其是負性情緒）干擾，使個體的注意力能集中於認知任務。唐（Don Clark）等人甚至還發現短期的冥想練習同樣能有效改善個體的注意力品質。他們發明的 IBMT 方法只需讓受試者進行 5 天練習，每天只練習 20 分鐘，就能對個體的注意、情緒等方面產生良好效果，是冥想研究中的突破性發現。

　　總之，採用冥想技術來對曾經的一些事件進行重新整理和認知，是非常有效的。

核心目標

1. 透過冥想與表達使參與者正視自己的經歷，正視自己在求助的行為中獲得了怎樣的感受，自己在幫助別人時心情又是如何。透過回顧以往的種種，強化本有的心理資本，從而更加積極主動地應對社會事件。
2. 透過書信和誦讀使其開腔表達自己，主動和內在的自己對話，主動和他人進行溝通，由向別人求助到主動幫助，從而改善與重要他人的關係。

技術特點與優勢

用藝術性的表達來實現社會感恩行動。冥想幫助我們體驗接受他人幫助時的感受，想像讓我們嘗試覺察幫助別人的心情，寫信讓我們把感恩行動記錄下來，分享讓我們強化感恩力量。這種多途徑、多方面的體驗形式可以使我們更加領悟感恩的必要性和重要性，從而更加積極地把感恩付諸行動。

技術操作指南

1. 冥想。導師引導參與者閉目冥想自己過去的經歷，感受經歷當中自己的努力和接受他人協助時的體驗。接受幫助時自己是什麼樣感覺，對對方是什麼樣的情感。無論結果如何，勇於承擔自己的責任，感恩得到他人的幫助，讓自己開始感恩。

2. 想像幫助他人的感受、事件。參與者想像當自己幫助別人的時候，自己的心情如何，給予對方協助之後，成就他人會使自己有什麼樣的體會。

3. 想像幫助對象。想像當有人需要協助時，你最想去協助的是誰，怎麼幫。

4. 寫信。將冥想當中的歷程，以書寫信函的形式記錄下來。

5. 分享。導師帶動分享，並讓參與者保持在感受當中，讓參與者當下就能感受到感恩的力量。

6. 感恩承諾。參與者寫下自己想做卻一直還沒做的感恩舉動。

7. 付諸現實。導師引導參與者承諾在短時間內（具體時間點）將感恩行動實施。

注意事項

1. 在冥想階段，導師圍繞團體目標，要求全體成員參加。

2. 導師進行呼吸引導，讓參與者心緒在當下安定下來。

3. 冥想記憶書寫的過程中加入相關配合情緒主題的音樂（感性的、悅耳的）。

4. 在感恩承諾階段，團體氛圍要正式，導師要引導成員嚴肅對待自己的承諾。

參考文獻

1. 任俊，黃璐，張振新（2010）・基於心理學視域的冥想研究・心理科學進展・

2. 韋志中（2016）・社區心理學：254 模式理論與實踐・武漢大學出版社・

3. 仁青東主，華青措，仁增多傑（2013）・冥想科學研究現狀與展望・醫學與哲學・

理想規劃報告
—— 提升自己的希望水準

技術理念

自 1980 年代以來，隨著正向心理學研究思潮的興起，希望開始進入科學心理學的研究視野，尤其以斯奈德（Rick Snyder）等人為首的希望研究取得了豐碩成果，對教育、醫學，尤其是心理健康教育和心理諮商領域產生了重要影響。

斯奈德將希望定義為「一種積極的動機性狀態，這種狀態是以追求成功的路徑（指向目標的計畫）和動力（指向目標的活力）互動作用為基礎的」，這是一種認知取向的觀點，其中包括三個最主要的成分：目標、路徑思維和動力思維，其中目標是其希望理論的核心概念。

斯奈德假設，人類的行為，包括日常生活中的普通活動，都是有一定目標的。這是人們精神活動的支點。目標有時間長短之分，也有具體與抽象之別。一般可以將其分為兩類，即積極的「趨近」目標和消極的「迴避」目標。對於設定目標的個人來說，目標都具備一定的價值，個人為達到目標所付出的努力與其對結果價值的評估是分不開的。關於目標與希望的關係，斯奈德強調，實現目標的機率與希望水準關係不大，即使目標實現的可能性微乎其微，一個人對此也可能抱有很高的希望，而

且還有可能因此完成任務。

目標會促進行為系列的產生,其中有兩個主要成分,即路徑思維和動力思維。所謂路徑思維,即達到目標的具體方法和計劃,這是希望的認知成分。一般來說,高希望水準的人形成的路線比低希望的人更加具體可行,而且還善於形成備選路線。大腦有一種自然的傾向去了解和預期某種可能的結果,路徑思維就是開發大腦中的預測能力系統。動力思維是指執行路線的動力,即個體認識到自己有根據已有的路徑達到所期望的目標的能力,屬於希望的動機成分,類似於意志力,其重要作用尤其展現在人們追求目標的過程中遇到障礙和困難,感受到壓力時,希望水準高的人通常有足夠的毅力去戰勝挫折,而且將這種挫折看成是成長的契機,而低希望的人則可能在面對困難時唯唯諾諾,止步不前。希望的這兩個成分缺一不可,在個體追求目標的過程中緊密連繫、相互配合,兩者不僅反覆出現而且相輔相成,任何一個成分過高或過低都不利於目標的達成。

根據希望理論,心理學家發展出了一套提高希望水準的干預模式,這套干預模式既可以用於個別諮商,也用於團體輔導。無論形式如何,這套干預模式都緊緊圍繞著希望的不同成分來展示干預的過程。具體可以分為以下四個方面:

灌輸希望

灌輸希望是指諮商師透過特定的方法讓來訪者對希望療法的效果和未來生活的改善產生積極的預期,敘事療法是希望灌輸中常用的技術。

確定目標

目標的性質和特點會影響希望水準,希望療法需要幫助來訪者發現和制定符合自己價值的、積極的、清晰的目標。

加強路徑思維

來訪者路徑思維的加強，就是提高來訪者產生實現目標的具體方法，預判到可能的困難，並在原先方法受阻時想到替代方法的能力。加強路徑思維的基本原則是目標分解和尋找替代方法。

加強動力思維

動力思維提供了追求目標所需要的動力。希望療法中，回顧成功經驗、發展積極思維和選擇難度適當的子目標都是加強動力思維的有效手段。

核心目標

透過製作理想規劃報告來提高個體的希望水準。

技術特點與優勢

透過撰寫理想規劃報告，明確自己的目標以及自己能夠實現目標的優勢所在，這在一方面可以提高自己的自我認識水準，另一方面也會提高個體對未來的自信水準以及希望水準。

技術操作指南

1. 主題內容：寫一份理想規劃報告。內容包括：

   ★ 為什麼：闡明自己確定某一目標作為理想的原因。

   ★ 意義和價值：自己理想實現之後對於社會或自己的意義和價值。

　　★ 如何實施：寫明具體的實施計畫，盡可能詳細具體。

　　★ 可行性分析：自己所具有的優勢、資源以及自身的條件對於理想實現的積極作用。

2. 自願互動分享，相互監督。

參考文獻

　　韋志中（2016）・社區心理學：254 模式理論與實踐・武漢大學出版社・

小道消息
—— 正向心理學視角下的正能量傳播

問題提出

　　人們是有八卦和探聽資訊的天性的，世界末日的傳言盛行時全國瘋搶囤積食鹽，非典時各種小道消息瘋傳導致板藍根、綠豆價格猛漲。最有典型代表意義的是娛樂新聞，每個大明星的緋聞，小的有張三家的狗咬了李四，大的有某某和某某疑似離婚……真真假假，我們聽得樂此不疲。

　　人們習慣將非官方釋出，而是道聽塗說的資訊和傳聞，稱為「小道消息」。「小道消息」一詞源於美國。19世紀上半葉，美國研製出發報機，各家公司見它既經濟又方便，便紛紛架設線路。由於施工品質差，有的地方的電線曲曲彎彎似葡萄藤，故電報被人們戲謔地稱之為「葡萄藤（grapevine）」，但是卻不能和其他電報區分開來。後人們想到這些資訊也是「透過葡萄藤」來的，而「透過葡萄藤」亦可譯為「小道消息（grapevine news）」，兩個詞既相似，又有區別，於是人們便將道聽塗說的資訊和傳聞稱之為「小道消息」。

　　有時候，我們會習慣抱怨，抱怨我們的團體，抱怨身邊的人，抱怨整個社會，似乎處處都是消極的資訊。報紙網路，每天充斥著的都是不

良的事件，有違人性的行為。有中國人調侃，我們只能從新聞聯播裡去尋找理想的世界。或許我們看到的都是事實，但絕對不是全部的真相。《感動中國》裡每一年都有那麼多令我們感動淚流的善良之人，他們傳遞著最基本的人性光輝。換一個角度，不是我們身邊沒有正能量，而是我們對社會、對自己，都失去了相信的能力，我們懷疑自己身邊真會有這樣的好人嗎？懷疑自己工作出色同事會真誠地讚美嗎？懷疑自己可以作為一個正能量的傳播者嗎？

我們正身處於呼喚正能量的時代。《中國青年報》的一項調查結果顯示，71.8%的人認為自己身邊普遍存在習慣性質疑者，41.1%的人坦言自己就有「習慣性質疑症」，63.8%的人認為是「社會出現信任危機，不再相信高尚和純真」導致人們習慣性質疑。我們為了不上當受騙，為了保全自己的利益，就在自己和他人之間樹起一道「玻璃牆」，雖然貌似可以時刻關注著對方的一舉一動，但是卻無法交流和相互信任，信任危機就這樣慢慢地形成了。

設計理念

自 2012 年以來，「正能量」一詞成為中國社會的熱門詞之一，它的出現折射出人們內心對於積極美好事物的嚮往和當下社會各種矛盾問題的突顯。這一物理學術語的迅速流行，始於習近平在 2012 年 12 月 13 日會見美國前總統吉米・卡特時說的話：「新形勢下，中美雙方要不畏艱難，勇於創新，累積正能量，努力建設相互尊重、互利雙贏的合作夥伴關係，開創中美建構新型大國關係新局面。」自此之後，「正能量」一詞便開始迅速流行與傳播，滲透到人們的精神領域和物質生活的各個層面。

到底什麼是正能量？科學的解釋是：以真空能量為零，能量大於真空的物質為正，能量低於真空的物質為負。《咬文嚼字》總編輯、著名語言文字學者郝銘鑑從人文角度對「正能量」做出過這樣的定義，它是「一切予人向上和希望、鼓舞人不斷追求、讓生活變得圓滿幸福的動力和感情」。但它並非 2012 年才出現的詞彙，早在十年前，《祕密》（*The Secret*）的作者朗達·拜恩（Rhonda Byrne）就說過，「宇宙中有一股強大的正能量，這股『能量』能讓人擁有想要的一切」。而「正能量」則是由於英國心理學家李察·韋斯曼（Richard Wiseman）的著作《正能量心理學》（*Rip It Up*）而真正流行起來的。在這本書中，作者將人體比作一個能量場，認為人的身體裡蘊藏著巨大的潛在能量，這些未被開發出來的能量只要經過正確的引導，在被啟用後，人就會充滿自信和活力，也會把這種正能量向周圍人傳遞，散發著積極的影響。

正能量，是正向心理學的一個核心概念。正向心理學認為，傳統心理學一直致力於研究心理問題、心理學疾病，但並沒有給人類帶來幸福和快樂。作為對傳統心理學的反思與糾正，正向心理學轉而研究健康的人格、健康的心理，以求了解人類獲得幸福快樂的真諦。正向心理學認為，每個人的心理世界，都存在著心理狀態：積極心理與消極心理。積極心理包括自信、信任、愛、同情、寬容、期望等，積極心理能夠產生正向的心理能量，如愉悅、幸福感、積極向上、奮鬥、奉獻等；消極心理包括自卑、悲觀、嫉妒、絕望、怨恨、仇視等，消極心理產生負向的心理能量，如情緒低落、憂鬱、消極以及行為上的攻擊、破壞、犯罪等。正能量與負能量此消彼長，如果讓正能量占上風，個體就會表現得樂觀、向上；如果讓負能量占上風，個體就會表現出悲觀頹廢。對於社會來說，如果正能量的人多了，正能量的傳播多了，整個社會便風正氣

盛，充滿活力；反之，如果負能量的人多了，負能量傳播多了，整個社會便風邪氣衰，失去活力。

我們的小道消息技術主要是傳播正能量。正能量的傳播途徑有很多，為什麼要單獨選用此種方式進行傳播呢？這是因為小道消息接收速度快，傳播面廣，而且多為焦點資訊，它傳播的往往是發生在人們身邊的人和事，與當事人的利益息息相關。譬如，聽說自己身邊某個人或自己可能被提拔，或加薪，或將有新官上任，或組織發生其他重要變更等，自己豈能熟視無睹？小道消息的貼近性，十分容易引起傳播者和接受者的共鳴和互動，傳播的威力自然不言而喻。此外，儘管組織的決策是綜合多方面的因素做出的，但受自身條件和思維方式等影響，不少被管理者往往不能全面理解和領會，他們從自身利益出發，給出自己的詮釋（編碼），然後透過小道消息的方式傳播。參與傳播的人群具有相似的價值判斷，因此人們確信小道消息比正式溝通的資訊更可信。事實上，有些小道消息確實最後得到了驗證，這加深了人們對小道消息的信任。

以正向心理學為基礎的「小道消息」，卻又不同於傳統道聽塗說、無事實依據的盲目傳播。簡單來講，「小道消息」的目的是傳遞正能量，而非小道消息本身，這裡的小道消息中的每一句話都是美好的語言，都是對耳朵的天然滋養，是屬於優點轟炸式的「小道消息」。

核心目標

● （1）改善團隊關係

不管一個人多麼有才能，但是集體常常比他更聰明、更有力。當我們身處團體之中時，團體中的人際關係、凝聚力和吸引力都是影響工作

效力的因素。現在大部分職場人都比較關注自己任務的那一小片，忽視了和其他人員的互動。我們每天像機器一樣運轉，朝九晚五，日復一日，年復一年，可能也就發薪資的時候才會感受到喜悅。其實工作中並不是缺少美，而是我們缺少發現美的眼睛。每一個人都是一個能量場，都有與眾不同的可愛和善良，只要我們善於發現，善於經營，工作和家庭是沒有本質的不同的，在家庭中感受到的輕鬆和愜意在工作中同樣也能感受到。所以，我們要善於發現別人的優勢，積極表達自己的讚美之詞，用正性的力量來感染團隊，進而喚起人性中的那股善良和熱情，打造正能量爆棚的團隊。

● （2）傳遞正能量

其實生活中有很多美好的畫面，只是我們不善於描繪罷了。小道消息技術提供給我們一個平臺，在這個平臺上，我們不吝讚美之詞，熱衷好人好事，善於發現別人的優點，積極表達別人的優秀。人性中的真善美都屬於我們要挖掘的一部分，我們會盡自己的力量來為這人性的光輝新增一筆。每個人都想要微笑和陽光，每個人都渴望溫暖與讚美，小道消息技術旨在傳播正能量，旨在挖掘人性中那些被遺忘的美好。

● （3）激發潛在的動力和自信

小道消息技術的「攻陷」對象一般是對自己不夠自信，存在感較低的個體。我們利用優點轟炸式的傳播來表達自己對他的關注和讚賞，展示對這個人的認同和喜歡。無論是從社會學、社會心理學或是哲學的角度來看，每個人的自我都必然形成於日常生活中持續與他人的互動過程，也就是說，我們之所以能夠認識自己、肯定自己、喜歡自己，都是透過別人給我們的回饋中，讓我們產生自我認同。別人的讚美和賞識能夠讓我們產生

自我認同感，同時產生一種對自我的滿意感。當我們內心中充滿力量，自我感覺良好時，我們的生活或者工作都會發生積極的變化。因此，小道消息計畫可以讓不自信的那些人找到生活的意義，感受到生命的美好。

技術特點與優勢

●（1）暗地傳播，引起別人注意之餘還使人容易傾聽

人人天生都有一種獵奇心理。對於娛樂新聞，我們對「官宣」沒有什麼興趣，反而對那些「八卦」津津樂道。所以有時候傳播管道也是資訊瀏覽量的主要因素之一。在此技術中，我們透過暗地傳播，營造了一種神祕感和隱蔽感，這會讓人忍不住的去關注，去打聽，也會忍不住地去散播。這其實就是獵奇心理在發揮作用。當關注的人多了，傳播的人多了，這個資訊自然就可以發揮它的作用，會進入「攻陷」對象的耳朵。

●（2）背後誇人，更入人心

設想一下，若有人告訴你，某人在背後說了許多關於你的好話，你能不高興嗎？這些讚美，如果是在你的面前說給你聽的，或許效果會適得其反，讓你感到那極有可能是應酬的話、恭維話，目的只在於奉承你，很虛假，疑心對方是否出於真心。背後讚美別人，其效果往往比當面讚美更容易讓人接受，因為背後誇人會讓你顯得更加真誠。當然無論在什麼時候，你都不要擔心自己說的好話不被傳到當事人的耳朵裡，因為無論是好話還是壞話，都會像空氣一樣流動到世界上的每個角落。

羅斯福的一個副官，名叫布德。他對頌揚和恭維，曾有過有益的見解：背後頌揚別人的優點，比當面恭維更為有效。

●（3）團體成員一起參與，改善集體氛圍

眾人拾柴火焰高，一個人的力量再大，還是不能和一個團隊相比，大家一起行動起來，為正能量的傳播保駕護航。其實在這個過程中，不僅「攻陷」對象得到了讚美和激勵，傳播者也收益頗多。我們平時不好意思表達出來的表揚和讚美，難以說出口的態度和觀點，都可以透過這個平臺得到展現。「近朱者赤，近墨者黑」，如果我們周圍全都是自帶光芒，滿滿正能量的人，我們個人能不樂觀積極嗎？所以用我們自己的口去擴大積極的情緒，時間長了你就會發現，當你的內心是明亮的，周圍就沒有黑暗，當我們這個集體是和諧的，世界就沒有暗鬥。

技術操作指南

1. 在團體中搜尋弱勢族群，特別是在團體中比較游離，找不到自身價值，比較自卑和內向的個體，作為「攻陷」對象。

2. 團體組織者挑選幾位正能量比較強，且信任度較高的成員，作為小道消息計畫的執行者，雙方商量好方案，在近期分別對「攻陷」對象實施優點轟炸式的小道消息計畫，一個資訊最好有兩個以上的人來傳達，增加可信度。

3. 注意觀察「攻陷」對象的積極變化，給予及時的正面回饋。

4. 在一定時期內不定期對「攻陷」對象執行此計畫，最終達到增加其自信的目的。

5. 計畫實施一段時間後，可以轉移目標，繼續按照之前的操作進行。

6. 進行一段時間之後，形成小道消息的「簇式傳播」形式，即多目標傳播小道消息，甚至人人都是小道消息的製造者，同時也是傳播者的局面，達到建立人人傳播正能量，人人收穫正能量的團體氛圍。

7. 最後一點也是最重要的一點，人人都可以成為小道消息的製造者和最初傳播者。小道消息計畫是一個團體氛圍的營造計畫，但更重要的是作為一個正能量的傳遞和製造工具而存在的。習慣傳遞正能量，習慣去讚美他人，你將會發現自己和身邊的人都會有積極的變化，笑容和自信將是最好的證明。

注意事項

1. 整個過程都對小道消息計畫的對象嚴格保密，互相之間統一好口徑，在其找人確認時要盡量保持說法一致，當然外加一些鼓勵也是可以的。

2. 小道消息傳遞的內容要盡量合理，有針對性。切忌過於誇張，不合常理。例如：對一個長相普通的女孩子傳遞「某某跟我說妳長得就像仙女一樣，他都沒見過像妳這樣漂亮的女孩子」。這樣可能會被女孩理解為嘲笑，產生反作用。

3. 小道消息計畫的目的是創造和諧的團隊關係，激發團體成員的動力和自信，因此，要以這一目標為出發點，避免可能的傷害發生。

4. 小道消息的傳播方式應盡量多元化，面對面小聲談論資訊，或者打電話、發簡訊等都是很好的方式，外加一點神祕氣息效果就會更好。

5. 小道消息的最終目標不是不斷地在團體中傳播小道消息，而是形成一種傳遞正面資訊和正能量的習慣，不再是「好事不出門，壞事傳千里」，而是形成「好事傳千里」的團體文化和個人習慣。

參考文獻

1. 梁玉（2014）·積極心理學視野中郭德綱相聲的正能量傳播研究·河北大學博士論文·

2. 韋志中，鄭柳華，小四（2016）·小道消息：傳遞正能量·生命世界·

3. 韋志中（2013）·幸福干預·清華大學出版社·

4. 王曉燕（2015）·語言模因論視域下「正能量」流行現象分析·新疆師範大學學報：哲學社會科學版·

5. 王穎慧（2013）·淺談當下流行語「正能量」·南昌教育學院學報·

放大鏡
—— 運用讚美語言促進積極特質提升

問題提出

社會心理學家說過：「在人們的心靈深處，最渴望他人的讚美。」讚美他人會使別人愉快，更會使自己身心健康。被讚美者的良性回報會使我們更為自信，也會使我們更有魅力。

但是在實際生活中，人們往往比較吝嗇自己的讚美之詞。我們對孩子充滿了要求和苛責，對學生充滿了批評和教導，對旁人也是諸多挑剔和懷疑……所以，孩子對家長有了距離和偏見，對老師有了焦慮和恐懼，對人情有了隔閡和審視。當然這些現象並不是單純由於缺乏讚美造成的，但是如果有了讚美之詞，相信這種情況肯定會有所好轉。所以讚美別人顯得彌足珍貴，如何激發人們內心的讚美欲就顯得尤為重要。

技術理念

在阿德勒的理論中，人的最基本的生命力是自我維護。馬斯洛在需求層次理論中也指出，人有生理的需求、安全的需求、社會的需求、尊重的需求和自我實現的需求，並在他的日文版的《優心態管理》的序言中清楚地闡述了：「人類的天性被低估了。高級需求和低階需求一樣，

都是人類的本能，它包括對有價值工作的需求、對責任的需求、對創造的需求、對公正與公平的需求、對做值得做並喜歡做的事的需求。」也就是說，無論什麼文化、什麼種族、什麼國家、什麼膚色的人，都有尊重的需求，都需要被他人承認、認同和尊重。尊重意味著能夠按照人的本來面目看待人，能夠意識到每個人的獨特秉性。尊重意味著讓人們自由發展其天性。如果我們承認馬斯洛的尊重需求是人類高層次的精神需求，那麼，別人的讚美就是對自己的尊重和認可，當我們聽到別人的肯定時，我們本身的積極力量就會被瞬間激發出來，並會發出感慨：「原來我是這麼的積極善良，與眾不同！」

美國心理學家羅森塔爾（Robert Rosenthal）做過一個有趣的實驗，他們對一所小學內的 6 個班的學生的成績發展情況進行預測，並把他們認為有發展潛力的學生的名單用讚賞的口吻通知給學校的校長和相關教師，並再三叮囑他們對名單保密。實際上，這些名單上的人名是他們任意選取的，然而讓人出乎意料的是，8 個月之後，竟出現了令人驚喜的奇蹟：名單上的學生個個學習進步、性格開朗活潑、求知欲強、與老師感情甚篤。這其中的緣由就是期望心理中的共鳴現象。原來，這些教師得到權威性的預測暗示後，便開始對這些學生投以讚美和信任的目光，態度親切溫和，即使他們犯了錯誤也沒有嚴厲地指責他們，而是透過讚美他們的優點來表示信任他們能夠改正。正是這種暗含的期待和讚美使學生增強了自信心和進取心，使他們更加自尊、自愛、自信和自強，故而出現了奇蹟。這種由於教師的讚美、信任和愛產生的效應，他們把它命名為「比馬龍效應」。

很多心理學家透過不同的心理實驗證明：幾乎每個人都或多或少地受暗示效應的影響。一個人不自覺地接受暗示，並且按照暗示做出行為

反應的心理現象就叫做暗示效應。只不過暗示有積極的心理暗示和消極的心理暗示，如果我們能有意識地接受積極肯定的心理暗示，它就能對我們的心理、行為、情緒產生一定的積極影響和作用，使我們保持良好的情緒狀態，學習和工作的效率就能得到提高，潛能就會得到開發，價值就能不同程度地得到實現；如果我們常常受消極的、負面的心理暗示的困擾，情緒、行為和心理狀態就會怠惰，並且不自覺地自我貶損，而內心的不甘心又會使人在心裡產生激烈的矛盾衝突和自卑感，這種衝突很容易造成情緒失調，影響我們正常的學習與生活。因此，恰到好處地運用積極的心理暗示，就會提升我們生活和生命的品質。

心理學家威廉·詹姆斯有一句話：「人性中最根深蒂固的本性是渴望受到讚賞。」渴望受到讚賞是人的本性，這種積極的心理暗示會使人們充滿力量，對自己有更好的接納和創造，從而更好地實現自身的價值。

人們渴望受到讚賞，如同花朵渴望雨露和陽光。因為很多時候能否獲得讚美，以及獲得讚美的程度，是衡量一個人社會價值的標尺，所以每個人都希望在讚美聲中實現自身的價值。

我們的放大鏡技術就是透過讚美使他人體驗到自信和自強，讓他人感覺到自己有價值。當一個人感覺到自己有價值時，他就會生機勃勃，做什麼事都充滿幹勁。

核心目標

放大自己的積極特質。得到別人的認同和欣賞，是每個人內心的渴望。自己具有哪些優點，哪些是別人喜歡的，有時候自己都搞不清楚，我們大多數人往往關注自己身上的缺點，忽視了那些積極特質。放大鏡

技術就是放大自己身上的優勢，不僅讓自己看到，也讓同伴看到，從而使我們更加積極地認識自我，接納自我。

技術特點與優勢

強硬性和柔軟性。我們的技術要求成員讚美喜歡的人的優秀特質，並且內容要具體，情感要真實，從這一方面講，是具有強硬性的。但另一方面，我們的讚美發自柔軟的內心，語言充滿了溫暖和愛，行動又具備善意和關懷，這有如涓涓流水，直達心靈深處，且充滿柔軟的情誼。

技術操作指南

1. 現場選擇一個你較為親近的人，進行兩兩分組。

2. 每一組成員以〈放大你的美〉為題，寫一篇演講稿。演講稿內容為讚美你喜歡的那個組員的優點。要求如下：

   ★ 內容具體、詳細，寫出他所值得讚美的某一件事情，不能簡單以一句「你是個好人」帶過；

   ★ 實事求是，不誇大，但也不吝惜；

   ★ 真誠，發自內心，不隨意給別人戴高帽。

3. 組內的兩個人進行座位選擇。先演講的成員坐在外圈，面朝圈內，讚美對象坐在內圈，面朝圈外。組員們面面相對。

4. 外圈的成員依次演講〈放大你的美〉。

5. 內外圈成員互換位置，重複上述行為。

6. 自由分享。每個成員可以分享讚美別人時的情緒波動，以及自己觀察到的被誇獎對象的反應。也可以分享被別人讚美時的心路歷程。

7. 自由表達。現場成員自由選擇團隊成員表達情感。

參考文獻

1. 霍團英（2003）．讚美激勵的心理學分析．企業改革與管理．

2. 楊芷蔚（2008）．學會讚美他人．中等職業教育．

王婆賣瓜
—— 運用演講形式提高自信水準

問題提出

2005 年 9 月 21 日，李敖到北大演講，他的整場演講都幽默風趣，讓人捧腹。他的開場白是這樣的：

「你們終於看到我了。我今天準備了一些『金剛怒目』的話，也有一些『菩薩低眉』的話，但你們這麼熱情，我應該說菩薩話多一些（掌聲，笑聲）。演講最害怕四種人：一種是根本不來聽演講的；一種是聽了一半去廁所的；一種是去廁所不回來的；一種是聽演講不鼓掌的。」李敖話音未落，場內已是一片掌聲。「當年柯林頓、連戰等人來北大演講時，是走紅地毯進入的，我在進門前也問道：『我是否有紅地毯？』校方說：『沒有，因為北大把你的演講當作學術演講，就不鋪紅地毯了。』如果我講得好，就是學術演講；若講得不好，講一半再鋪紅地毯也來得及。」聽眾席爆發出了雷鳴般的掌聲。

李敖用「金剛怒目」與「菩薩低眉」來形容自己的話語，這種通俗易懂但同時帶有文化底蘊的介紹讓觀眾一下子就抓住了其語言的特色。同時他又用紅地毯事件來戲謔柯林頓、連戰的演講水準，這種高自信的

「狂」真是讓人望塵莫及,但同時又讓人佩服連連。

英國前首相邱吉爾曾說過一句經典的話:「你能對著多少人當眾講話,你的事業就會有多大!」可見,當眾講話是我們不可不學的一課。學習當眾講話對表達能力的提高、個性的改善、社交能力的提升都有很大的作用,可是,絕大多數人對於當眾講話都感到緊張甚至恐懼。緊張是絕大部分講話者面對聽眾時首先遇到的最大障礙,所以要想學好當眾講話這一課,我們一定要突破當眾講話讓我們感到緊張的心理障礙。

技術理念

著名的哲學家史賓諾沙(Baruch de Spinoza)說過:「最大的驕傲與最大的自卑都表示心靈的最軟弱無力。」一個人如果能真誠地看待自己,那就是所謂的「超人」了。老子也非常重視自知,認為只有「自知」才會「明」。希臘神廟的柱子上刻著一句非常著名的話「認識你自己」,至今仍被妥善保管。「我是誰?如何自知?」這兩個深奧的哲學問題,貫穿古今且直達心靈深處,需要我們對靈魂進行整理和審視。我們應該由衷地解讀內心,與自己的內在對話,還自己一個真實的自我,一個客觀獨立的自我。

內心的解讀是重要的,但語言的力量更能彰顯和提升一個人的心理能力。心理學家歸納總結出人類存在的三大恐懼:怕火、怕高、怕上臺。因此,當你可以在公眾面前演講時,當你可以向大家介紹你的優勢時,你才能快速地突破自我,獲得別人的尊重和認可,擁有超人般的自信,綻放無限的個人魅力。

美國成人教育家戴爾‧卡內基畢生都在訓練成人有效地說話。他認

為，成人學習當眾講話，最大的障礙便是緊張。他說：「我一生幾乎都在致力於幫助人們克服登臺的恐懼，增強勇氣和自信。」何謂緊張？緊張首先是人應對惡劣環境的一種本能反應。人的身體天生就會對外在的刺激保持警覺，一旦感到不利於自己的情況發生，就會出現緊張反應，比如肌肉繃緊、心跳加快、手心出汗等，這些反應不用大腦思考，是人的本能，代表人體的緊急預案已經啟動，它會讓人大腦興奮、精神集中、創新能力增強，使人的潛能發揮有了更大的可能性，所以，許多專家認為緊張、壓力是激發潛能的有利因素，適度緊張不但無害，還能發揮積極的作用。對於當眾講話來說，適度緊張會讓我們重視聽眾，重視我們的表達方式，不會懈怠。只要你在乎聽眾，想給聽眾留下好印象，自然就會重視你的講話，不會完全放鬆。我們前面提到的很多演講家，終身沒有消除演講的緊張也是這個道理，這樣反而會增強表達的效果。

很多人不了解這個事實，往往以為別人講話都不緊張，只有自己講話緊張，實際上，當眾講話會緊張的遠不止我們這些普通人，因此我們沒有必要去擔心輕微、適度的緊張。只有「過度緊張」才是我們真正要調整和突破的。因為過分緊張會造成思維停滯、言辭不暢，我們需要把它降低到一定程度，讓它成為一種助力而不是阻力。

下面列出人們在講話時懷有的不同程度的緊張度及其表現：

★ 不緊張。毫不在乎，鬆懈。

★ 適度緊張。感到壓力，不夠輕鬆，重視，會經常思考。

★ 緊張。畏懼擔心，惴惴不安，過分關注，心神不寧，睡不好覺。上臺時心跳加快、臉紅、出汗、表情僵硬。

★ 過度緊張。恐懼害怕，做噩夢，頭痛，胃不舒服，胸悶，呼吸困難，當場暈倒等。

　　從中我們可以更清楚地看出，只有「緊張」和「過度緊張」才是我們真正要調整和突破的。

　　那麼，當眾講話緊張的根源在哪裡？既然緊張是人的一種反應式行為，那這種緊張到底是我們對什麼做出的反應呢？有很多學者提出了自己的看法，以下是兩位專家的觀點。

　　一位是美國魅力學校（charm school）校長都蘭博士，他認為，人們產生怯場緊張的原因主要有以下幾個方面：

* ★ 害怕做得沒有想得那麼好；
* ★ 準備得不太充分；
* ★ 害怕人們（聽眾）反應不佳；
* ★ 早期有失敗的經歷；
* ★ 沒有充分進入角色。

　　談到緊張怯場的原因時，人們普遍都是由於出現了害怕的感覺，才產生了緊張。無外乎就是害怕「自我形象不好」、「出醜」、「丟臉」、「沒面子」。正是這種害怕心理，才導致緊張的出現。人類害怕的原理明確地講，即有需求，沒把握。

　　我們私下講話的時候很放鬆，可一旦站起來對一群人講話，就不一樣了，心理發生了變化，產生了展示自己的需求。私下講話的時候，這種需求不能說沒有，但非常小，而一站起來，向別人展示自己的心理就產生了，想要表現得好，想要說得好，想讓大家特別是領導認可。誰都會有這樣的心理，很正常，但你有沒有把握表現好呢？有些人講話機會多，成功的經驗多，把握比較大，緊張的程度就低，但更多人在當眾講話方面缺乏鍛鍊，沒有經驗，沒有充分的把握好好表現，出現緊張情緒

自然就不奇怪了。所以,當眾講話的緊張就是源於「有需求,沒把握」而產生的害怕心理。

核心目標

一個人要在行為上塑造自己,包括演講內容、肢體動作、語言表達風格,這是最能提升自己心理能力的方式。自信演講三分鐘屬於正向心理學中的積極特質訓練,當我們把積極特質透過演講的方式外化,我們就能感覺自我的釋放和成長,從而更有自信尋找生命的意義,邁向更加幸福的人生。簡而言之,只要勇敢面對自己,挑戰自己,你就是巨人。

技術特點與優勢

公眾演說是建立自信最快、最好的方法。當演講內容是關於自己的優秀特質時,可以最大化地幫助我們提高自信。不管別人的眼光,專注自己,你就會發現原來演講並沒有那麼可怕,對臺下聽眾的恐懼只不過是自己心裡幻想出來的「老虎」。

技術操作指南

1. 拿出一張紙,靜下心來,寫一份三分鐘的、介紹自己優良特質的演講稿。標題是「王婆賣瓜」。
2. 當眾分享自己的講稿。
3. 他人點評。

參考文獻

1. 劉麗紅（2013）·演講時克服怯場心理的技巧·文學教育（下）·

2. 姜蘭波（1995）·演講三級功效論：演講與宣傳思想、工作關係的社會心理學研究·內蒙古民族大學學報（社會科學版）·

3. 伍大榮（1990）·企業思想政治工作者演講活動的心理學原則·心理學探新·

鏡中我
—— 運用自省管理積極特質

問題提出

　　唐太宗李世民曾經說過：「以銅為鏡，可以正衣冠；以古為鏡，可以知興衰；以人為鏡，可以明得失。」這裡的「以人為鏡」，主要是借鑑別人的成敗得失，以避免犯同樣的錯誤。

　　人的一生中有很重要的四面鏡子：自我、重要他人、教師和所處的團體。跟重要他人相處，會讓我們看到平時忽略的自己的另一面；師長的諄諄教誨，讓我們看到一個不一樣的世界；在團體中，跟每一個成員的相處，公司的同事、社團的社友，在高密度的互動中，認識對方，反思自己。當然這些都屬於以他人為鏡，是比較容易接觸且能進行直接互動的內心交流方式，但以自我為鏡才是最能觸碰到真實自我的方式。

　　曾子曰：「吾日三省吾身：為人謀而不忠乎？與朋友交而不信乎？傳不習乎？」正是由於曾子注重自我反思，才流傳下來了。

　　《大學》、《孝經》等儒家經典，被後世儒家尊為「宗聖」。

　　臥薪嘗膽也是一個很好的例證。越王勾踐被吳國打敗後，他每天都反思自己失敗的原因，不斷地總結教訓，激勵自己奮發圖強。終於透過幾年的反省後，他積蓄力量，厚積薄發，成功戰勝了吳國，成就了自己

的大業。同樣是君主出身，商紂王卻讓我們無比憤怒。他每天只知道荒淫享樂，不理朝政，在西周的打擊下多次失利，卻仍不知反省。只是一味地認為運氣不好，不反思為何國家會出現這種動盪，結果紂王陷入窮途末路，在摘星樓自焚而死。

技術理念

在今天很多人過度自我保護的社會環境中，勇於拿起「自我」這一面鏡子照一照的人越來越少了。反躬自省，這是人人都知道的道理，為什麼實行起來卻這麼難呢？因為自省挑戰了我們的自尊。當外面存在對自己的質疑時，我們就無法忍受，就會想方設法地為自己辯護，替自己找藉口，指出外界或他人的責任，這些都是自尊的需求。遇到問題或受到批評指責，個體的自我防禦系統第一時間就會啟動，心理馬上進入防守狀態，豎起堅硬的盾牌來保護自己脆弱的自尊。所以，反躬自省需要強大的內心，同時需要有能力在面對壓力時理性地將部分屬於自己的責任承擔起來。做到科學分析，理性對待，勇於承擔，勇於修正。

當然內心的強大需求平時慢慢累積，在平時就要增強自信心，給自我增值，讓自尊心的底子更堅實。當自我強大到一定程度時，個體就可以放下自我了，慢慢敞開自己去迎接一切能使個體變得更好的思考和改變。外部世界只是個體內心的一面鏡子，內心改變了，生活和世界自然就會發生變化。

我曾經很喜歡做的一個比喻是：一個有形體障礙，不願意面對自己長相的人，怎樣的方法幫他最好？答案是送他到鏡子廠工作，當他抬頭是鏡子，低頭是鏡子，環顧四周全是鏡子的時候，他就不得不面對自己了，因為他不能閉著眼在鏡子廠工作一輩子。人生亦是如此，要想更優

秀，要想獲得幸福，依靠逃避，依靠抱怨是不可能實現的。你若盛開，蝴蝶自來。只有逼自己一把，讓自己有所突破，讓自己擁有更加優秀的品格，讓自己更加晶瑩和通透，我們才能更接近完美的自己。

核心目標

中國自古就有反省自身以獲得成長的傳統，《論語》中說，「吾日三省吾身」、「君子求諸己，小人求諸人」，《中庸》也提到：「正己而不求於人，則無怨。上不怨天，下不尤人。故君子居易以俟命，小人行險以僥倖。」古人透過積極反省的方式來處理與外部世界的關係，從而使心靈得到成長。

從現代心理學的角度來看，積極地向內看，可以使自我的接納能力得到提升，在客觀看待事物的同時，適當地進行內歸因，有利於自我內部的整合。正向心理學所研究的 24 種積極特質可以作為我們製作「鏡中我」心理技術的藍本，而利用「鏡子」這一實物，本身包含著反射內心自我的心理寓意，同時「鏡子」也是將自省這一過程很好地進行物化和外化的載體和工具。

技術特點與優勢

● （1）自省過程的物化和外化

以往我們講自省的時候，一般都是靜靜地反思自己的行為。在此技術中，我們利用鏡子這個外物，不僅可以看見自己現在的精神面貌，還有面對自己、接受自己的意味。我們站在鏡中自己的面前，對自己一天

的所作所為進行澄清,今天我是高興還是難過,是平靜還是激動,這些體驗都在鏡中我的監督和注視中進行回味的。這個過程會更加有效,因此此過程不僅僅只是對著鏡子進行反思,還是對自我的反思,在自我的面前,我們無法隱瞞自己,也無法欺騙自己,只能忠於自我最真實的想法,所以更能達到自省的效果。

● (2) 自我的多重角色同時存在

我不僅僅是經歷了一天體驗的社會自我,還是對自己靈魂進行洗禮的精神自我,同時也是鏡中呈現的生物自我。社會自我進行反思,生物自我進行聆聽,精神自我進行監督。三位一體,能更好地達到淨化心靈,實現心靈成長的目標。

● (3) 多種表達方式並行,更能使自省達到最大化和最佳化

在此技術中,我們透過內心獨白的方式反思一天內的喜怒哀樂。這是我們都比較推崇的主觀反思方式,但其實在此過程中,我們的情緒不容易被控制,容易出現信馬游韁的情況,常常會浮想聯翩,由一件事就可以扯到另一件無關的事情。所以雖然內心獨白屬於精神層面,但對於反思來說,還是存在一些缺陷的。如果在此時進行書面表達,把自己在反思過程中的感受寫出來,這其實也是對反思的一種感知,也是對反思的一種監督。所以,這個技術其實是環環相扣,緊密連線的。

技術操作指南

1. 找一面普通的穿衣鏡,將鏡子分為 24 格,做成 24 種不同的形狀(可以用紙片剪成不同的鏤空形狀,再貼在鏡子上),例如圓形代表

24 種特質中的公平，三角形代表勇敢，五角星代表樂觀等，以此類推，按照個人的理解將 24 種特質和 24 種形狀一一對應。

2. 提前 5 分鐘為照鏡子做好準備，保證沒有人在旁邊，不受干擾，同時盡量把自己的心態調整到比較平和的狀態，深吸一口氣，精神飽滿地站在鏡子前。

3. 晚上是一個人的心境比較平和的時候，此外，經歷了一天的生活事件，反思和自省的效果會更好。因此，每天晚上 9 時 30 分請準時站在鏡子前，完成一個自我審視的過程。每天根據當天的經歷，選擇反思哪方面的特質。面對著相應特質的那一小塊鏡子，反思自己當天的經歷。

4. 照鏡子的時長為 5 分鐘，除了反思自己當天的經歷外，還需要認真體會自己在反思過程中的感受，是喜悅，是慚愧，還是平靜，將過程中的感受寫下來，對著鏡子唸一遍。

5. 此技術是將自省這一內在反思的狀態透過鏡子的象徵意義進行外化，貴在堅持。養成每天 5 分鐘的照鏡子的習慣，不斷地反思、完善自我。

參考文獻

1. 韋志中（2013）·幸福干預·清華大學出版社·

2. 韋志中（2014）·團體心理學：本會團體心理諮詢模式理論與實踐·清華大學出版社·

3. 韋志中，余曉潔，周治瓊（2014）·鏡中我：運用積極心理技術成長自我心靈·心理技術與應用·

擦亮我的金字招牌
—— 運用敘事表達強化積極特質

問題提出

擦亮我的金字招牌，這是一個形象化的比喻。我們身上的優點就像金字招牌一樣，是我們的象徵和財富。找出自己身上的優點，擦亮自己的金字招牌，對每個人來說都是重要且有價值的。

技術理念

敘事療法的基本思路就是「問題≠人」。在敘事表達中，諮商師將來訪者的問題剝離出來，然後再在敘事中進行「解構」，發現那些沒有被看到的積極點，然後進行正向強化，從而產生重建力量。同樣地，在「擦亮我的金字招牌」這個技術中，我們主要運用敘事表達來正向強化個體身上的優勢，從而加強其自我認知。

人生都是以時間為維度的意識流，在生活過程中每個人都有豐富的經歷，然而受主流敘事的壓制，很多經驗被我們所遺忘。生活不可能一直受到消極事件的影響，總會有積極的片段，這就是敘事治療中特別關注的獨特的結果。獨特的結果可以是過去被遺漏的生活片段，可以是當

下的感受和正在經歷的事件，也可以是未來將要進行的生活，而當事人處於問題敘事的影響之下，很難對自己的生活故事進行積極意義的詮釋，這就需要諮商師採取相關有影響力的問話來幫助他們找出面對問題的獨特的結果。

結合實際諮商效果來看，獨特的結果對於來訪者有三個方面的重要意義：首先，尋找獨特結果的過程中可以幫助來訪者重新審視自己的人生故事；其次，獨特的結果可以幫助來訪者喚醒對抗問題的能量，提高自信心；再者，獨特的結果可以幫助來訪者開啟敘說新問題的敘說空間，幫助來訪者建立新的人生故事。

「擦亮我的金字招牌」技術主要藉助敘事療法的理論，尋找以往獨特的結果來幫助團體成員重新審視自己身上的優秀特質。

核心目標

運用敘事表達強化自己的積極特質，加強自我認知。

技術特點與優勢

找出自己身上的積極特質，並用敘事方法進行強化。這樣有理有據的表達更有說服力，也能使自己更加產生自我認同感。

分享的過程，既是澄清自己、說服自己的過程，也是重新讓團隊成員認識自己的過程。我們把自己的積極特質呈現出來，也可以幫助自己產生良好的人際交往體驗。

技術操作指南

1. 成員自發組建一個團體，要求人數在 5 人以上。
2. 團體成員每人寫出三個積極特質，這也就是我們的「金字招牌」。
3. 根據這三個積極特質，思考三件有代表性的事件。
4. 把自己所寫的積極特質和代表事件分享給團隊其他人。

參考文獻

楊世欣（2013）．敘事療法：話語下綻放的敘事自我．閩南師範大學學報（哲學社會科學版）．

心理幣
—— 心理資本的投資與開發

問題提出

有人說，用錢能解決的問題都是小問題。這真是一句話說到點子上了，往往最珍貴的東西，都是不需要花錢的，比如陽光和雨露，或者是用錢也買不到的，比如生命。隨著人民生活水準提升，物質資本和幸福的關係，正在從第一正相關，向第二、第三正相關發展，而健康資本和心理資本開始排列上來。正如心理學家和統計學家的研究那樣，物質財富的豐富最多只占人們幸福感的 10％，90％要靠心靈的豐富。隨著醫療條件和社會管理的進一步提升，心理資本就代替了物質和健康成了第一正相關。目前，我們正在經歷這一時期，人們需要從焦慮的生存狀態轉移到輕鬆的生活狀態，要做到平穩地轉移，就需要心理資本。可以說，誰先順利過渡，誰就搶先在這一時期擁有更大的幸福感。可是擁有心理資本和管理心理資本，一點都不比當初創造物質資本簡單，需要認真地學習和練習，才能掌握技巧，達到目標。

2011 年 10 月，廣東佛山市，一名 2 歲女童在馬路上不慎被一輛麵包車撞倒並兩度碾軋，肇事車輛逃逸，隨後開來的另一輛車再度從女孩身上開過。事後，人們從現場影片中發現，受到車輛碾軋後，重傷的女

孩躺在地上痛苦掙扎了 7 分鐘，期間共有 18 名路人從旁邊經過，甚至觀察過女孩的情況，但他們最後都選擇了逕自走開，也沒有人撥打報警或急救電話。直到 7 分鐘後，經常在附近撿垃圾的陳阿姨發現女孩，才將她抱到路邊，並找到其家長。這起事件引起了人們對社會道德現狀的恐慌。

社會現實似乎在告訴我們：焦慮的生存者們，愛的能力在不斷下降，當我們不斷追求物質資本時，我們的心理資本在嚴重下滑。

技術理念

心理資本是個體積極性的核心心理要素，具體表現為符合積極組織行為標準（POB）的心理狀態，它位於人力資本和社會資本之上，並能夠透過有針對性的投資和開發使個體獲得競爭優勢。人力資本強調「你知道什麼」，諸如知識與技能；社會資本強調

「你認識誰」，諸如關係和人脈；心理資本強調「你是誰」及「你想成為什麼」，諸如希望和樂觀。它是借用一個商業名詞寓意人的心理狀況。如同人的物質資本存在盈利和虧損的問題，人的心理資本同樣存在盈虧，即正面情緒是收入，負面情緒是支出，如果正面情緒多於負面情緒便是盈利，反之則是虧損。人的幸福感，實際上就是其心理資本能否足夠支撐他產生幸福的主觀感受。

盧坦斯（Fred Luthans）認為，心理資本由自信或自我效能感、希望、樂觀和堅韌性四種積極心理狀態構成。把這些將心理資本引導到正向的四種心理能力的首字母結合起來，組成了一個詞叫「HERO（英雄）」。

「H」代表希望（hope），指的是你在面對目標時的意志和實現目標的途徑。你是否願意花費數小時，甚至數月堅持不懈，直到完成你決心要做到的事情。盧坦斯的研究顯示，管理者的希望強度對企業績效、領導力、員工滿意度、留職意向和幸福感等都有顯著的積極作用。尤瑟夫對1,000多位管理者和員工的研究也發現，希望水準與其績效、工作滿意度、工作幸福感和組織承諾呈正相關。相關的實證研究還發現，希望與工作目標期望、正性情緒、控制感、應對力、自尊和成就等呈正性相關。

「E」代表自我效能（self-efficacy），也就是對於成功的信心，即你是否相信自己擁有那些能夠讓你成功的因素。這是自我認知的重要環節，也是實現自我管理的重要途徑。大量實證研究顯示，在影響績效的眾多組織行為學概念（如目標設定、回饋、工作滿意度、大五人格特質及變革型領導等）中，自我效能與工作績效的相關性（0.38）最高。自我效能在教育領域、組織領域、身心健康領域等都被廣泛地研究，它也是積極組織行為學諸概念中研究最多、理論發展最為成熟的一個概念。

「R」代表韌性（resilience），盧坦斯認為韌性是人們從逆境、衝突、失敗甚至一些積極事件中迅速恢復的心理能力。在充滿不確定性的當今社會，人們對於韌性的需求越加強烈。臨床心理學和正向心理學的研究顯示，韌效能增強人的生理機能，特別是在治療和適應方面。組織行為研究顯示，員工韌性與其工作績效、工作滿意度呈正相關，高韌性個體的工作更富有成效，韌性與個體在各種生活經歷中有效運作的能力具有緊密的連繫。

「O」代表樂觀（optimistic）。塞里格曼認為樂觀是一種歸因方式：樂觀主義者傾向於把積極事件歸因於內在的、穩定的、一般性的原因，

而把那些消極事件歸因為外在的、不穩定的和特殊的原因。在積極組織行為學的研究中,樂觀的管理者和員工的績效、工作滿意度和留職率較高,壓力較少,且合理的樂觀能夠對身心健康、成就取向、動機等因素產生積極的影響,從而進一步促進員工職業上的成功。

目前對心理資本的研究主要集中在職業幸福感方面。心理資本對員工幸福感的影響主要展現在主觀幸福感、工作幸福感和職業幸福感等方面。有研究顯示,心理資本對員工的幸福感具有預測作用,心理資本透過心理幸福感的仲介作用對主觀幸福感產生影響。還有研究發現,希望、樂觀和韌性不僅與員工的工作幸福感顯著相關,而且解釋了其獨特的變異。盧坦斯等人探討了心理資本對員工幸福感的跨時間影響效應,結果表明,心理資本不僅與員工兩次跨時間測量的幸福感顯著相關,而且隨著時間的推移,心理資本對員工幸福感的影響越來越大。一項交叉滯後的研究分析顯示,在第一次測量時,心理資本與受試者的工作幸福感呈顯著正相關,心理資本水準較高的受試者擁有較高的工作滿意度和身心幸福感。5個月後的第二次測量顯示,心理資本水準較高的受試者擁有更多的工作-生活平衡感。中國研究者探討了教師心理資本與職業幸福感的關係,結果發現,心理資本透過能量補充和動機激發雙過程促進職業幸福感。並且,在中國文化背景下,人際型心理資本(相比事務型心理資本)對職業幸福感的影響更大。

上述研究探討了心理資本對領導和員工的工作績效、態度、行為和幸福感等方面的影響,結果一致地發現,心理資本及其各維度(希望、樂觀、韌性等)對領導和員工的工作績效、工作滿意度、組織承諾、組織公民行為以及幸福感等受歡迎的結果變數具有積極的影響作用,對離

職意願、偏差行為和缺勤行為等不受歡迎的結果變數具有消極的影響作用，元分析的研究結果進一步證實了這一結論，從而從不同的角度和側面驗證了研究、開發和管理心理資本的理論價值和現實意義。

所幸的是，心理資本作為一種綜合的積極心理素養，具有投資和收益特性，可以透過特定方式進行投資與開發，將個體潛力挖掘出來。我們的心理幣技術就旨在透過「資金」的方式對心理資本進行管理。

核心目標

現代社會，隨著經濟的發展，生活節奏的加快，我們都拚命為生計奔波，隨之而來的就是巨大的工作和家庭壓力。商業社會代替了原本以合作和農耕為主的全體社會，林立封閉的商品代替了原本家族式的彼此間緊密連繫的生活方式，網路社交代替了原本親密的人際互動關係，彼此猜疑、戴面具相處成為了生活習慣。

如今人們更關注幸福感，渴望精神滿足，這就需要關注心理資本。主觀幸福感強調人的積極情緒和情感體驗，心理資本強調人的積極心理特質與心理能量。人是為了幸福生活而活著，人對幸福生活的追求與滿足必須藉助於心理資本以及合適的外在條件來實現。

對於個人價值而言，心理資本其一，可以幫助個人維持心理健康，重建自信；其二，可以提升個人生活品質，促進個人身心和諧發展；其三，可以促進個人幸福，促進個人和他人的關係變得和諧。心理幣技術就是提升心理資本的核心技術。

技術特點與優勢

●（1）心理資本可量化、可操作

資本最初的作用是賺錢，無論是經濟資本、社會資本，還是人力資本，都是或有形或無形地帶來經濟報酬的資本形式。投資、建設心理資本，或許不會立即有經濟報酬，卻會讓你成為一個精神上的富人，擁有良好的人際關係、幸福的親密關係，覺得生活充滿希望，不斷增加對社會的信任和安全感……既然心理資本可以帶來這麼多的積極意義，那怎麼提升和培育心理資本就顯得尤為重要。在此技術中，我們把心理上的情緒體驗透過硬幣的形式顯現出來。如果做了積極的行為，就增加金錢數額；如果出現了消極的行為，就減少金錢數額。這種有進有出的管理方式更能激發大眾的籌集欲望，從而實現經濟效應和心理效應的最大化。

●（2）用經濟手段來提高心理建設

心理學一直被大眾認為是一種思想和理論，它的應用和實踐也主要是透過人為進行思想的傳播和行為的干預，來實現認知和行為的改變。在此技術中，我們進行心理技術的創新，採用「貨幣」的形式來進行心理資本的建設。人們對金錢都有一種永不滿足的欲望，希望自己口袋裡的錢可以越來越多，如果把這種渴望運用到心理資本方面，所帶來的效應將是不可預知的。你越想讓「貨幣」進得多，就越需要表現出更多的積極行為，如果你不想讓「貨幣」遞減，就需要盡量克制自己的不當行為，減少「剋扣」的風險。

技術操作指南

我們依然以正向心理學的 24 種特質為藍本來制定我們心靈財富的標準，為大家建立 23 種可以讓心理更加富裕，並可以換算為心理幣的行為：好奇心、努力學習、展現創造力、接納他人、獨特視角、勇敢、堅持不懈、真誠、仁慈、善良、慷慨、愛、被愛、自我控制、謹慎小心、謙虛、欣賞他人、感恩、希望、樂觀、寬恕、憐憫、幽默。

1. 以上 23 種行為，將每種行為換算成 5 塊錢。在家中用漂亮的銀卡紙，做成兩倍普通硬幣大小的圓形心理幣紙片，在上面寫上錢數，並可以發揮自己的創造力進行一些加工設計。找一個透明的玻璃瓶做儲蓄罐。

2. 每人 100 元作為基礎，將所有積極行為進行列表，每天對照檢查，如果完成了相應的積極行為，就投入 5 塊錢。

3. 做了不恰當的行為，例如不誠實的行為，或者沒有在接受他人幫助時及時表達感謝，都要拿出相應錢數的心理幣扔掉，也就是我們從自己的心理銀行中花了錢。

4. 每週清點自己心理幣的數額，看看是增加還是減少，自己在哪方面的特質中賺的錢最少，需要更加努力提升相應的心理能力。

5. 每月清點一次總錢數，看看自己賺了多少錢，可以將賺的錢換算成恰當的真實的錢幣，獎勵自己一份禮物。

參考文獻

1. 李曉豔，周二華（2013）·心理資本與情緒勞動策略、工作倦怠的關係研究·管理科學·

2. 韋志中（2013）·幸福干預·清華大學出版社·

3. 吳偉炯，劉毅，路紅，謝雪賢（2012）·本土心理資本與職業幸福感的關係·心理學報·

4. 熊猛，葉一舵（2014）·心理資本：理論、測量、影響因素及作用·華東師範大學學報（教育科學版）·

成長三部曲
── 運用遊戲形式提高樂商與挫商

問題提出

你能接受從雞蛋變成小雞，再從小雞變成鳳凰的過程，但你能接受從鳳凰變成小雞，再從小雞變成雞蛋的過程嗎？從嬰兒，到少年，到成人，我們都希望自己能越來越好，越來越有力量。但在現實中，我們卻發現自己對待某些所遇事件的控制能力越來越差，在這種情況下，就需要強大的情緒管理和壓力應對能力。

其實在我們的心理諮商中，經常會存在一些因為壓力過大而導致的焦慮、憂鬱甚至自殺等情況。其實這種情況不僅僅是由於情緒管理能力不足造成的，更多的是和樂商和挫商有關。

技術理念

從正向心理學目前的研究來看，樂觀不僅是人的一種狀態，更是一種能力，在人的發展中具有很強的預測作用，因而可以用樂商或者樂觀智力概念來描述一個人的樂觀能力。

樂商（Optimistic Intelligence Quotient，簡寫為 OQ）或樂觀智力是指人產生樂觀情緒的能力，它既包括一個人樂觀水準的高低，也包括個體

從所經歷的消極事件中獲取積極成分（或力量）的能力，以及影響或感染他人的能力。所以，從維度上說，樂商主要包括三個維度：

第一個維度是指人的樂觀程度，主要包括人的快樂水準等，即個體是一個樂觀主義者還是一個悲觀主義者，如果是一個樂觀主義者，其樂觀的水準有多高。這一維度可以透過樂觀量表測量出來。樂觀程度除了靜態的水準程度之外，還包括個體使自己變得快樂的能力，特別是自我激勵的能力。

第二個維度是指人擺脫消極事件或消極影響、並從中獲取積極成分（或力量）的能力。人不可能一生都碰到積極事件，如果遇到了消極事件，那個體擺脫這些消極事件所使用的技術、所花費的時間或心理資源等也會有所不同。儘管使自己擺脫消極事件、走出生活低潮的能力並不等同於讓人樂觀的能力，但個體要想保持樂觀心態，還是先要擺脫自己已有的消極心理，然後才能運用技術來使自己獲得積極樂觀的情緒。樂商高的人一般能迅速擺脫自己的各種消極心理。

第三個維度是感染他人變得樂觀的能力。樂觀具有感染性的特點，但不同的人對他人的感染力量會存在差異，這也是樂商的一個重要組成部分，高樂商的人更能夠感染他人。

要想使一個人改變情緒狀態而快樂起來，應該是一件相對容易的事，獲得一個意外之喜，或者吃一頓可口的飯菜等都可以獲得這樣的效果，但這種一時的快樂情緒又能為人的發展帶來多大的作用呢？正向心理學創始人、美國著名心理學家塞里格曼等人的研究早就發現，即使人們因某些事件而變得快樂或憂鬱，但這都是暫時的，最多只要三個月的時間，人們又會恢復到之前的情緒狀態。因此，要想使樂觀在人的發展中發揮作用，培養樂觀能力才是一種正確的選擇。只有個體的樂觀能力

得到了提高，他才能在自己生活的各方面表現出持續一貫的樂觀特性。

　　五十年前，美國心理學家亞伯特・艾利斯（Albert Ellis）定義過一種症狀 ──「低挫折忍耐度」。如果借用智商情商的概念，這就是指面對挫折時的「低挫商」。艾利斯認為，許多當代人已被「寵壞」，無法忍受事情有丁點不順。稍不稱心如意，低挫商者立刻就會覺得這種事不但根本不該發生，而且絕對不可接受，定會導向災難性的後果。他們為這種思維定式付出的代價有二，一是焦慮、憂鬱、憤怒等負面情緒，二是糟糕的行為決策，比如發洩怒火或無所作為。「挫商」在人的一生中發揮著至關重要的作用。根據專家研究，高智商只決定成功的 20%，高情商和高「挫商」決定成功的 80%。

核心目標

　　體驗不同的成長階段，更快地實現自我的成長。不管你是享受高峰，還是面臨谷底，都可以透過此技術體驗自我的內在情緒。從一顆蛋變成鳳凰是一個慢慢轉變的過程，在這期間可能會很順利地一步一步慢慢長大，很快就長成了鳳凰，也有可能差一步沒涅槃成鳳凰反而又變成了雞。成功路上並不都是一帆風順的，要「勝不驕，敗不餒」，調整好自己的心態。

技術特點與優勢

　　運用遊戲來實現心理成長。透過肢體動作來模仿雞蛋、小雞和鳳凰，在遊戲過程中體驗不同的變化階段，不管是變成鳳凰還是成為雞，這都是人生必須修的課程，在小遊戲中體驗大智慧，就是此技術的最大優勢。

技術操作指南

1. 將活動場地劃分為兩個區域，一個是活動進行區，一個是變成鳳凰的人站立的區域。

2. 所有人都蹲下，扮演雞蛋。等帶領導師說「遊戲開始」。

3. 所有人相互找同伴猜拳（剪刀、石頭、布），獲勝者進化為小雞，化成小雞的人可以站起來。規則是雞蛋和雞蛋猜拳、小雞和小雞猜拳。

4. 然後小雞和小雞相互猜拳，獲勝者進化為鳳凰，化成鳳凰的人站到劃分的鳳凰區域，輸者退化為雞蛋；雞蛋和雞蛋猜拳，獲勝者才能再進化為小雞。

5. 繼續遊戲，看看誰最先變成鳳凰，誰沒能變成鳳凰。

6. 如果人數超過 15 人，進行一輪就可以了，如果人少可以重複進行兩輪，達到暖場的效果。

注意事項

活動場地，要選擇較寬敞的地方，玩起來才會放得開。注意活動場面秩序的控制，防止比拚時候一片混亂。

參考文獻

1. 蔣懷濱，林良章（2013）·論樂商在個體發展中的積極意義及其培養路徑·貴州師範大學學報（社會科學版）·

2. 任俊，彭年強，羅勁（2013）·樂商：一個比智商和情商更能決定命運的因素·心理科學進展·

3. 任俊，楊瀅暉（2013）·樂商：開啟積極教育的鑰匙·遼寧教育（7x）·

4. 趙山花（2016）·提升大學生情商、樂商和挫商能力路徑探析·教育現代化·

「36 義」討論會

—— 優秀特質促進團體建設

問題提出

在心理學界有一句著名的話：學習了正向心理學就等於與幸福有了一個約會。所謂正向心理學，其實就是一門關注幸福與力量的學問。傳統心理學主要關注的是人的心理問題和心理疾病，這只能告訴人們不應該做什麼，但不能告訴人們應該做什麼。正向心理學彌補了傳統心理學的不足，主要關注人性中的真善美部分，使心理學成為一門從負到正的完整科學。

正向心理學家倡導的是，優秀無處不在，它存在於我們每一個人身上。我們必須把每個人的積極特質找出來，並且加以運用。美國密西根大學副教授朴蘭淑為優秀下了一個定義：優秀＝才能（或能力）＋興趣（熱情）＋積極特質＋道德＋機遇（運氣）。一個人要想變得優秀，首先要有才能，這是以往教育最強調的部分。

才能有很多種，不僅是智力方面的才能，還有道德方面的才能，即優秀道德品格。

品格和道德之所以重要，是因為品格能夠建構卓越，而道德決定了才能和能力發展的方向，即一個人拿他的才能去做什麼。

作為心理學的研究者和實踐者，我們需要做的不僅僅是關注人們的不幸經歷和不良體驗，還需要給人們提供一個通往幸福人生的鑰匙，這就是要培養積極特質和良好道德。

技術理念

塞里格曼明確指出：「正向心理學的目標就是促使人們把關注的焦點從修復生活中最壞的東西轉移到建立正面的、積極的特質。」伴隨正向心理學運動的興起，關於力量與美德等積極特質的研究，成為正向心理學研究的最新領域和最新成果的展示。

「積極」（positive）一詞在英文中是「正面、正向、肯定」的意思，它來源於拉丁語 Positum，原意是「實際的」或「潛在的」。1998 年弗雷德里克森提出拓延－建構理論（Broaden-Build Theory），將人的情緒初步分為積極的和消極的兩部分，積極情緒有愉快、興趣、滿意和愛等，消極情緒有悲傷、失望、焦慮、憂鬱、憤怒、忌妒等，並認為積極情緒的體驗能拓展個人的瞬間思維－行動能力，這種能力可以建構和增強人的生理、智力和社會資源，而消極的情緒體驗則會限制這種能力的發展。積極情緒的體驗能使人建立心理彈性，產生向上精神，增進心理健康，幫助人們走出消極情緒的陰霾。

於是，積極情緒和消極情緒的多少成為衡量主觀幸福感的重要指標，消極心理學認為積極情緒是消極情緒的衍生物，消極情緒對於人的生存和發展的價值和意義遠大於積極情緒的判斷被推翻，「積極」取代「消極」成為當代主流心理學關注的價值核心，心理學對「積極」內涵的理解較以前深刻得多。

　　首先，積極是一個行為過程，包括過程的體驗。積極與個人的處境有關，是指一個人選擇一個最能適應的環境和發揮了最高潛能的行為，是一個人把所有力量都運用到了極限而問心無愧的人生態度。

　　其次，積極是指主觀上的感受，包括一個人的認知、情緒和行為。因此，積極只能與消極相比，或者與心理不健康相比，只能與自己的過去感受相比。例如科學家和失業工人都有自己的積極，這種積極是一個帶有價值導向的概念。

　　第三，積極具有文化的相對性，不同的民族、國家、宗教信仰和文化背景下的積極的含義是不同的，隨著時代的不同，積極的內涵也會發生變化。

　　第四，積極不僅是指事業的成功和顯赫的地位等人的外在的積極，更看重人的內在積極，這種積極狀態是指一個人所具有的出色的綜合心理素養，這種心理素養促使一個人熱愛自己，熱愛他人，熱愛這個世界，擁有快樂和幸福。

　　總之，正向心理學認為「積極」的意義是相對的，不是一個固定結果和最後結局。

　　在正向心理學領域內，開始了大量關於「積極特質」的實證研究。希爾林和瑪利認為人格特徵可以分為積極和消極兩種，積極特徵（positive personality）存在兩個獨立的維度：一是正性的利己特徵；二是與他人的積極關係。認為積極的人格有助於個體採取更為有效的應對策略，從而更好地面對生活中的各種壓力情景。塞里格曼在《正向心理學》導論中認為，積極的個人特點（positive personal trait）由主觀幸福感、樂觀、快樂和自決等構成。兩年後他起用「積極特質」（positive character）

一詞，並認為美德和力量是個體積極特質的核心，具有緩衝的作用，能成為人們戰勝心理疾病的有力武器。

密西根大學正向心理學中心主任朴蘭淑認為道德品格是幸福的基石，幸福教育離不開良好的道德品格教育。朴蘭淑曾經在西點軍校做過一項研究，從學生入學第一年開始對他們的領導力進行了考察，追蹤一年後，她發現同齡人中分數最高且領導力最強的學生同時也是道德品格最強的學生。

人們在做道德教育時，主要是透過說教，比如講一些道德故事，事實上，透過示範的力量來培養道德品格比說教更有效。因為孩子是透過觀察來體會，而不是透過聽話來學習。科學家們曾做過一項有趣的實驗，將 7 ～ 11 年級的學生帶到實驗室，讓他們透過玩遊戲獲得貨幣，他們鼓勵一些學生將貨幣捐給一些窮的學生，捐贈後可以獲得別的籌碼，同時，透過一些方式說服另一些孩子不捐貨幣。研究發現，如果鼓勵孩子自私，他們就會自私；鼓勵孩子慷慨，他們就會慷慨。這種慷慨的特質會不斷在孩子的腦子裡強化，使他們成為慷慨的楷模。

核心目標

每個人身上都有亮點，我們遠比自己想像的更加優秀和聰明。現在我們需要做的就是重新認識自己，把那些隱藏在冰山下的潛能挖掘出來。不管這些特質是你現有的還是你渴望擁有的，都需要做一個澄清和提煉。「36 義討論會」就是對自己的優秀特質進行一次大稽核，給自己一個真情告白的機會。

技術特點與優勢

　　「36」是一個虛數，並不代表有 36 個積極特質。此技術是我在導師班培訓時運用的，由於當時參與者正好有 36 個人，正好列舉了 36 個積極特質，所以就以此數作為數字標籤。在團體操作中，需以團體成員的人數為準，如果參與者有 10 人，就是「10 義」，參與者有 20 人，就是「20 義」，以此類推。

　　運用團體成員的積極特質進行團體建設。團體是由一個個成員組成的，成員的一言一行都代表著團體的形象。如果團體成員消極心理過重，此團體整體就會充滿消極的氛圍。當然如果團體成員積極向上，吃苦耐勞，此團體整體也會是積極向上的。「36 義討論會」就旨在運用團體成員的積極特質，來促進團體建設，打造團體形象。

技術操作指南

1. 材料：A4 紙、小黑板。
2. 自發組建一個小團隊，參與人數在 10 人以上。
3. 每人發一張白紙，在紙上寫下自己最突出的積極特質。
4. 成員輪流把自己的積極特質寫在小黑板上，並分享彰顯自己積極特質的事蹟。
5. 導師根據成員所寫的積極特質，找出最能代表此團體的積極特質，作為團體建設的標籤。

參考文獻

1. 陳虹，黃騏等（2012）·培養青少年積極品質的理論與方法：訪美國密西根大學副教授朴蘭淑·基礎教育參考·

2. 李自維（2009）·大學生積極品質評價與心理健康教育相應模式研究·西南大學碩士論文·

3. 任俊，葉浩生（2005）·積極人格：人格心理學研究的新取向·華中師範大學學報（人文社會科學版）·

4. 任俊，葉浩生（2006）·當代積極心理學運動存在的幾個問題·心理科學進展·

5. 任俊（2011）·積極心理學·開明出版社·

6. 塞利格曼（2010）·真實的幸福·萬卷出版公司·

7. 張倩，鄭湧（2003）·美國積極心理學介評·心理學探新·

8. Seligman, M. E. & Csikszentmihalyi (2000). *Positive Psychology: An Introduction. Am Psychol.*

交友圈
—— 運用自我認識來進行特質提升

問題提出

當我們開啟社群 APP 時，可以發現主要存在以下幾類人：一是斂財人，這類人正在瘋狂做行銷、賣產品；二是甜蜜人，這類人晒愛人、晒小孩；三是放鬆人，這類人到處逛街旅行；四是修心人，他們享受音樂、分享美文。透過朋友釋出的資訊，我們很容易就能把他們進行歸類。

在這裡，我要給大家介紹另一種交友圈 —— 優良特質交友圈。這種交友圈是需要大家共同建構的。首先，想像一下人類身上所擁有的寶貴特質，然後一一進行分類，放在各自的空間中。其次，遵從本心，來匹配這些特質。最後，匹配完成後，透過合適的事例來證明你的選擇是正確的。

至於為什麼要這樣進行，這就涉及自我認識。

技術理念

自我認知是對自己的洞察和理解，包括自我觀察和自我評價。自我觀察是指對自己的感知、思維和意向等方面的覺察。自我評價是指對自

己的想法、期望、行為及人格特徵的判斷與評估，這是自我調節的重要條件。

如果一個人無法正確地認識自我，看不到自我的優點，覺得自己處處不如別人，就會產生自卑，喪失信心，做事畏縮不前……相反，如果一個人過高地猜想自己，也會驕傲自大，盲目樂觀，導致工作的失誤。因此，恰當地認識自我，實事求是地評價自己，是自我調節和人格完善的重要前提。

自我意識是一個人對自己的認知和評價，包括對自己心理傾向、個性心理特徵和心理過程的認識與評價。正是由於人具有自我意識，才能使人對自己的思想和行為進行自我控制和調節，使自己形成完整的個性。

自我意識包括三個層次：對自己及其狀態的認知；對自己肢體活動狀態的認知；對自己思維、情感、意志等心理活動的認知。自我意識不僅是人腦對主體自身的意識與反映，而且人的發展離不開周圍環境，特別是人與人之間關係的制約和影響，所以自我意識也反映人與周圍現實世界之間的關係。自我意識是人類特有的反映形式，是人的心理區別於動物心理的一大特徵。

自我意識在個體發展中有十分重要的作用。首先，自我意識是認識外界客觀事物的條件。一個人如果還不知道自己，也無法把自己與周圍相區別時，他就不可能認識外界客觀事物。其次，自我意識是人的自覺性、自制力的前提，對自我教育有推動作用。人只有在意識到自己是誰，應該做什麼的時候，才會自覺自律地去行動。一個人意識到自己的長處和不足，就有助於他發揚優點，克服缺點，取得自我教育的積極效果。再次，自我意識是改造自身主觀因素的途徑，它使人能不斷地自我

監督、自我修養、自我完善。可見，自我意識影響著人的道德判斷和個性的形成，尤其對個性傾向性的形成有十分重要的作用。

自我意識主要包括三種心理成分：

●（1）自我認識

自我認識是主觀自我對客觀自我的認識與評價，自我認識是自己對自己身心特徵的認識，自我評價是在這個基礎上對自己做出的某種判斷。正確的自我評價，對個人的心理生活及其行為表現有較大影響。如果個體對自身的猜想與社會上其他人對自己的客觀評價的距離過於懸殊，就會使個體與周圍人之間的關係失去平衡，產生矛盾，長此以往，將會使人形成穩定的心理特徵自滿或自卑，不利於個人心理上的健康成長。

自我認識在自我意識系統中具有基礎地位，屬於自我意識中「知」的範疇，其內容廣泛，涉及自身的各方面。進行自我認識訓練，重點應放在三個方面：第一，明白自己的身體特徵和生理狀況。第二，明白自己在集體和社會中的地位及作用。第三，明白內心的心理活動及其特徵。自我評價是自我意識發展的主要成分和主要象徵，是在認識自己的行為和活動的基礎上產生的，是透過社會比較而實現的。由於我們自我評價能力不高，往往不是過高就是過低，大多屬於過高型。因此，要提高我們的自我評價能力，我們就應學會與同伴進行比較，透過比較做出評價。我們還應學會藉助別人的評價來評價自己，學會用一分為的觀點評價自己。由於自我評價是自我認識中的核心成分，它直接制約著自我體驗和自我調控，所以，我們進行自我意識訓練時，核心應放在自我評價能力的提高上。

● (2) 自我體驗

　　自我體驗是主體由於對自身的認識而引發的內心情感體驗，是主觀的我對客觀的我所持有的一種態度，如自信、自卑、自尊、自滿、內疚、羞恥等都是自我體驗。自我體驗往往與自我認知、自我評價有關，也和自己對社會的規範、價值標準的認知有關，良好的自我體驗有助於自我監控的發展。我們進行自我體驗訓練，就是讓自己有自尊感、自信感和自豪感，不自卑，不自傲，不自滿，隨著年齡增長讓自己懂得做錯事感到內疚，做壞事感到羞恥。

● (3) 自我監控

　　自我監控是自己對自身行為與思想言語的控制，具體表現為兩個方面：一是發動作用，二是制止作用。也就是支配某一行為，抑制與該行為無關或有礙於該行為進行的行為。進行自我認識、自我體驗的訓練目的是進行自我監控，調節自己的行為，使行為符合群體規範，符合社會道德要求，透過自我監控調節自己的認識活動，提高學習效率。為提高我們的自我監控能力，重點應放在促使一個轉變上，即由外控制向內控制轉變。我們的自我約束能力較低，常常在外界壓力和要求下被動地從事實踐活動，比如只有當教師說做完作業後會檢查，你才會做作業。針對這種現象，你應學會如何藉助於外部壓力，發展自我監控能力。

　　自我認識的話題的確是老生常談，但是這確實是眾多心理問題的根源。現代社會中的人忙忙碌碌，很少有時間來反省自己，一旦閒置下來，就會覺得無聊透頂，找不到生活中的樂趣和人生的意義，甚至還會感慨「人活著真是沒意思」。此時他們的人生觀、價值觀已不復存在，甚至「我」這個客體也變得模糊起來。長此以往，憂鬱症出現了，焦慮症

越來越多，各種人際關係也開始出現裂痕。心理諮商師幫助來訪者最有效的手段就是「你自己」。「你是誰」遠比「你能幹什麼」有價值得多。讓來訪者理清「我是誰」是成功案例的第一步。

核心目標

交友圈技術旨在透過自我認識來實現人格的統一和完善。找出自己身上的優良特質，確定這些特質是自己身上所擁有的，或者是自己渴望擁有的，然後再透過自己的方法來完善這些優良特質。

技術特點與優勢

對於交友圈，大家第一反應就是 FB、IG，這就說明這些社群 APP 已經深入人心。我們的交友圈技術就是要藉助這種親民的優勢，使大家不至於對技術總是存在高高在上的錯誤認知。生活即智慧，生活即技術，只要我們好好掌握生活中的智慧，每一個平臺都可以作為完美的技術呈現。我們對自己的認知，對自己的評價，都可以利用交友圈來實現。

技術操作指南

1. 尋找 5 ～ 6 個朋友一起參與。
2. 大家一起羅列出優良特質清單：樂觀、自信、真誠、勤奮……
3. 把這些優良特質分成不同的區域，組建各種交友圈。
4. 大家單獨行動，按照自己的實際情況，尋找自己所屬的交友圈。

5. 選擇同一個交友圈的參與者，手拉著手，圍成一個圓圈。

6. 和對方一起交流選擇的理由，盡量用事實說話。

7. 重新進行選擇，選擇一個你覺得你現在做得不夠好，但期望擁有的優良特質。

8. 重複上述行為，大家一起相互交流。

第三章
積極意義轉換

　　人具有追求生命意義的本性，追尋生命意義是人的基本需求。塞里格曼把意義作為幸福的第三元素，他認為意義和積極情緒都含有主觀成分。但積極情緒的主觀展現在你覺得快樂，你就快樂，這是當時當地的個人體驗，而意義則展現在它是否對你的人生發展有價值，你是否在其中有所收穫。在時間上來講，這是一種滯後的感悟式的體驗。

　　塞里格曼把意義定義為歸屬於和致力於某樣你認為超越自我的東西。弗蘭克的意義療法在治療策略上著重引導來訪者尋找和發現生命的意義，樹立明確的生活目的，以積極向上的態度來面對生活。我是誰遠比我會做什麼重要一百倍，懂得生命存在的意義，懂得自己為什麼而活，只有個人存在的意義問題得到真正的解決，人才能夠更好地發展。所以在技術轉化階段，以積極意義轉化作為主要方向是有重要意義的。

生命線
—— 運用積極心理技術澄清人生目標

問題提出

　　生命是一場演出，沒有排練，每一天都是現場直播。如果把生命比喻成一條單行線的話，它不能換道、不能重來，所以對自己的人生有一個基本的了解和規劃是非常重要的。有些人的生命線曲折，有些人的筆直，有些人的波瀾不驚，有些人的跌宕起伏，這其中並沒有好壞之分。但我們要想清楚哪一種人生才是自己真正想要的，怎樣的人生才算是挖掘出自己所有的潛能，使自己沒有遺憾。

　　每個人生活中都有三天，昨天、今天和明天，分別對應過去、現在和未來。雖然生活在現在，但我們卻常常受到過去的影響，過去會影響我們的人格空間、情緒空間和心理空間，影響我們的人際交往、價值觀、道德觀。在此過程中，人們也會展望未來，對未來充滿美好的期待，也會因未知而焦慮不安，對未來的態度也在影響著每一個人處理當下的態度及方式。因此，澄清自己當下所處的階段，消除過去的負面經驗，明確未來的方向，對於個人發展尤為重要。

技術理念

在臨床心理諮商中，我們常聽到來訪者坐下來就說：「我記得幾年前的那件事……」他們大多因為過去的創傷和未完成事件沒有得到很好的處理和解決，而不願意離開過去。過去的創傷會使當事人一直以一個受害者的角色自居，以致在以後的生活中消極應對，沒有辦法走出去迎接新的生活機會，用正向心理學家塞里格曼的觀點來說就是「習得性無助」。

如前面章節所提到的，習得性無助是指有機體經歷了某種學習後，在情感、認知和行為上表現出消極、特殊的心理狀態。也就是當有機體接連不斷地受到挫折後，會感到自己對一切都無能為力，從而喪失了信心，繼而自暴自棄的心理狀態。

習得性無助的產生經過了四個階段：一是機體在不可控的情況下體驗到各種失敗和挫折；二是機體在體驗到自己的反應和結果沒有關聯時，產生「自己無法控制行為結果和外部事件」的認知；三是機體形成將來結果不可控的結論；四是這種結論對以後的學習產生影響。習得性無助產生後通常會表現為：動機上的損害（動機水準降低，表現出被動、消極和對什麼都不感興趣的傾向）；認知上的障礙（形成外部事件不可控的心理定式）；情緒上的創傷（情緒失調，最初表現為憂慮和煩躁，之後變得冷淡、悲觀，陷入憂鬱狀態）。

心理學家隨後也證明了這種現象在人類身上也會發生。如果一個人覺察到自己的行為不可能達到特定的目標，或沒有成功的可能性時，就會產生一種無能為力或自暴自棄的心理狀態，具體表現為認知缺失、動機水準下降、情緒不適應等心理現象。當然，人有主觀能動性，能夠對

客觀環境和主體因素進行分析，對自己行為失敗的結果進行歸因。當一個人將不可控制的消極事件或失敗結果歸因於自身的智力、能力的時候，一種瀰散的、無助的和憂鬱的狀態就會出現，自我評價就會降低，動機也減弱到最低水準，無助感也由此產生。

每個個體都有習得性無助的時刻，研究發現，無法控制的負性事件並不總能引起習得性無助，這取決於個體對認知過程的歸因。歸因是如何進行的呢？當無法控制的負性事件發生時，人們透過三個緯度來判斷和歸因。

* 內在的—外在的：評估無法控制的負性事件是來源於自己本身無能力去支配的結果，或是屬於外在性的原因，是任何人都無法控制的外在因素造成的。也叫做內歸因或外歸因。

* 穩定的—不穩定的：評估無法控制的負性事件是由某個原因造成的，這個原因是持久的（穩定）還是暫時的（不穩定）。持久的更可能使個體感覺到無助和憂鬱。比如長期的慢性疾病。

* 總體的—特殊的：評估無法控制的負性事件產生的因素是具有總體的、廣泛的影響還是具有特殊的、有限的影響。比如酗酒者，得出判斷：一、我全部都不好，戒不掉酒，意志力薄弱；二、對生活中的這個方面（飲酒）我不善於控制，其他方面我做得很好。前者比後者更可能使人感到無助和憂鬱。這也就是心理學上所說的不合理信念：過度概括化，以偏概全。

總之，傾向於把負性生活事件歸因於內在、穩定和總體的人更可能感到無助和憂鬱。對於憂鬱者，他們可能傾向於認為壞的事情產生於內在、穩定和總體的因素，好的事情產生於外在的、不穩定的和特殊的因

素，具有十分悲觀且非理性的思維模式。對於此類人群，透過認知療法改變思維模式和改變歸因有明顯的治療效果。

過去受過的創傷，過去有未完成的事件，是妨礙我們離開過去、走到當下、走向未來的最重要因素。但負性生活事件對個體的影響不一定完全是負性的，它就像是一把雙刃劍，如果早期處理得不到位，有可能會成為一個人成長的阻礙，妨礙個體當下和未來的生活，而如果能夠將之恰當地合理轉化，創傷也可能成為個體成長的良好資源。

核心目標

每個人的人生之路都不是一帆風順的，總會遇到這樣那樣的問題和坎坷，有的人可以越挫越勇、絕不服輸，有的人會精神萎靡、畏首畏尾，還有的人或許就此消沉、一蹶不振，再難有信任的能力和前進的勇氣。「生命線」技術以人本主義思想為支撐，相信人們有看到自身的價值，充分發揮自己的潛能的能力；帶領大家透過對自己過去時光的回顧和整理，從積極的視角重新看待過往，珍惜過往，並從中找到自信和力量，實現積極的意義的轉換。「生命線」技術幫助參與者透過對未來生活的期待和設想，澄清目標，找到方向，堅定步伐；透過對生命的思考和對人生的總結，探索生命的意義；最終帶領參與者找到自信、勇氣和方向，珍惜時間，快樂生活，走好眼前的這一步，走好人生的每一步。

技術特點與優勢

重視生命的連續性。「生命線」透過回顧過去、釐清當下、展望將來，將生命看成連續的統一體。重新梳理過去的事件，一些事件也許我

們從來都沒有談起，也從來沒有思考過它存在的意義，我們以為它已成為故事，殊不知，它的影響一直存在，我們的現在以及未來，可能都會與它脫不了關係。但是我們又不能改寫過去，我們唯一能做的就是學會放下，用另一種角度來解釋它對我們的影響力，用積極的態度去看待它，只要我們進行了對過去的澄清，那麼現在和未來也就有章可循了。「生命線」技術幫助我們對未來進行勾勒，暢想一下，你將會因為什麼事而悲，因為什麼事而喜，把這些悲喜之事都明確地呈現出來，這樣你會發現，原來自己也可以掌握自己的人生，原來生命真的是一條線。

技術操作指南

1. 邀請 5 ～ 8 位好友，找一個安靜、安全、不受打擾、有足夠的公共空間的地方，可以放一些舒緩的音樂。

2. 給每個成員分發一塊木板。使用油性筆，在木板上從左到右隨意畫出一條曲線，曲線的長度可以按照自己的喜好決定。然後在這條線的右側加上一個箭頭，讓它成為一條有方向的線。線上條的左側，寫上「0」這個數字；線上條的右側，箭頭旁邊，寫上為自己預計的壽命，可以寫 68，也可以寫 100。有方向的線條，代表了生命的長度，它有起點，也有終點，每個人可以為它規定不同的時限。

3. 看著這條線，按照你為自己規定的生命長度，找到你目前所在的那個點。比如你打算活 75 歲，你現在只有 18 歲，你就在整個線段接近四分之一處標記出來。之後，請在你的標記的左側，即代表著過去歲月的那部分，把對你有著重大影響的事件所對應的時間點分別用圓點標記出來。（注意，如果你覺得是件快樂的事，把事件寫在生

命線的上方；如果是負性的事件，把事件寫在生命線的下方。）依次操作，不同的小圓點記錄了自己在今天之前的生命歷程。

4. 過去時的部分已經完成，你要看一看、數一數，影響你的重大事件，是位於線的上半部分較多還是下半部分較多。

5. 完成了過去時，我們進入將來時。在你的生命線上，把你這一生想做的事都標出來，盡量把時間註明，視它們帶給你的快樂和期待的程度，標線上的上方。如果它是你的摯愛，就請用鮮豔的筆墨，高高地填寫在生命線的最上方。

6. 當然，在你將來的生涯中，還有挫折和困難，比如父母的逝去，孩子的離家，各種意外的發生，不妨一一將它們在生命線的下方大略勾勒出來，這樣我們的生命線才稱得上完整。

7. 仔細地觀察自己的生命線，並依次與其他成員分享。

注意事項

1. 一定要在相對完整而不受打擾的時間內進行，環境安全無干擾，材料（木板、筆、音樂）準備齊全，將所有的步驟都完成。

2. 進行中應以真誠而嚴肅的態度對待，這是一次監視自己內心的好機會。

3. 生命線完成之後，請把注意力集中在此時此刻。以前的事已經發生了，哪怕是再可怕的事情，也已過去，你不能改變它，能夠改變的是你看待它的角度。一個人成熟的程度，決定這個人治癒自己創傷的程度。過去是很重要，但它再重要，也沒有你的此刻重要。活在當下，活在此時此刻，是獲得幸福屢試不爽的訣竅。

4. 如果你的生命線上未來方向所標示的事件，大部分都在水平線以下，那麼，你可以思考一下這種情況產生的內在原因。詢問自己是否滿意，如果不滿意，可以從哪些方面去重新定位。

5. 關於生命線，它還能突顯出很多和你相關聯的資訊。看你是否善於從這些寶貴的資訊中，拼接出你內在的圖譜。

6. 如果有興趣，你可以在三至五年這個時間段內，再花十分鐘時間，把這條生命線重新畫一遍，再把以前的木板找出來，比照著看看，也許會有碰撞和修正。

參考文獻

1. 韋志中，余曉潔，周治瓊（2014）· 生命是條線：運用積極心理技術澄清人生目標 · 心理技術與應用 ·

2. 韋志中（2013）· 幸福干預 · 清華大學出版社 ·

3. 溫清霞（2014）· 習得性無助研究述評 · 江蘇理工學院學報 ·

4. 張慧傑（2011）· 大學生歸因方式、自尊與習得性無助感的關係研究 · 哈爾濱工程大學碩士論文 ·

3D 人生地圖
—— 重塑人生的意義

問題提出

　　人們常常會說人生如戲。戲有一個個的情節，不同的時段會有不同的劇情，一直演，發展到最後高潮，然後做一個結束。其實這和人生地圖差不多。人一生都在繪製一幅屬於自己的人生地圖，每一個足跡在地圖上都會留下一個有意義的點，並且人會按照自己繪製的地圖一路前行。

技術理念

　　在人生地圖中，個體可以找出自己十二歲以前三件印象最深刻、對自己影響最深的事情。或者說出一生當中對自己影響最深的三個人，他們是怎麼影響自己的。再或者說出從國中到高中甚至大學這三個階段裡自己遇到的三個大挫折以及最得意的三件事。這些事情我們都把他放在人生地圖裡面，畫下高低點，然後跟別人分享。透過這份人生地圖，你會發現對自己的認知越來越深入。

　　在人生地圖上，我們可以找到個體的禁區在哪裡，哪一個部分是很脆弱的，哪一個部分是比較有自信心的，哪些經驗塑造了今天的自我。人生地圖決定了一個人的人生走向，因此我們要運用智慧盡量把地圖繪

製準確,更符合事實。對新開闢的道路,要及時在地圖上標記出來。如果某條道路不通,我們也要在地圖上及時標示,以免誤走,耽誤自己的寶貴時光。

「3D 人生地圖」技術工具中,團體成員要在地圖上標注出自己成長過程中的一些有重大意義的事件,如第一天上學、第一次戀愛等,不斷豐富自己的人生地圖,然後在地圖上標注出將來的道路上可能會遇到的障礙,並以昂揚的精神狀態去面對新生活。

核心目標

釐清個體在人生旅途當中所經歷的一些重大事件,有助於發現一些行為模式的來源,使我們以更加積極的方式來迎接新生活,不斷增強自我希望與信心。

技術特點與優勢

3D 人生地圖技術透過回顧個體以往的事件來提升積極特質。我們有時候會對生活失去希望與信心,這相當程度上是因為我們忘記了曾經的精采與輝煌。如果我們能夠強化曾經的成功與快樂,就會無形中提高自己面對生活的勇氣,進而提高自己的希望與信心水準。

技術操作指南

1. 播放音樂〈人在旅途〉,團體導師將 3D 人生地圖展開舖在地上。
2. 在 3D 人生地圖上,有一些已經標注出來的重大事件,如戀愛、入

學、結婚、退休等，這些生命事件都是有特定意義的，找到這些事件的位置，站在或者躺在人生地圖相應的位置上，體會內心的感受，並與其他成員相互分享。

3. 整個 3D 人生地圖是不完整的，需要團體成員在 3D 人生地圖上進行完善。每個人的人生經歷都是不同的，不同的經歷造就了今天與眾不同的你。把你認為重要的經歷寫在小紙條上並貼在 3D 人生地圖你認為恰當的位置上。比如說從剛出生到五歲，這段時間裡有什麼讓你很興奮的事情，把事件寫出來，貼在人生開始的位置。同時，也可以有對未來的憧憬，如想找一份什麼樣的工作，成立一個怎樣的家庭。除了寫之外，也可以畫一幅畫來表達該事件。

4. 圍坐成一圈，看看小組共同繪製的 3D 人生地圖，依次分享自己的 3D 人生地圖，表達對整個小組組成的巨幅 3D 人生地圖的感受。

5. 對於有創傷的團體成員，可以創設情境，用心理劇的方式，表演出那天的天氣、情境，來幫助成員進行回憶和暢想。

6. 在 3D 人生地圖上暢想自己以後的生活。在地圖上把今天作為起點標出來，把目的地標出來，再把到達目的地的路徑標出來，做好充分的心理準備以應付意外情況發生，一旦原定的路徑走不通，要知道如何確定新的路徑。人生不僅僅是為了獲得一個結果，同樣重要的是走向結果的路徑選擇。把人生的地圖握在手中，你走在風雨中都不會迷失方向，你的一輩子會比想像中走得更遠，到達的目的地會更多，因此也就會有更多的精采。

注意事項

當團體成員分享時，保持安靜並不做任何評判，尊重每位分享的人。離開活動室後，所有的故事都留在活動室內，不帶走。

參考文獻

韋志中（2013）·學校心理學：工具箱指導手冊·武漢大學出版社·

親愛的小石頭
—— 與內在自我建立連線

問題提出

　　每當肚子餓了，我們知道要吃飯；每當工作累了，我們知道要休息；每當天氣冷了，我們知道要添衣；每當感冒來了，我們知道要吃藥……身體的自我很容易了解，但關於精神的自我卻容易迷失。我們從出生的那一刻起，身體在成長，精神也在成長，只不過身體的成長都呈現外化狀態，而精神的成長比較內隱罷了。也正是因為這樣，我們忽視了精神的需求。父母知道孩子個頭高了，卻不知道孩子也需要自我的空間；老師知道學生成績下降了，卻不知道學生自責的心情已無以言表；朋友知道你不喜歡被人打擾，卻不知道此刻你正在享受孤獨。我們拚命地為一些目標和夢想奔跑，害怕遭受挫折，害怕在黑暗中跌倒，即使遭受不公平待遇，也只能含著淚微笑著接受。但對於明天，我們依然滿懷希望。可是歲月的刀劍已讓我們熱情的心慢慢停止跳動，我們剩下的只是感慨和無奈，越長大越孤單，越長大越不安，這不僅僅是青春期的躁動，也是大眾普遍的心態。

　　為什麼會有這種現象呢？為什麼現在大多數的年輕人感覺不到生活的激情呢？其實都是因為內在自我的需求沒有被滿足，或者是丟失了原

本的自己。我們每天都戴著不同的面具生活，希望在人際交往中可以左右逢源，得心應手。殊不知，面具的過度展現已讓我們迷失了曾經的自我，已讓我們害怕展現真實的自我。這就是為什麼在夜深人靜時，一些所謂的高學歷、高職位、高收入的成功人士會為一點小事大動干戈，會為一點不稱心而惡言相向。他們壓抑得太深太久了，他們太想展露自己的另一面，但「高素養面具」卻不能容忍他們表現出這些失禮的行為，所以他們只能在黑暗中，只能在家庭裡，只能在安靜中，透過隨性的方式表達自己的不滿。

當然，還存在另一種情況，那就是所謂的情結。一些未完成的任務，一些未解決的困惑，一些未進行的表達，讓我們終日帶著失落和內疚生活。這些情感表現在日常生活中，可能就是悶悶不樂，沒有生機和活力；或者就是煩躁不安，整日忙碌卻體驗不到快樂和滿意。情結問題已嚴重影響了人們的生活態度和行事風格，如果想要進行改變，只能透過儀式性的表露，用內心的溫暖來消融情結之冰，用自我的脫口秀來點化情結之石。

技術理念

在人類集體潛意識的符號系統中，石頭占據著極為重要的位置。中國 56 個民族在不同時期、不同地域都曾經有過以石頭作為圖騰的歷史，有的還延續到了今天。比如羌族人崇拜石頭，並且把白石作為其民族的主要圖騰符號之一，這種文化現象一直延續到今天。中國文學庫中有四大名著，其中有兩個都和石頭有關聯，甚至可以說是石頭的故事。《西遊記》中的主角孫悟空，是石頭變化而成，寓意為自然之造化；《紅樓夢》

原名《石頭記》，更是有著具體的神話傳說作為背景。這種文學作品中所反映的文化現象，恰好說明在中國人的集體潛意識裡，石頭是繼日月星辰主要自然崇拜之後，人類的又一重要圖騰之一。人類在與石頭打交道的過程中，將物質的石頭藉助各種符號轉化成了石頭符號，用以表達群體或個體的心理內容。如唐宋八大家之一的柳宗元，由於革新失敗，被朝廷貶官至湖南永州任司馬，這樣的境況對於滿懷報國之心的青年才俊來說，是何等的打擊。他的內心有各種情緒和觀點需要表達，但當時的政治環境不允許這樣的表達，作為文學家的他，就遊走於永州的山水之間，和石頭對話，把自己投射為自然界中的石頭，以文學作品作為載體，表達自己內心的情緒、情感，並且在恰當的時候以石頭作為隱喻主體，表達自己的價值觀以及對待當時世界的態度。此時的石頭不單單是實體的石頭，而是自我的展現，石頭即我，我即石頭，已經達到了物我不分的程度。所以，我們藉助石頭來幫助人，使人找到內在的「小孩」，透過宣洩自己的情緒，改善自己的體驗，來讓心靈獲得自由，進而真正地愛自己，接納自己。

從心理發展理論來看，我們相信個體的過去及童年經驗，會對現在的自我有很大的影響。一個人要成長為心理健全的人，成長中的每個階段都有關鍵性的發展任務。每個孩子在成長過程中，都期望可以被當作「一個人」來愛，並且也期望有人來接受他的愛，這是一個人成長中學會愛與信任的關係的起點。若孩子們成長過程中所期望的需求受到挫折，不能被滿足，便會體會到痛苦與傷害，從而導致扭曲自己的看法，對他人不易信任，以及對事情的麻痺反應。

在心理治療領域最早討論「內在小孩」概念的是榮格，他於 1940 年首次出版《兒童原型心理學》，以「在裡面的小孩」指稱兒童原型。這裡

的兒童原型並不來自一個人，個人的生活經驗無法完全決定其內在小孩的全貌，它其實是一種集體潛意識。榮格認為內在小孩從人類本性的深處所誕生，而意識對它一無所知，它代表的是所有存在中最強大的衝動，這種衝動就是努力地想了解自己，而這種想要自我了解的力量是一種自然規律，因此具有無可比擬的力量。有時候，一個人的幸福程度，取決於他和自己的「內在小孩」的關係。兩者越是統一，關係越好，我們就越是接納內心的自我，內心就越和諧，快樂的感覺就會自然而然地流露出來。

核心目標

「石頭的故事」屬於表達性藝術治療技術的一種，它以石頭為載體，在投射、象徵中幫助個體改善與自我的關係，管理情緒，促進自我成長。本技術透過一些技術流程和科學的操作步驟，將心理空間外化，賦予石頭以符號意義。「石頭的故事」的全部治療過程包括六個階段：評估、呈現、表達、轉換、整合、康復。

在這整個心理治療過程中，都有文化心理意義的元素參與其中。例如：一次完整的石頭故事治療，從選取石頭開始，包含了對石頭的感受、品嘗（建立石頭表象、啟用內心意象或情緒）；對石頭說話（意願的呈現、表達）；石頭對我說（轉換）；與石頭融合（轉換、整合）；書寫感悟（康復）等過程。實際的操作不是這樣階段分明，內心的重建過程也不是這樣涇渭分明地分段進行，而是一個前後交織的連續過程。但我們可以看到，其整個過程主要依靠石頭文化符號的意義功能實現心理治療。這意義可以是人際關係的意義，可以是關於自我的意義，也可以是關於情緒的意義等等。石頭的技術透過對這些意義的調整，幫助我們實現心靈重建。

技術特點與優勢

● （1）借鑑文化符號來實現心靈成長

關於石頭的故事已有很多。創世神話有「女媧補天」、「精衛填海」，愛情有「望夫石」、「仙人石」，還有象徵長生不老的石龜……石頭已經演化成一種文化符號，在大眾的心中成了一種不可缺少的寄託。通常情況下，個體不容易將符號與情緒情感相分離。在此技術中，個體藉助於外在符號與內在符號的相似之處引發共鳴，從而將個體內在的符號連帶著蘊藏其中的情緒情感一併帶出體外，在技術指導下，重新整理，重新賦義，再重新內化，達到重新建構心理結構、心理內容的目標，實現個體的心靈成長。

● （2）與內在自我的連結

當我們挑選屬於自己的石頭時，我們已經和石頭建立了連線。我們已經認同了這個石頭和「我」的關係。當我們替石頭取名字以後，這個石頭真正屬於我了。我和石頭建立了情感的紐帶，石頭已成為我情感的外化，我和石頭已經融為一體。我把我內心的話講給石頭聽，相當於是與另一個我進行對話。這個技術其實就是尋找自我的過程，就是重新體驗與內在自我相伴相生的過程。

技術操作指南

● （1）尋找內在小孩

一個人或幾十個人，圍著一堆石頭席地而坐，在冥想中進入放鬆的狀態。

指導語：

「真實地面對自己，你會看到有個小孩住在你的心理面。看見他穿著什麼樣的衣服，有著什麼樣的表情和眼神……

每個人的內在都有一個孩子。我們不確定他的年紀，但是很多時候他比我們以為的還要小。他是我們在年幼時受傷破碎的部分，深深地埋藏在我們的心裡。他有時哭、有時笑、有時憤怒、有時悲傷。有時他渴望你的擁抱，有時又對你大吼大叫，這個孩子住在我們內在的核心裡，往往比已長大的我們更清楚自己真正的需求。這個內在小孩就是你的心。為自己付出是值得的，如果連你都不去試著與你的內心小孩相處，去照顧他，還有誰會愛你呢？所以，從現在開始，愛自己。

閉上眼睛，靜下心來，才能看見真實的自己，這個自己和平時的我們甚至大不相同。面對這個真實的自己是需要勇氣的。現代生活已經讓我們戴上了太多的面具，當我們感受到愛與溫暖時，我們才有勇氣面對真實的自己。睜開眼睛，或許你已經淚流滿面。原來遇見自己，是件這麼震撼的事情。」

● （2）為石頭取名

每個人在石頭堆裡選一塊石頭，併為它取一個名字，最好能說出為什麼選這個石頭。

石頭或大或小，或黑或白，或光滑或滄桑，每個人憑著個人感覺，選擇自己的石頭，這個看似遊戲的行動，背後究竟有著怎樣的寓意？

有的人替石頭取名叫寶寶，有的人叫它大白，有的人叫它堅強，還有的人就把石頭叫做自己的名字……取名的理由，多是對自己希望的一種潛意識投射。每個人都能或多或少地在石頭上看到自己的影子。

「石頭集日月之精華，石頭還曾用來占卜，石頭本身就是有生命、有靈氣的。」在導師一步步的帶領下，我們明白，原來我們手中的石頭，即是我們內心的一個顯現。於是，有的人感覺到了石頭的溫暖，有的人感覺到了石頭的心跳。

「從這一刻起，便把手中的石頭當作自己心裡的那個孩子。呵護他、擁抱他、陪伴他，用一切你所理解的方式。」

● （3）與石頭對話

「這個你自己選擇的石頭，在它生命的最初有著怎樣一個故事呢？」

團體導師讓每個人對著手中的小石頭講故事，假設小石頭的年紀是 0 ～ 3 歲。每個人講故事的時候，一定要拿起石頭說。在場所有的人按照導師的指示，圍成一個圈。對話結束後，寫封信給自己的石頭。

注意事項

1. 這些練習個人在家裡也可以完成。我們需要慢慢用心去體察：自己的內在小孩多大？穿什麼衣服？叫什麼名字？在做什麼？是一個人孤獨地在那裡待著，還是在很多人面前很活潑地玩樂？試著照顧自己的內在小孩，學會與他相處，滿足他的合理需求。當我們把他照顧得很好，並讓他得到輕鬆愉快的成長時，我們的現實生活也會越過越滋潤。

2. 在尋找內在小孩的過程中，有許多痛苦的感受可能會再次浮現。我們會鼓勵你試著照顧你的內在小孩，因為當你試著去擁抱他時，就不會覺得內在小孩那麼可怕或陌生。試著感受內在小孩的創傷經驗和感覺，再次體驗當時的情緒，就有機會重新解釋那段傷痛的過

往，產生不同的體驗。

3. 石頭在這個過程中被賦予了某種意義，是一個載體、一處平臺、一種方式。它代表著我們的內在小孩，從而使關係、情緒或自我具體化，游離於個體之外，使有效轉化成為可能。

4. 透過石頭來認識自我、完善自我、促進自我成長。如果石頭裡住著你的內在小孩，它就不僅是一個象徵，還是一面鏡子、一個舞臺。在這個鏡子前、在這個舞臺上，我們重新演繹著過去經歷過的人生。所不同的是，一個人的過去不能被改變，但是在「石頭的故事」技術應用過程中，所有一切不合理、不利於我們發展的因素，卻可以在現場做出修正，並在演繹過程中，讓個體重新發現自我、認識自我、塑造自我。

參考文獻

1. 韋志中，盧燕博，周志瓊（2016）·社區心理學：254 模式理論與實踐·武漢大學出版社·

2. 韋志中，余曉潔，周治瓊（2014）·石頭的故事：擁抱內在小孩：運用文化心理意義重構和矯正技術找回真實自我·心理技術與應用·

3. 韋志中（2014）·團體心理學·清華大學出版社·

4. 周章毅，韋志中，王茜，秦鳳華，溫金梅（2013）·析「石頭的故事」團體心理治療技術的療效因子·心理技術與應用·

未來的石頭

── 與理想自我對話，建構人生意義

問題提出

　　我們每天都遭遇自己的情緒，卻不知道如何跟情緒共處；我們每天都生活在關係中，卻依然不能使關係和諧；我們每天都在試圖了解自我，卻不知如何去探索。「情緒」、「關係」和「自我」，是我們作為一個人一生不變探索的主題，也是作為一名心理諮商與治療師要幫助來訪者學會接納、面對和促進的永恆不變的主題。

　　石頭，或是光滑，或是粗糙，或是普通，或是精美，路邊、河灘、山坡、田野、陳列室……我們對自己的了解很多時候不就像對石頭的了解一樣嗎？天天相見，卻讀不懂它的生命故事。是的，每一塊石頭都有自己的生命故事。每一塊石頭不管它的外形如何，也不論它來自哪裡，它都在成為一塊獨特的石頭的過程中經歷了風吹雨打日晒，吸收了天地之靈氣、日月之精華，成為獨一無二的自己。正如我們每個人，在成為今天的自己的過程中，同樣經歷了很多很多，我們同樣時刻在詢問自己：我是誰？我是個什麼樣的人？我是如何成為今天這樣一個人的？我們苦苦探索，卻似乎總是找不到一種合適的方式來開啟自我探索的大門，發現自己的真實。今天，終於，我們有了一種新的方式，用石頭作

為載體,來與未來的自己對話。

　　未來的我是什麼樣子呢?我們好像沒有靜下心來想過自己以後的樣子,沒有靜靜地欣賞自己未來的樣子。石頭在這裡被賦予了某種意義,象徵著「理想自我」,成員將自己選擇的石頭作為喜歡的、想要成為的自己。每個人的內心除了有內在的小孩、創傷的小孩以外,還有一個理想的自我存在。

技術理念

　　希金斯(E. Tory Higgins)於 1983 年首次提出自我差異理論,其理論吸收了前人有關自我信念中的不一致、不平衡與情緒障礙的關係的觀點,在自身理論結構上有所發展。

　　希金斯從自我領域和自我立場兩種認知維度說明了此理論。其中,自我領域包括現實自我、理想自我和應該自我三方面,而自我立場包括個體本人的立場和重要他人的立場這兩種基本的立場。在自我領域中,現實自我是指實實在在的我、事實的我,對我而言,是一種實際具備的特性,是個體此時此地身心存在的總和。理想自我是期望性自我、目標性自我,是一種尚未實際具備的特性。應該自我是目的性自我,是一種短期內應該具備的特性。應該自我層次較低,且經常處在變化之中,穩定性較差。

　　希金斯將自我領域和自我立場相結合,現實自我具有兩個層面,一是自己認為我怎樣,二是他人認為我怎樣。理想自我也可分為兩個層面,一是自己對自己的期待,二是他人對自己的期待。應該自我也具有兩個層面,一是自己認為應該怎樣,二是他人認為應該怎樣。現實自我

與不同的自我評價標準之間的差異，與特定的情緒、情境動機緊密相聯，代表著特定的負性心理狀態。不同負性心理狀態可分為以下幾種類型：

1. 自我層面上的現實自我與自我層面上的理想自我之間的差異：這種差異使個體認為自己當前的現實特質不符合理想自我希望自己擁有的特質，認為自己的希望無法實現，對自己感到失望和不滿，極易產生與沮喪相關的情緒反應。

2. 自我層面上的現實自我與他人層面上的理想自我之間的差異：這種差異使個體認為自己當前的現實特質與重要他人希望個體擁有的特質不相符，認為自己無法實現重要他人的希望，以致重要他人對自己失望、不滿，因此感到羞恥、窘迫、萎靡不振，極易產生與沮喪相關的情緒反應。

3. 自我層面上的現實自我與自我層面上的應該自我之間的差異：這種差異使個體認為自己當前的特質不符合個體履行義務、責任應該擁有的特質，認為自己違背了道德標準，感到內疚、不安，極易產生與焦慮相關的情緒。

4. 自我層面上的現實自我與他人層面上的應該自我之間的差異：這種差異使個體確信自己當前的特質與重要他人認為個體履行責任、義務應該擁有的特質並不相符，認為自己不具備重要他人認為自己應該擁有的特質，感到害怕、受到威脅，極易產生與焦慮相關的情緒。

總之，自我差異理論主要強調兩類差異：即現實自我－理想自我差異和現實自我－應該自我差異。各種負性情緒主要是焦慮性憂鬱情緒集

和沮喪性憂鬱情緒集。

自我差異與情緒之間的關係主要受到三方面因素的影響：一是自我差異的大小。個體特定類型的自我差異越大，個體體驗到的與這種差異相關的情緒就越強烈。二是自我差異的可得性。自我差異的可得性是指自我差異被啟用的可能性，自我差異只有被啟用，成為可得自我差異才能影響情緒。其中，最近被啟用的時間長短、啟用的頻率以及觀念對刺激事件的適用性都影響到自我差異的可得性。三是自我差異的重要性，自我評價標準對個體越重要，則差異與情緒之間的關係越強。

核心目標

石頭，在此處被用作「理想自我」的象徵，個體將自己選擇的石頭作為喜歡的自己進行書信對話和現場分享，在他人的支持和鼓勵下，促進個體對自我的認識，更好地悅納自我，增強自信。

技術特點與優勢

「石頭的故事」在整個技術使用過程中以石頭為載體，透過投射、象徵、表達等形式對心理諮商的來訪者進行治療，屬於文化與藝術心理治療技術的一種。石頭在此過程中被賦予了某種意義，是一個載體、一處平臺，運用傳統文化精神，為來訪者創造認識自我、悅納自己的環境和機會。我們透過石頭來與理想自我進行對話，讓現實自我和理性自我進行有效的溝通，進而使自我更加地統一和諧。

技術操作指南

1. 場：比如自我介紹，互相微笑等，包括手拉手站立，口頭宣誓保密協定。

2. 冥想、引導：團體成員席地而坐，石頭放在中間。在冥想中進入放鬆的狀態，導師透過講關於石頭的故事把大家帶入到想像的情境中。

3. 呈現：每個人選一塊石頭，代表那個你喜歡的自己，好好地端詳它，擺弄它，展開自由聯想，捂在胸口讓它與自己的生命連線，它就是那個你覺得美好的自己，你發自內心地喜歡它。為它取一個名字並依次報告給大家。

4. 書信表達：看著手中的石頭，現在面對著它，寫一封信給它，也就是寫一封信給你喜歡的自己。題目叫做「親愛的某某」（為它取的名字）。

5. 分享表達：跟大家分享你寫給喜歡的自己的信。

6. 整合昇華：解讀整個活動的內涵，澄清石頭其實是我們所喜歡的自己的象徵，平時多與喜歡的自己對話，發現自己的優點，讓自己變得越來越自信，而悅納自我是自我認識中非常重要的部分。

注意事項

1. 導師需要做好示範作用，為成員營造溫暖、真誠的團體氛圍。

2. 冥想的引導聲音應輕柔舒緩。

3. 如果有人找不出代表「喜歡的自己」的石頭，給成員足夠的時間思

考和尋找。

4. 安靜的環境，可伴有輕柔的音樂。

5. 自願分享，其他成員投入傾聽，給予支持和鼓勵。

參考文獻

1. 龐愛蓮（2003）·自我差異理論：自我與情緒的心理模型·牡丹江師範學院學報（哲學社會科學版）·

2. 韋志中，盧燕博，周志瓊（2016）·社區心理學：254 模式理論與實踐·武漢大學出版社·

3. 韋志中，余曉潔，周治瓊（2014）·石頭的故事：擁抱內在小孩：運用文化心理意義重構和矯正技術找回真實自我·心理技術與應用·

4. 韋志中（2014）·團體心理學·清華大學出版社 .

5. 楊馥聰（2015）·情緒與認知對理想自我與現實自我的整合·西北師範大學碩士論文·

6. 周章毅，韋志中，王茜，秦鳳華，溫金梅（2013）·析「石頭的故事」團體心理治療技術的療效因子·心理技術與應用·

我的童年故事

—— 採用九宮格繪畫技術重拾我的童年記憶

問題提出

父母經常說：「孩子是一個家庭的未來。」父母為孩子規劃著一切，希望孩子能夠在父母的指導下學習和生活。在這個過程中，孩子無法決定自己應該擁有一個怎樣的童年，這個童年的模樣和品質主要來源於父母的人生觀、價值觀、性格習慣等。如果父母在自己的童年時期完成了這一階段特有的任務，會對孩子的成長具有積極的指導意義。如果父母的童年有某一部分是缺失的，想必孩子的童年也不會是完整的，這將導致孩子的成長不完善。父母擁有一個完整童年的重要性由此可見一斑。

在我所做的大量諮商中，發現有一些問題並不是產生於當下，而是和童年的一些不好的經歷有關。因此，如何從童年不好的體驗中走出，如何解決那些縈繞心間的事件是心理學者比較關注的。

技術理念

九宮格統合繪畫法是森谷獨創的一種方法。該想法產生於 1983 年春，接著在 1983 年 12 月的東海精神神經學會和 1984 年第 20 屆日本教

育心理學會上做了報告。

塗鴉法很簡單，患者也常常會很高興地作畫，因此在一個小時的時間裡往往可以畫出很多幅作品。這時他就會產生想看看這些作品的整體意義的想法。這是促使森谷創立九宮格統合繪畫法的一個原因。同時，這個時期森谷對中井的「框格法」產生了很濃厚的興趣，覺得透過畫格子能對描畫空間造成保護的作用，而且因為這樣使描畫空間更具有層次性，能讓缺乏描畫意欲的人更容易下筆。同時，森谷從偶然翻到的一本介紹曼陀羅的書中受到啟發，曼陀羅特別是密教的金剛界曼陀羅是呈九宮格的布局，因此就產生了九宮格統合繪畫法。

核心目標

在運用九宮格繪畫法技術解析童年時，家長在團體導師的帶領下，自由聯想童年的事物，並把它們一一畫在木板上，喚醒潛意識中關於童年的記憶。透過對畫的分析，恰當地對童年做出評估，改善與孩子的互動模式。

繪畫技術補足語言的限制，透過其象徵功能幫助個體將感受到卻無法用語言說出的情感表達出來，從另外一個角度回顧自己的童年，使其意識到自己童年的缺失，從而更好地指導孩子的童年生活，讓孩子度過一個快樂的童年。

技術特點與優勢

要傳達思想和觀念，語言是最好的手段，而要傳達情感、情緒以及心理狀態，繪畫則是最好的方法。兒時的我們常常喜歡用五彩的畫筆來

描繪自己的未來，喜歡用一幅幅的塗鴉向人們展示童稚的精采。漸漸地，我們長大了，習慣了用語言來表達自己，忽略那曾經摯愛的畫筆。九宮格繪畫法恰恰為我們提供了這樣一種方式，以藝術的手法再現體驗、感受，再現每個人的心路歷程。

具體操作指南

1. 治療師當著患者的面，在 A4 畫紙上用水彩筆畫出邊框，再把畫面分割為 3×3 的方格（對團體實施時可以用事先印製好的 9 個格子的紙）。

2. 指示語：「從右下角按逆時針順序畫到中心，或者從中心開始按順時針順序畫到右下角，這兩種順序都可以，請依順序一格一格地把腦海中浮現的事物自由地畫出來。實在不能用圖表達時，用文字、圖形、符號也可以。」

3. 這種近似於向心運動、擴散運動的漩渦式的描畫順序，並不是森谷個人的創造，而是受曼陀羅的啟發。也有患者無法依照指示的順序，這時就不用過於嚴格地要求了。

4. 以上的指示方法是不命題的自由聯想法，依據實際情況，也可以應用在命題畫上。例如可以給出「我」、「最近的一些想法」、「我愛的和我厭惡的」一類的命題，要視情況而定。例如：當治療接近尾聲，患者開始回顧至今為止的整個過程時，就可以指定「印象深刻的事」這個題目讓患者作畫。很快，這樣的方法被證明在畫家庭圖上有很高的應用價值。

5. 在治療關係還不深的初期，有強烈焦慮的患者和防備心強、缺乏想像力的患者都有可能不能畫滿 9 個格子，這時候可以告訴他們畫不滿也沒關係。（在治療初期，或許有必要先用塗鴉法等方式喚醒患者的潛意識，在患者累積了一定的潛意識的意象後再進行操作。不過也有潛意識的意象接連不斷湧出的患者，不能一概而論。）

6. 在患者畫完 9 個格子之後，請患者再給每幅畫配上簡單的文字說明，最後用彩色鉛筆或蠟筆上色。時間不夠時，上色這一步可以省略。

7. 在畫好後，治療師根據患者繪出、寫出的畫、文字、圖形、符號詢問患者聯想到什麼東西，盡可能地挖掘、拓展患者腦中的意象。

8. 最後，為了統合這些意象，治療師需要詢問患者，看他們是否可以想到能夠整體概括這些圖的題目。有時候即便是命題作畫，到最後問患者定什麼標題好時，也往往能得到意想不到的答案。

注意事項

　　九宮格繪畫法是自由聯想的技法。將圖畫紙分割為九格，以中間的格子為中心，呈螺旋狀的順序，一格一格地畫，可分為自由畫或主題畫，可由來訪者一人完成，亦可由治療師與來訪者互動完成，完成後依圖畫編故事。其特性在於自然地集結多元且複雜的心像（mental image），同時達到資訊收集及整理的效果，並可以看見聯想的動向，以及透過繪畫面積的縮小所產生的集約效果來了解阻抗的模式。

　　對於九宮格繪畫法的分析，通常可以從這樣幾個方面來進行：作者的筆壓大小；畫面面積的大小；表現精神的畫面有幾幅，表現物質的畫

面有幾幅，精神和物質各占多大比例；哪些是表現過去的，哪些是表現現在的，哪些是表現未來的，過去、現在和未來各占多大比例；九幅畫面中突出表現的是正性情感、負性情感還是中性情感；畫面中一貫出現的心像有哪些；畫面中是否有自我像；作者最珍惜的畫是哪一幅；作者最滿意的是哪一幅；作者最希望重新體驗的是哪一幅等等。

九宮格繪畫法相對於普通的心理繪畫技術，具有以下特徵：

1. 內容錯綜複雜，能夠全面、綜合性地展現出多種多樣的內心影像。

2. 九個方格像九個盒子一樣，各自容納，整理不同的資訊。我們在繪畫過程中可能有歡樂的場面，有悲傷的場面，有遺憾的場面，有不甘心的場面，但是它們都同時融入了一幅九宮格的畫作當中。比如我們對於「父親」這一形象的整體認知，在這個過程中能促進我們更全面、更立體地看待父親，接納父親。

3. 同以往的繪畫法相比，資訊量顯著增加。九幅畫面比一幅畫面表達的資訊量要大得多，也更立體，避免我們過於強化所描繪事物的單一情感，不能真實客觀地反映我們內心世界的真正感受。

4. 九個方格所承載的資訊量，用於推斷心理狀況是十分合適的。1956年，米勒（George Armitage Miller）提出「魔法數字 7 ± 2：人類進行資訊處理的極限」，這裡的「9」正好切合了我們記憶極限的 9，也就是說九宮格基本達到一次性將我們腦海中所有的畫面、所有的記憶都呈現出來的目的。

5. 畫在 3×3 格裡的內容，離開畫紙也能在頭腦中再現其形象，因為它的資訊量是人的短期記憶容量能夠容納的。這樣就能一舉掌握整體的感覺。

6. 相較於塗鴉法，九宮格繪畫法的另一個長處是可以指定題目。當然，它也能和塗鴉法結合起來使用。描畫對象的範圍比其他舊有的描畫法擴大了許多。以前很難用「對自己的印象」這樣廣泛且難以捉摸的題目要求患者進行描畫，但如果用分了九格的紙，就可以把想到的東西一個接一個地畫下來，畫起來就比較容易了。

7. 可以表現「我的一天」、「我的孩提時代」、「學生時代」、「我的一生」等包含時間在內的內容。也就是說，可以同時容納時間和空間。描畫順序反映的是聯想的過程，九宮格繪畫法使得我們能在瞬間明瞭這些過程。

8. 因為描畫面積小，不擅長畫畫的人也不會太牴觸。心理療法要求的不是高品質的作品，潛意識的內容最初都往往表現為一些短片，只要能表現這些短片的一部分就很有價值了。

家庭金魚缸
—— 運用繪畫技術澄清家庭動力

問題提出

家庭文化，展現著一個家庭的生活方式、生活作風、家庭道德規範和為人處世之道，因此可明顯地表現出一個家庭的價值追求和理想理念。好的文化可以提高家庭成員的素養，引導他們樹立正確的理想、信念與價值觀，養成高尚的思想品格和良好的道德情操。在當今社會生活中，應培養家庭文化從多個方面對家庭成員進行規範和引導。

技術理念

家庭是我們一生中最主要的生活環境，既包括與父母居住的原始家庭，又包括與伴侶所建立的新家庭，但對我們心理成長影響最大的是與父母生活的原始家庭，即家庭心理治療領域中所說的「原生家庭」，它區別於個體成人後所組建的「新生家庭」。原生家庭是指個人出生後被撫養的家庭，是個體情感經驗學習的最初場所。

約翰·鮑比（John Bowlby）的依戀理論曾指出，人類「從搖籃直到墳墓」的一生體驗中都存在依戀，但是依戀行為在童年早期特別顯著。另外他還用「內部工作模式」來解釋依戀的作用模式：嬰兒在早期親子

互動中建構關於自己、照顧者及雙方互動的心理模型或者表徵，這種內化的表徵將對兒童的各種社會人際關係（如同伴關係）產生影響。更會對其成年以後的人際關係和婚戀關係產生長期的影響，這個模式的實質是兒童對自我、重要他人以及人際關係的一種穩定認知，幫助兒童對行為進行解釋和預測，從而指導個體行為。

原生家庭的「遺傳」是指我們在原生家庭中，在性格脾氣、思維方式、行為方式上，在接受父輩或祖輩在生理的遺傳基礎上，然後經過在原生家庭中的強化刺激而獲得的，且表現出與他們一致或是類似的思維方式、行為方式。正如中國老話常說的「虎父無犬子，將門無弱兵」、「有其父必有其子」，甚至是後輩超越前輩的「青出於藍而勝於藍」。

原生家庭中，父母是孩子生理、安全需求的首要提供者，父母關係也是影響孩子個性發展的一個重要因素。原生家庭中良好的關係模式，使孩子產生了安全感、信任感、愛與歸屬，形成了最初的依戀關係。感情需求比生理、安全需求更細膩、複雜。向同性父母學習自身的性別角色，學會與同性相處；在異性父母身上學習應對異性，學會與異性相處。父母間的相處模式，成為孩子建立異性關係的原型。但是當父母關係緊張時，孩子的低層需求便無法被滿足，進而導致更高需求中的愛與歸屬、尊重乃至自我實現的需求也無法被滿足。

就像在三角關係理論中，父母中的弱勢方會把子女拉入自己的陣營，以緩解原本緊張的夫妻關係。孩子在成長中過度捲入父母的對抗中，容易造成性別角色發展受限。同性父母與子女結盟，使子女缺乏與異性良好的互動，易致兩種極端：認同同性父母，極易對異性產生情感上的厭惡，表現為女性或男性氣質僵化或反向形成異性性格。相反，子女若認同異性父母，也易形成以上兩種鮮明個性。雖然產生機制完全不

同,但子女都是以犧牲自我的方式來平衡家庭角色失衡。

實際上,一個家庭能否和諧健康,一個家庭的成員能否得以自由、健康、全面地發展,一個主要原因就是看其家庭文化能否與時代發展和社會需求相吻合。建設家庭文化,發揮家庭文化功能,就是貫徹和諧理念,營造良好家庭氛圍,促進家庭的民主平等,維護家庭成員的權益,為家庭成員的健康成長和全面發展提供一個良好環境。同時,發揮家庭文化功能,也是培養家庭成員健康文明的生活情趣、積極向上的價值追求,強化家庭成員對家庭、社會和國家的責任意識,發揮家庭潛能,提高家庭的整體素養,為社會的穩定、和諧與發展奠定堅實基礎。

核心目標

在現今時期,家庭問題激增。本技術主要從家庭文化動力著手,來澄清自身家庭中存在的問題,在澄清的過程中,進而發生轉換,最終達到終止自己的不良家庭遺傳,維護家庭良好動力的目的。

技術特點與優勢

透過繪畫方式來表現家庭文化,可以降低參與者的阻抗與防禦水準。對於家庭文化的不良表現,很多參與者是不想呈現在臺面上講的,但這並不等於他們不知道自家的問題出在哪裡。繪畫很好地降低了參與者的防禦心理,使他們透過色彩與構圖很自然地呈現家庭的不良文化。

家庭文化是一個很籠統且模糊的家庭動力存在,參與者看似繪畫金魚缸,實則透過金魚缸的色彩、魚類、飾物等來詮釋自己的家庭文化。由於導師會根據參與者的繪圖講解其背後的隱喻與象徵,這有利於參與

者本人跳出「當局者迷」的惡性循環，以第三方的身分來認識自己的家庭文化動力。

透過觀察其他成員的「家庭金魚缸」，可以反思自己的家庭文化。由於此技術是團體技術，在團體中，成員的一些分享與表達對其他人來說是有一定的引導與借鑑意義的，他人的家庭金魚缸可能會引發你的重要體驗與感悟。

技術操作指南

1. 工具：A4 紙、畫筆。

    ★ 每人一張 A4 紙，寫上標題〈家庭金魚缸〉；
    ★ 根據導師引導，繪畫出自己的家庭金魚缸。

2. 指導語：「每個人都有自己的原生家庭或自己現在的核心家庭，如果把你的家庭當作是一個魚缸，裡面的魚就是你的家庭成員，水草、石頭等飾物相當於家庭中的家具擺設，魚缸的形狀由自己決定，可以是四方形的、長方形的，也可以是橢圓形的。魚的種類、大小、朝向也由自己決定。請按照你的家庭實際情況，畫出家庭魚缸。」

3. 繪畫完成後，分享自己的家庭金魚缸。

4. 導師進行適當的解讀與昇華。

參考文獻

1. 陳暘（2012）·家庭的文化功能與和諧社會的建構論析·湖北社會科學·

2. 李桂梅（1998）·中國家庭文化的變化趨勢及思考、求索·

3. 李勁（2011）·當代家庭文化偏向及調控對策研究·學理論·

4. 李霞（2008）·新形勢下如何把握「家庭文化建設」的內涵和深度·
   中國科技資訊·

5. 劉楚魁（2002）·家庭文化對家庭成員的社會化功能·湖南人文科技
   學院學報·

6. 趙裕民（2008）·家庭文化及其德育價值·陝西師範大學碩士論文·

7. 朱東輝，王秉旭（1993）·家庭文化建設淺論·學術交流·

我的六個家

—— 運用系統家庭理論梳理家庭文化

問題提出

每個人的生活模式、溝通模式、處事方法和觀念都來自家庭文化的教育。基本上，人一生有兩個家庭：一個是自己出生、成長的家庭，另一個是進入婚姻生活後所建立的家，也就是自己「當家」的家庭。所謂原生家庭，就是個人出生後被撫養的家庭，是個體情感經驗學習的最初場所，其中的關鍵則是個體與父母的關係。

人們在未成年之前，沒有獨立生活的能力，必須依賴他人，認知發展也不完善，出於生存的本能，都會主動適應周圍的環境，熟悉和模仿父母的生活和認知模式，久而久之就把早期父母的生活模式無意識地帶到了自己成年後的生活中，並且自己還覺得是理所當然的。如果沒有深入地發掘，大多數人尚不能意識到原生家庭對自己產生哪些好的影響和不良的影響。原生家庭塑造人的個性，影響人格成長、人際關係、管理情緒的能力以及對人與人之間情緒互動的了解。甚至談戀愛時，我們總是不自覺看上某種特定類型的對象，也是因為受到原生家庭的影響。每個家庭都有屬於自己的家庭文化，而家庭文化又具有可繼承性，會在潛移默化中影響我們對待孩子的方式和態度。

技術理念

鮑文是系統家庭理論的奠基人，他最初是精神分析取向的治療師。1940 年代末以來，他在從事精神科臨床工作中對家庭關係的作用產生了興趣。1950 年代中期，他對思覺失調症的家庭進行了深入的研究，他的系統家庭理念逐漸完善。

鮑文的理論有兩個最主要的假設：其一，家庭成員間過度的情感連繫和家庭功能失調有著直接的連繫，自我分化是家庭成員必要的成長目標。其二，上一代沒有解決的問題趨向於傳給下一代，即多代傳承。下面幾個極為重要的概念構成了鮑文系統家庭理論的基礎。

● (1) 自我分化

自我分化的概念是鮑文系統家庭理論的核心概念。分化關注的是個體，強調人們在面對外界要求保持緊密性的壓力時，由於不同的個體對壓力的敏感程度不同，且他們在壓力下所維持自治能力的水準也不同，使他們有著不同的內在分化程度。

內在的分化是指個體有能力將情感與理智區分開來。未分化的個體幾乎不能將理智從情感中分離出來，他們的智力被情感所淹沒，以至於他們幾乎沒有能力進行客觀的思考。分化程度高的個體不是只有理智而沒有情感的冷血動物，他們能夠平衡情感與理智的關係，即他們既能夠產生強烈的情感和自發性的行為，同時也能夠自我克制並且客觀地看待事物，因此有能力抵制情感衝動對自身的影響。

孩子生活在不同分化水準的家庭中其心理成長是不同的。在情感緊密性壓力較低的家庭中，即分化水準較高的家庭中，孩子的自我形象不

是建立於對焦慮或者他人的情感需求的反應之上，也不需要建立在其他人對自身情感歪曲的感受之上。孩子的「自我」不是迫於為了得到接受或讚許這種情感壓力，而自動地按照家人的信念、價值觀等行事。與此相反，信念、價值觀和信心是來自自己的理智，並且彼此一致。在這種情況下，孩子能夠作為家庭的一部分正常成長，但可以和家庭達到正常的心理上的分離。

在低分化的家庭中，由於情感或緊密性的壓力強度過高，孩子在成長中無法為自己的需求進行思考、感覺、行動。孩子的功能僅僅是對他人做出反應，他們會更多地做出情感反應而缺乏理智的思考。如果影響孩子的重要他人之間有不同的信念，孩子就會在不同的信念和價值觀之間搖擺，出現不一致。

分化的基礎水準相當程度上是由一個人與撫養他成長的家庭之間的情感分離程度所決定的。這種分化水準一般在孩子到了青春期就已經建立得很完善了，通常可以持續一生，除非有不尋常的生活事件或者有目的的努力（例如心理諮商）才可能改變。鮑文的理論由此認為，改變家庭整個系統的效果比單純改變青少年本身更好，因為單純改變青少年雖然可以產生治療效果，但是當他們回到家庭時，在與父母的互動中很容易使得改變功虧一簣。

● （2）三角關係

三角關係是鮑文在 1966 年提出的，雖然目前亞洲對於鮑文的其他觀點了解不多，但其關於三角關係的觀點卻是在家庭治療領域比較有影響力的概念。

在人際系統中最直接的關係是兩個人的關係，但是兩個人的系統是不

穩定的。當系統存在焦慮時，第三個人的參與能減少兩個人之間的焦慮以維持穩定，因為兩人焦慮分散到三個人的關係中。三角關係是情感系統的基本分子，是最小的穩定的關係單位。三角關係有以下幾個基本特徵：

★ 一個平衡的兩人關係會因為增加第三人而失去平衡。例如和諧的婚姻在孩子出生後出現矛盾。

★ 一個平衡的兩人關係會因為第三人的離去而失去平衡。例如孩子離家念書，父母婚姻的不和諧因素因此增加。

★ 一個不平衡的兩人關係會因為增加第三人而達到平衡。有矛盾的夫妻在孩子出生後把他們的焦慮投注在孩子身上。

★ 一個不平衡的兩人關係會因為第三人的離開而達到平衡。在矛盾中支持某一方的人的離開，會使得矛盾減少。

家庭的分化程度越低，三角關係對於維持情感的平衡就越為重要。如果焦慮很低，即使在分化水準很低的家庭中，三角關係中的三個人也可以作為三個獨立的個體執行其情感功能。但當應激出現時，焦慮增加，三角關係就很容易被啟用。尤其在非同尋常的混亂時期，太多的三角關係處於強烈的活躍狀態，以至於很難在家庭的運作過程中覺察出任何的次序。在分化很好的家庭中，在壓力很大的情況下，人們仍可以維持情感的分離。系統的平衡不是依賴三角關係。

● （3）多代傳承的過程

這個概念是指家庭的情感過程是透過多代傳承的。多代的情感過程是固著於情感系統的，它包括從上一代傳遞給下一代的有主觀決定的態度、價值觀和信念。多代傳承的假設是指，今天所觀察到的關係類型和四五百年前的關係類型基本上是一致的，甚至可以回溯到這個家庭的更

遠的祖先，也就是說，在上一代中表現出的家庭問題的方式對於下一代有預測的作用。雖然我們試圖對我們的傳承做出反抗，但是它依舊緊緊地附著在我們身上。

根據多代傳承的理論，如果家庭中的孩子出現問題，那麼問題不應該只歸因於孩子，父母也不應該單單成為受指責的人，問題是多代傳承的結果，在這個傳承中所有的家庭成員都是參與者和反應者。這一點對系統家庭治療是極為重要的，諮商師不是要發現誰是問題的罪魁禍首，而是要發現家庭中反覆出現的問題是什麼以及重複出現的是哪些特徵性的關係，以便從這些關係入手展開治療。

由於家庭中的問題有著多代傳承的特徵，為了對多代的家庭特徵進行評估，鮑文引進了「家譜圖」這種技術。家譜圖作為一種實用性的工具，有利於我們更容易理解家庭的特徵。標準的家譜圖有希望成為追蹤家庭歷史和關係的一種通用的語言。家譜圖已經在家庭治療師、家庭醫生、健康保健的提供者中廣泛應用。同時，針對祖先傳承下來的症狀，跨代心理治療作為家庭治療的一個分支已經有了成熟的發展。

核心目標

原生家庭對孩子的成長有著至關重要的作用，對孩子的生活影響長久而深遠，甚至會決定孩子一生的幸福。因此，使家長意識到原生家庭的重要性，從而以一種更為適當的生活方式來潛移默化地促進孩子的成長，塑造孩子的健全人格，是十分必要的。

「我的六個家」技術透過讓個體畫出自己成長中經歷的六個家，進一步引導個體思考自己從家庭中繼承了哪些人格特徵、心理特質等。透過

回顧釐清自己家族的家庭文化及各主要成員的特質，成員逐步了解自己的一些行為方式及觀念的來源，重新認識自己，進行自我改善。

技術特點與優勢

運用繪畫技術追本求源，既有藝術情懷，又有文化傳承。在此過程中，我們可以很好地梳理自己的家庭文化，可以更清晰地認識自己日常的所作所為。寄文化於繪畫，寄技術於藝術，寄問題於體驗，這就是此技術的優勢所在。

技術操作指南

1. 指導語：「每個人都有不同的故事和遭遇，對於自己成長的家庭，也有不同的記憶，無論是愛或者是傷痛，家畢竟是我們一生中與我們關係最密切的地方。童年時從家庭中所受的影響，會延續到日後所經營的新家庭，塑造出下一代。有個甜蜜溫馨的家庭作為避風港，是人的基本需求，不把成長過程中負面的影響擴及新的家庭，讓家成為更溫暖的地方，是人生的重要課題。今天我們透過『我的六個家』，來澄清自己的原生家庭，更好地幫助我們意識到自己行為方式的來源以及自身對孩子的影響。」

2. 你來自你的家庭，你的家庭成員來自他們各自的原生家庭。這裡的六個家是：你和你父母的家，你父親的家，你母親的家，你和你配偶的家，配偶父親的家，配偶母親的家。對於未婚的成員，六個家可以是你和父母的家，你父親的家，你母親的家，你爺爺的家，你奶奶的家，你外公的家，你外婆的家（七個選六個）。

3. 每個團體成員畫出六個家庭的畫，以繪畫的形式把六個家的情境展示出來。透過這種展示，你會發現自己與原生家庭中一脈相承的、共通的地方，從而了解自己行為方式及觀念的來源，更好地進行自我調解。

4. 每個團體成員展示、分享自己的畫。

5. 以「我的六個家對我的影響」為話題，寫一篇小短文，認真思考自己的原生家庭到底給自己帶來了哪些影響，特別是如何避免孩子繼續受到不良影響的侵蝕。原生家庭的影響不僅關係到個人的生活品質，還會在相當程度上影響孩子的一生幸福。如果自己的原生家庭曾經給自己帶來了傷痛，那麼請為孩子們創造一個快樂、健康的原生家庭。

注意事項

1. 這個技術可以根據實際時間或安排的需求，只選其中的一個到幾個進行繪畫和分享，也可以把這六個家庭進行一天工作坊的繪畫和分享。

2. 導師引導語說明家庭對個體的重要性，並引發出成員對家庭的感情。

參考文獻

1. 黃華（2006）·原生家庭對婚姻關係的影響：基於 Bowen 理論的探討·經濟與社會發展·

2. 王娜娜，汪新建（2005）·Bowen 家庭治療模式評析·醫學與哲學·

3. 韋志中（2013）·學校心理學：工具箱指導手冊·武漢大學出版社·

4. 易春麗，錢銘怡，章曉雲（2004）·Bowen 系統家庭的理論及治療要點簡介·中國心理衛生雜誌·

5. 傑拉德·科里（2010）·心理諮詢與治療的理論及實踐·中國輕工業出版社·

長大後我就成了你
—— 運用正向心理學提升教師職業幸福感

問題提出

教師的職業幸福感是指教師在教育教學工作中，透過自身價值的實現而獲得的精神滿足與快樂體驗。近年來，伴隨著教師心理問題增多、壓力增大、職業倦怠的產生，教師職業幸福感也在逐漸下降。實踐證明，一個沒有幸福感，沒有積極向上心態的教師，不僅自己的身心不健康，而且也不可能培養出具有積極心態的陽光學生。只有具有職業幸福感的教師才能把教育工作者作為自己的人生

價值來追求，才能以積極主動的心態投入到教育工作之中，創造性地發揮自己的才能，努力提高教學品質，滿腔熱情地關愛學生。所以從一定意義上說，如何讓教師充分體驗教師職業的幸福感，做一名引領孩子幸福成長的創造者，已經成為學校的重要研究課題。

技術理念

教師職業幸福感是由多維度、多層面的系統構成的。具體來說，它主要是透過如下幾個方面來綜合展現的：

● （1）教師的快樂體驗

教師的快樂體驗包括教師的工作滿意度和情感兩個方面。

教師的工作滿意度，是指教師對其所從事的工作、職業以及工作條件與狀況的一種總體的感受與看法。教師的工作滿意度影響著教師工作積極性的發揮以及學校的教育教學品質，並且還制約著教師心理健康的發展。

情感屬於主觀幸福感的維度，也是衡量幸福感的重要指標，包括正性情感和負性情感。正性情感涉及愛、樂觀、自尊、愉快等積極情緒；負性情感涉及憂鬱、妒忌、焦慮等消極情緒。情感系統具有整體性和相對穩定性，它會影響個體對社會生活的各個領域的評價，並對個體造成長期而穩定的影響。在幸福感研究中，擁有更多的積極性情感與較少的消極情感，意味著高的幸福感。在這裡主要指教師在工作中的情感。

● （2）教師的生存狀況

教師的生存狀況包括健康關注和生命活力兩個方面。

健康關注主要考察個人對身體健康的關注，對健康行為的重視以及對生命的珍愛。生命活力用以測量生命能量、精力與生活熱情。生命活力包含精力狀態、能量充盈感等方面。

主觀生命活力是一種積極的自我可利用能量狀態，它是心理幸福感研究與應用中的重要概念與輸出指標之一，同時也是幸福感的必要構成要素。

● （3）教師的人格狀況

教師的人格狀況包括自我價值感和人格成長兩個方面。

自我價值感作為一個重要的人格變數，對人們的認知、情感和行為均有重要而廣泛的影響。儘管目前人們對自我價值感的理解存在差異，

但概括起來，自我價值感是指個體對自我的一種主觀感受，認為自己重要、有價值，因而接納自己、喜歡自己。

人格成長用以衡量與人格成長有關的內容，包括積極接納自我的態度、不斷發展的感覺、能夠開發新的經驗、不斷改善自己的行為、有自知之明，並能夠自主決定自己的行為。與人格成長有關的概念有自我定向、成熟、人格快樂以及內部和諧等。

● （4）教師的社會行為

教師的社會行為包括友好關係和利他行為兩個方面。

友好關係涉及溫暖的、安全的、真誠的關係。萊福和辛格把友好關係定義為心理幸福感的要素，認為與他人的積極關係是人的發展的本質指標。與此相近的主題還有很多，如情感支持、人際關係、人際關係的滿足與安全等，在馬斯洛的需求層次中就表現為愛的需求。

利他行為指透過個人的行為，促進社會、社群與他人的發展，試圖使世界變得更加美好。利他行為在林南和盧漢龍的測評模式中，被稱為個體的輸出行為，即「個體為社會做些什麼」。個體對社會的回饋性行為是其對生活評價肯定或否定態度的重要象徵，它顯示出個體生活的社會環境是否足以促進他的社會責任感和社會積極性，同時也是個體素養和生活價值實現的具體展現。

職業幸福感直接決定著教師的工作狀態。在沒有職業幸福感，充滿著職業倦怠的教師的心中，每天的教學活動是枯燥無味的、重複的、機械的，沒有創造，沒有收穫。因為他僅僅把教書當作一種謀生的手段，「他的勞動不是自願的勞動，而是被迫的強制勞動。因而，它不是滿足勞動需求，而只是滿足勞動需求以外的需要的手段」。因此，他絕對沒有熱

情去創造、去感悟，教育教學就會變成單調乏味的重複勞動。

相反地，把教書當作事業的教師則截然不同。因為這是他心甘情願從事，願意為之付出心血並不斷收穫快樂的職業。他不願意自己僅僅是一種「春蠶到死絲方盡，蠟炬成灰淚始乾」的悲涼形象。他把教育當作一種畢生的事業，在付出的同時，也在收穫，而且是巨大的收穫。在教學活動中，他享受著學生進步帶給他的幸福，同時也在其中感受到自我發展帶來的幸福。看似乎凡、平淡的教育工作，使他收穫雙重的快樂：學生的健康成長使他意識到自己生命的延續，家長與社會的認可與尊重使他看到自身的價值品德靈魂的淨化。這種因全身心投入而帶來的愉悅感、成功感和幸福感是任何東西都比不上的，這就是職業幸福。因此，在有著職業幸福感的教師的心中，工作是美麗的，忙碌是愉快的。他享受著教育，體驗著幸福，也以自己的幸福觀向世人詮釋著什麼是教師的職業幸福。

核心目標

透過自己作為學生時老師對自己的關懷與自己作為教師時學生對自己的感恩，明確呈現出教師這個職業所帶來的能量與收穫，進一步提升教師的職業價值感與幸福感。

技術特點與優勢

不忘初心，方得始終。每一個老師都是懷著夢想和抱負，或者是「長大後我就成了你」這樣的情懷選擇教師這一職業的，卻被長期的工作壓力和日復一日的教學磨滅了熱情。提升教師職業幸福感，最好的方法就是重溫來時路，堅定原來的方向。

　　「長大後我就成了你」技術先讓教師畫出在自己學生時期老師做過的三件對自己影響很深的事的場景，然後畫出自己成為教師後學生做過的讓自己最感動的三件事的場景，最後畫一幅教師眼中的教師形象的畫，透過自己作為學生時老師對自己的關懷和自己作為老師時受到的學生的感恩，明確呈現出教師這個職業所帶來的能力與收穫，進一步提升作為教師的職業價值感與幸福感。

技術操作指南

1. 每位老師發一本連環畫冊，根據團體指導老師的指引在上面進行繪畫。

2. 回想一下，當你還是一個學生的時候，老師對你影響最深的三個場景，這些場景可以是老師對你的一次關懷、一次鼓勵，將這三幅場景畫在連環畫冊上。

3. 觀看這三個場景，並思考、體會三個場景中的你，當時是什麼樣的心理感受，那時的你對教師這個職業有著怎樣的期待。

4. 將你從事教師這個職業之後，學生對你做的三件最讓你感動的事情畫在連環畫冊上。

5. 觀看這三個場景，並思考、體會學生對你做出這些舉動時，你的內心有過怎樣的情緒波動，是一種怎樣的情緒體驗，學生為什麼會做出這些讓你感動的事情，那時的你對教師這個職業有著怎樣的體會與感觸。

6. 畫一幅你眼中的教師形象圖，和其他成員分享在你眼中教師應該是怎樣的形象，你希望自己成為一位怎樣的老師。

注意事項

1. 整個過程中播放音樂〈長大後我就成了你〉。
2. 場景畫出來後，團體導師要善於去引導教師體會其中的感受。

參考文獻

1. 包利民（1996）‧生命與邏各斯：希臘倫理思想史論‧東方出版社‧
2. 賈會彥（2006）‧論教育學視野中的教師職業幸福感‧廣西師範大學碩士學位論文‧
3. 韋志中（2013）‧學校心理學：工具箱指導手冊‧武漢大學出版社‧
4. 張清（2008）‧論當代中學教師職業幸福感的提升‧湖南師範大學碩士論文‧

舌尖上的心理
—— 體現認知與味覺記憶

問題提出

　　20 世紀法國最偉大的作家馬塞爾・普魯斯特（Marcel Proust）在其鉅著《追憶似水年華》（*À la recherche du temps perdu*）裡，寫了一些由味覺勾起的回憶。一杯咖啡或一塊薄餅的味道，都會引出一段往昔的故事或塵封已久的生活場景。其實有非同尋常的味覺記憶的不止普魯斯特一人，任何人皆是如此，所不同的是，一般人對與某種味道有連繫的往事只能述其大概罷了。

　　一個人平時喜歡吃什麼，或討厭吃什麼，味覺的記憶也在其中起著一定的作用。其實一個人愛吃的食物，未必就是什麼奇珍美味，而討厭吃的食物，也未必就如糟糠般難以下嚥，真正決定其好惡的，恐怕是隱藏在味覺深刻記憶背後的難忘故事或特殊背景。

技術理念

　　英國《神經元》（*Neuron*）雜誌發表研究報告稱，在人類所有感覺記憶中，氣味感覺最不容易忘記。視覺記憶在幾天甚至幾小時內就可能淡化，而產生嗅覺和味覺的事物卻能令人長久記憶。

　　從心理學的角度講，每一段記憶都是有意義的，而味覺記憶作為一種我們習以為常的存在，是我們最不容易與心理連繫起來的一種記憶類型。中國紀錄片《舌尖上的中國》裡頭，各式各樣的美食很誘人，但其實在你的內心深處，有那麼一道簡單卻獨特的食物，是任何其他食物都代替不了的，甚至那種味道，是你走遍大江南北都很難再找到的味道。這個時候，你可以順著味覺好好去回憶，去尋找「舌尖上的心理」，當你將那個味道的記憶良好地解讀之後，某些你一直忽略卻深深影響著你的東西，才會真正浮出水面，你也將對自己的生活和未來有更清晰的認知和掌握。

　　從文化心理學的角度來看味覺與心理學之間的關係，我們可以知道，味覺記憶也是被符號化的，是一種象徵意義。在酸、甜、苦、鹹四種基本味覺感受的背後，隱藏著潛意識層面個體對影響成長事件的記憶和感受。

　　現代認知心理學的前沿思潮 —— 體現認知理論認為，人的情緒記憶有具身的特徵，即個體對於事物的認知過程和步驟實際上被身體的物理屬性所決定，認知的內容也是由身體感覺提供的。換句話說，如果依靠食物喚醒了味覺的感受，個體的認知就會被帶入到由味覺所營造的關於個體影響性事件的情境當中，可以讓個體再次經歷事件給他帶來的情緒體驗。在此背景下，我們便可以進一步運用藝術心理治療的各種形式，對於個體的心理事件進行呈現、表達和轉化，以達到消除不良情緒、修復人際關係、完善自我人格等目的。

　　舌尖上的心理學，是以體現認知理論和正向心理學的相關理論為背景，開發出來的一項積極心理干預技術。積極心理干預技術可以將正向心理學理論轉換成日常生活中實用的心理學技術，透過各種載體和體驗

式的操作方法，實現真正的內在轉化，並引起人們的內心觸動和思考。舌尖上的心理技術透過生活化、可操作化的一些步驟流程，透過食物味覺的記憶，將團體中的每一個個體引入有影響性的心理事件情境中去，並透過個體的語言表達、情緒表達與團體中的支持性關注等心理技術優化個體的心理環境。

核心目標

舌尖上的心理學就是使個體透過對味道的追憶來優化自己的心理環境。每個人都會對某種食物產生偏愛，但我們卻很少去了解這些偏愛的背後的原因。我們是對做食物的人的思念還是對那種吃飯場合的懷念，是想表達對父母的感激之情還是想表達對朋友的感激之情，總之，這些食物的背後肯定帶有情感的影子，肯定有一些我們想完成卻沒有行動的情節所在。透過此技術，我們就是要讓這些隱藏的情感外顯化，讓未完成或未行動的行為現實化。

技術特點與優勢

● （1）生活化

對於技術，我們大部分人可能會存在誤解，認為技術就是冷冰冰的儀式裝置或者就是一板一眼的條條框框，好像只有透過這種與生活隔絕，才能顯示技術的科學和客觀。但心理學屬於邊緣科學，它既有理性思維也有感性認知，所以心理學的技術也是分門別類的。在舌尖上的心理技術中，我們充分發揮其生活化的特色，透過下廚來實現情感追憶，

這種熟悉、溫暖的感覺會讓大多數人產生共鳴，進而更好地完成情感的表達。

● （2）可操作化

對於飲食和心理學的關係，我們可能並不陌生，市面上很早就有《飲食心理學》的書籍，傳統文化中也有傳達食物和心理的思想，醫院中也有介紹各種和飲食相關的疾病的症狀，但是如何對飲食和心理的關係進行操作，卻鮮有人提。在此技術中，我們透過比較溫馨的方式來完成飲食中的心理情節。做一道菜，回憶相關的情感往事，表達自己當下的心情，並把想做的事付諸行動。這一系列的流程下來，我們可以很好地治癒自己。

技術操作指南

1. 邀請 5 ～ 8 位好友，找一個廚房寬敞，有足夠的公共空間的地方，當然去借用餐廳的廚房也是可以的。
2. 事先布置作業，想想自己心中記憶最深刻的那道菜，弄清楚做法（注意是你印象最深刻的味道的做法），準備材料，預約好時間和地點，準時赴約。
3. 每個人親自下廚，做自己味覺記憶最深刻的那道菜，想盡辦法做出最像記憶中的味道的菜餚。
4. 每上一道菜，由菜的主人首先品嘗，仔細品嘗的同時，回憶與菜有關的記憶中的故事，跟大家分享這個故事。其他人聽完故事之後，品嘗這道菜，並且分享自己的感受。

5. 依次做菜、分享，直到所有人的記憶中的菜都端上來，分享完故事和感受為止。

6. 每個人用自己的方式表達當下的心情，唱歌、跳舞、作詩、一句話總結都可以，做一個結束的表達。

7. 如果你參與完這個活動後有其他想做的事情，例如回到家再吃一次母親做的紅燒茄子，打個電話跟爸爸說你想念他包的餃子，我們都非常支持。

8. 完成以上步驟，形式不拘。那道菜不是菜，是我們的故事，梳理我們的情緒，讓感動更感動，讓創傷成為動力。重溫快樂，讓不快樂得到表達、昇華，是我們的最終目標。

注意事項

1. 此計畫最主要的任務是尋找記憶中的味道，所以在做菜程序和選材等方面，都盡量讓參與者做到最周到、最接近原味，可以發動大家為準備這道菜做努力。

2. 當某一成員做菜、吃菜、分享的時候，其他成員無需給予過多的評價、回饋，最好的方式是安靜傾聽，吃他做的菜，真實地表達內心的感受。

3. 如果進行過程中有一些情緒流露，例如哭泣、懊悔、憤怒等，都是正常現象，允許成員表達，其他成員給予一些支持就好。

4. 整個過程雖是一個自發的活動，但需保持認真投入的態度，如此才能使此技術效果最大化。

寫春聯

—— 傳統文化中的積極體驗

問題提出

　　在我對春節的記憶裡，春聯跟好吃的、新衣服和鞭炮一樣，是極具代表性的。記憶中，我的家裡最常張貼的一副春聯是「一勤天下無難事，百忍當中有泰和」。後來等我長大了，才漸漸明白，其實那正是父母的品格和價值觀，以及我們家庭文化的展現 —— 母親的勤勞，父親的隱忍。在我小時候，每次放學回家家裡都沒有人，我知道，那是母親在地裡勞作還沒有回來。所以當我有一次在從衡陽到焦作的高鐵上，看到一片片麥田，我突然就想到了母親，想到了經常有人會問我的那個問題的答案。

　　很多人問我：「韋老師，我覺得心理學的路並不好走，為什麼你卻走得那麼樂在其中，你不累嗎？」最初我的回答是：「因為我是一個有創傷的小孩，創傷就是動力，正是這種動力在推動我前進。」後來，創傷沒有了，可是我並沒有停止前進的步伐，於是我認為是理想，是強烈的喜歡在前面牽引著我。直到那一天，看到大片的麥田，想到至今仍三四點就起床找事情做的勤勞的母親，我突然明白了，我真正動力的來源，是從小父母對我潛移默化的家庭文化的影響。

雖然母親很少用語言告訴我「你要好好讀書」，父親也一直忙於生計，但家庭對一個孩子最大的影響，不在於表面的行為舉止、禮儀的說教，而在於價值觀。家裡常貼的那副春聯，其實就是家庭文化的彰顯，也是激勵我堅持心理學工作的核心所在。

我想，是不是可以利用春聯這樣一個華人獨有的文化符號，去做一些事情呢？於是寫春聯技術就誕生了！

技術理念

春聯俗稱「貼門對」，作為中國傳統習俗，由來已久。每逢春節，家家戶戶寫春聯、貼春聯、賞春聯的習俗，不僅給新春佳節增添了喜慶的氣氛和高雅的情韻，而且寄寓著人們美好的願望和神祕的祈盼，具有濃厚的文化意蘊和廣泛的社會功能。

任何一種社會文化現象的流行總是與人們爭取生存、謀求發達的意願連繫在一起的，具有滿足民眾社會心理和生存的功能。在人類自我發展過程中，春聯造成了歡度節日、懷念傳統、表達祈願等作用，滿足了人們調適生活、調整心態的需求，使人們某些受壓抑的情感得到宣洩，某些在現實生活中難以獲得的需求得到補償，具有重要的心理實用價值。從古代人畫「十」字代替春聯的內容，或舊時不識字的人家以碗底抹鍋底灰（稍加食油）扣圈代字的情況來看，春聯在人們的心中更像是一種崇拜符號，一種心理暗示。不管生活多麼困難，只要春節時將紅對聯貼在門上，便讓來年充滿了希望，它成為指引人們繼續努力的一盞明燈。正如社會學家馬文‧哈里斯（Marvin Harris）說的那樣：「只有能夠幫助人們適應環境，一種習慣才能得到生存和延續的機會。」

　　過去的百姓其實沒有多少知識背景和很高的學歷，卻能夠透過寫春聯維護一個家庭的文化，每到春節前夕會請人根據自己的價值觀以及對未來的憧憬和希望來寫春聯，有的選「家和萬事興」，有的選「財源滾滾來」，有的選「福如東海」，有的選「子孫滿堂」……春節的時候大家也都會到大街上去走一走，看看別人家寫的春聯。

　　現在，我們知識有了，學歷有了，經濟也飛速發展了，春聯卻流於一種形式了。有很多企業甚至會把公司的名字編進春聯，作為廣告，也作為一種福利或禮品發放，孩子們也不會再去看春聯上寫了什麼。我們的家庭文化不存在，所以教育問題就來了。很多父母為了調節親子關係不惜高價參加各種培訓班，學習心理學或者家庭治療，但是效果並不明顯，於是我就想，其實我們平時的家庭氛圍和價值觀取向，以及家長的行為都要比說教、比方法教育重要許多。言傳重於身教，比如一個正直的人，他可能很少跟自己的孩子講「你要做個正直的人，不要欺騙人家，要誠實」，但是他的孩子也會是一個非常真誠的人。你有什麼樣的人格、心理人格，你有什麼樣的理想和追求，怎樣看待世界，對待他人，這就是「身」。「身」是流動的，長久以來便成為一種文化氛圍，可以影響到、傳遞給下一代，所以，你去告訴孩子做怎麼樣的人，不如你自己做什麼樣的人，不如你長此以往堅持做這樣的人。

　　華人都有一種家園情懷，或者說是家國情懷，都有一個心靈的家園夢，我們比較好做工作的就是家庭這個層面。你如果讓一個人去為國家做出突出貢獻，可能他覺得那離自己很遙遠，做不了什麼事，但你如果讓他去經營家庭，這和每一個人都息息相關，他自然也無法逃避。所以，在家庭文化中，我們要建設好小家，小家經營好了，就是對孩子、對家庭、對社會最大的回報。

核心目標

透過寫春聯的方式來追溯自己的家庭文化，進而和自己的生活工作進行比較，看是否符合家庭價值觀，從而進行傳承和改善，利用價值觀更好地進行以後的人生。

技術特點與優

對於春聯，大家都不陌生，現在我們自己寫春聯，自己做春聯，從春聯中提取自己的家庭文化，這既是對傳統文化的傳承，也是對家庭價值觀的認同，春聯已經成了文化符號，已經成了濃縮的信念。這就是寫春聯技術的優勢所在。

操作指南

1. 每人拿出一張紅紙，回憶家庭中印象深刻的對聯。
2. 把你想到的對聯寫在紅紙上
3. 看著你寫的對聯，體驗著當時父母張貼這些春聯的用意，這其中蘊含了怎樣的家庭文化。
4. 把你的家庭文化或者家庭價值觀進行分享。
5. 分享完畢後，把家庭文化和自己現在的生活或者工作方式進行對比，看看哪些方面是和家庭文化有衝突的，哪些是需要改善的。
6. 明確改善的方向，進行積極轉變。

參考文獻

董玉梅（2009）·春聯的社會功能與文化傳承芻議·歷史教學問題·

講故事
—— 自我認知新角度

問題提出

每個故事都是有力量的。當你真誠地講出你的故事，獲益的不僅是受到感動的聽眾，同時還有你自己。講故事的過程，也是你自身更美好地看待問題的過程。

就拿一個大家耳熟能詳的故事來說吧。

在靠近長城一帶的居民中，有一個精通術數的老人。一天，他的駿馬無故逃跑到胡人那裡去了。人們都對他的不幸表示安慰，老人卻說：「這怎麼就不會是福氣呢？」過了幾個月，那匹馬竟帶著一群胡人的駿馬回來了。眾人都去恭喜他，老人卻說：「這怎麼不會是災禍呢？」家裡有了許多好馬，兒子愛騎，不小心從馬上摔下，折斷了大腿。眾人又來對他的不幸表示安慰，老人又說：「這怎麼不會成為福氣呢？」過了一年，北方的胡人進攻，身體強壯的男子都拿起弓箭去戰鬥。上戰場打仗的人，絕大多數都戰死了，而老人的兒子因為瘸腿，免了從軍，父子的性命雙雙得以保全。

這就是「塞翁失馬」的故事，它告訴我們，人世間的好事與壞事都不是絕對的，有兩面性，在一定的條件下，壞事可以引出好的結果，好事也可能會引出壞的結果。這說明了好與壞在一定條件或情況下會相互轉換，要用一顆平常心來看待禍福。

故事想必有其獨特魅力，很少有人不喜歡聽故事。但是故事的魅力到底在哪呢？大概在於故事有能力深入個人內裡的深層，觸動，甚至俘獲人心。人們對一般數據事實的解讀，是建立在科學顯微鏡或研究調查之上的，但對故事的解讀，卻是從人的靈魂出發。故事會對我們生命的每個層面進行訴說，使人產生共鳴。

技術理念

1980 年代，社會科學工作者往往採用敘事方法來研究人類生活。他們認為，生活中充滿了故事，人的每一次經歷都是一個故事，人生就是故事發展的過程。透過故事，我們可以認識自己，認識他人，認識世界，如果沒有對各種事件的敘說，我們就無從知道世界上發生了什麼，無從知道人們的所思所想。另一方面，故事又向我們傳遞著社會文化規範和風俗習慣，我們每一個人都深受這方面的影響。由於故事的這種功能，心理學也開始慢慢對它重視起來，所以便有了敘事心理學。

《敘事療法》（*Narrative Therapy: An Introduction for Counsellors*）是一本極佳的敘事療法入門書。作者馬丁·佩恩（Martin Payne）是英國的獨立執業治療師，多年來一直從事敘事療法的治療師培訓工作。他圍繞著敘事療法創始人麥可·懷特和大衛·艾普斯頓的思想，詳細介紹了這一在當代備受關注的後現代心理治療方法。敘事療法將生活中人與人之間

發生的故事置於治療過程的中心，透過治療師的引導性提問，讓來訪者重新敘述他們的人生經歷，從而找到嶄新卻真實的生活，並獲得身心的改變。

馬丁・佩恩說：「什麼是敘說？敘說是對事件的描述、說明，也就是故事。」他認為，「由字典的定義看，故事意指透過敘說的行動，『選擇生命片段』使之成為實體存在」。他說：「人們以第一人稱敘說生命故事，並透過過去的記憶、目前的生活、不同社會情境下的角色和關係作為建構自我認同的基礎。對別人敘說這些擷取於自己生命的劇情片段，也是在透過內在獨白向自己敘說，每一次的敘說都在確認故事的細節，並重複具有主流的主題和觀念。」馬丁・佩恩還認為，「故事不只是重現記憶的中性語言，故事本身就具有影響力」。

從馬丁・佩恩的詮釋看，故事是一個人的生命片段，具有三種含義：一個是對自己生活事件的客觀再現；二是表達自己的核心價值觀念；三是故事對自己、對他人都具有一定的感染力和影響力。

馬丁・佩恩說：「無論我們透過語言表達『區域性知識』，還是朋友間的閒聊，傳記文學或是在諮商室中談論問題，都是以『故事』的形式，以順序的方式呈現經過檢選的元素。我們也透過這些關於自己的故事形成自我概念。」「敘事是人們藉以為自己的經驗尋找意義的實踐方法。敘事的功能在於了解生命的意義，並且在日常生活中透過點點滴滴的行動來實踐。它給人們提供了解過去生命事件以及計劃未來行動藍圖的架構。其重要性在於彰顯人類存在的意義。」

馬丁・佩恩試圖詮釋這樣的道理，所有一切人際交往的表述，都是以「故事」的形式展現的，都隱含故事的元素。敘事的功能在於了解和彰顯生命的意義，不管這個故事是過去的，現在的，還是將來的。

敘事總是和反思連繫在一起的。當我們建構自己的生活故事並把它表達出來時，其實就是在反思和體驗個人的生命程式，訴說自己的內心世界，從而使個人體驗進入意識層面，且逐漸清晰化，以便我們獲得更清晰的自我認同。

在自我敘事中，講故事的人是「我」，聽故事的也有「我」，故事的主角還是「我」。這些「我」都是自我中的不同層面。它們以故事的方式進行交流，也是「主體我」對「客體我」的審視和反思。在組織、敘說、傾聽自己的故事時，我們把原本破碎的記憶拼接，讓我們再次體驗到了對自己滿意、感動、後悔等情感，從而對自己有一個更清晰的認知。

核心目標

在正向心理學中，我們推崇的就是體驗和感悟，而這些往往需要和情境產生互動，故事技術就很好地提供了互動平臺。我們和過去對話，敘說自己的親身經歷，讓積極情緒來得真實自然，從而為現在的自己提供一個參考的角度，原來我也是這麼優秀的人。

技術特點與優勢

為什麼小說比散文詩歌更受民眾喜歡，就是因為它能透過白話文的形式表達出一種情感，這種表達讓讀者感覺是真實的，是樸素的，是可以產生共鳴的。散文，辭藻華麗，卻缺少了平凡和真實，就算深情流露也不免有空假之嫌。詩歌，短小精悍，區區幾字，卻少了很多樂趣，讓人感覺意猶未盡。講故事技術就是從故事中挖掘人性中的真善美，讓人們在共鳴中感受生命的意義。

技術操作指南

1. 寫一個發生在自己身上，讓自己感受到快樂、滿意、自豪、感激、愛或興趣感的故事。如果事件很多，可以分解成一個個小故事。要求文筆細膩，盡量突出細節。

2. 寫完故事後，分享你的故事，把自己融入故事中，講述要聲情並茂。

參考文獻

馬丁·佩恩（2012）·敘事療法·中國輕工業出版社·

人生五味茶
—— 體現認知中的團體治療

問題提出

　　嘗盡人生百味，方知世間冷暖。人生幾十年，酸甜苦辣鹹，各種滋味都有，故稱「百味人生」。一個人如果沒有經歷過這基本的五味，那他的人生是不完整的。為什麼會這樣說呢？當你嘗過人生的甜，你就會由衷地熱愛你的生活，從而感嘆人生的美好，這是幸福的味道。酸，像美麗的人生初戀，是一種澀澀的、苦苦的，又有點甜的感覺，當你擁有酸的體驗，你就會知道什麼叫酸中帶甜和酸中帶痛。苦，是人生中最憂愁的部分，也是最能考驗人意志的部分。吃得苦中苦，方為人上人，這是努力的味道。辣，是一種刺激的味道，當你剛品嘗時，可能會接受不了，但仔細回味，又覺得上癮，就是這種欲罷不能的感覺。鹹，在製作美食中，鹹是絕對少不了的一種味道，只有鹹淡平衡，菜品才會廣受歡迎。人生中，雖似乎平淡無奇，但懂得堅持，懂得放棄，才能構成智慧人生。

　　也許你已經品嘗過人生百味，但是你真的讀懂了其中的韻味嗎？對於甜，你是否懷念且嚮往；對於苦，你是否感慨且留戀；對於辣，你是否暢快且解脫。人們總是匆匆忙忙地嘗過一個個口味，我們總是在覺得

不合胃口時，就立刻做出拒絕，殊不知，不一樣的味道才能成就最美的食物，不一樣的體驗才能鑄就人生的精采。人生貴在體驗，貴在品嘗，如果只是為了單純地解決溫飽問題，那我們人類的演化、社會的文明就會大打折扣。作為一個社會人，我們無法脫離形形色色的人群，也無法避免各式各樣的糾紛，但是如果我們能從中體驗到不一樣的情感，能收穫不一樣的人生，那就十分難能可貴了。

設計理念

不管你喜歡吃什麼味道的食物，也不管你是怎樣享受食物的，是大口吞嚥還是細細咀嚼，你的身體都會因食物的味道而產生不同的體驗。也許你會因為品嘗到甜想到戀愛的甜蜜、寶寶的笑容，也許你會因為吃到辣想到媽媽的味道，突然有點想回家看看。人就是這麼奇妙，當那些味道緩緩進入身體時，不僅是胃部的填充，還是心靈的觸動，由身體感覺引發心理體驗，這就是體現認知的理念。

1960 年代以來，認知心理學一直是西方心理學的主題，以電腦模擬為基礎的符號加工模式，以神經的網狀機構和並行加工原理為基礎的連結主義模式，這兩種模式主要探討調節行為的認知機制。然而，有證據表明，認知心理學正在經歷一場「幽靈」的變革。這個「幽靈」就是體現認知。體現認知認為身體在認知過程中發揮著關鍵作用，認知是個體透過身體的體驗及其活動方式形成的，它並不是一個執行在「身體硬體」之上並指揮身體的「心理程式軟體」。

認知是具身的，可以從三個方面來理解：

認知過程進行的方式和步驟實際上是被身體的物理屬性所決定的

例如：外部刺激引發的感覺，實際和自己的感覺閾限相關。感覺閾限，即人感到某種刺激存在所需刺激強度的臨界值，這是身體的物理屬性。就好比在嚴冬穿同樣的衣服，身體健壯結實的人就不會感覺冷，而身體虛弱的人對寒冷卻很敏感，因為身體健壯結實的人能感到寒冷的閾限值較高，對於一般的嚴冬，他不會感覺很冷，也即感受性很低。而身體虛弱的人抵禦寒冷的能力弱，身體就很容易對寒冷敏感，他們的感受性是很高的。

認知的內容也是身體提供的

認知就是身體作用於物理、文化世界的東西。人們最初熟悉的事物就是身體，我們的身體以及身體同世界的互動提供給了我們認識世界的最原始概念。例如：上下、左右、高低等都是以我們的身體為中心的，冷、熱、涼等也是透過身體感受到的，以這些身體感受為基礎，我們發展出了一些帶情感的抽象概念，如冷漠、熱情、高冷等。

認知是具身的，而身體又是嵌入環境的

認知、身體、環境組成了一個生態系統。外部世界是與認知、記憶、推理等過程相關的資訊儲存地。我們的認知並非局限於傳入神經的刺激作用，也應該包括認知者所處的環境。當我們靜下心來看書時，不僅僅是書本內容給了我們認識和想像，外部環境如燈光的亮度、書桌的整潔和是否有噪音等都是影響認知的元素，當然身體的舒服度、是否能夠靜心也是和認知息息相關的。所以當關注認知時，我們自身的身體狀態、外部環境的刺激這些因素也是不能被忽視的。如果你感覺看書能學到很多東西，這時你的身體應該是處於開放狀態的，你可能正以一種感

覺很滿意的姿勢來學習，你可能會放一點舒緩的音樂使自己更加安心和專注，甚至你會透過記筆記來增強自己的記憶。

在 1980 年，有兩位社會心理學家做過這樣一個實驗。他們要求學生參加一個測試耳機舒適度的測驗。學生只需平行移動頭部（搖頭）或者垂直移動頭部（點頭）來測試聲音的品質。實驗者把學生分為三組：搖頭組、點頭組和對照組。對照組不需要移動頭部，只需簡單地聽和評分即可。結果發現，點頭組對聲音的評分最高，對照組次之，搖頭組最低。點頭的身體運動增強了積極的態度，搖頭的身體運動強化了消極的態度。這個實驗結果和體現認知的假設是基本一致的。

現在大家可能會有一個疑問，如果身體動作可以影響個人態度，那麼當我們被告知我們遇到了一件非常值得慶祝的事，而此時的身體狀態是低頭、彎腰這種低姿勢時，那麼我們的情緒會不會忽視身體姿勢，因成功事件而高漲起來。有心理學家做過這樣一個類似的實驗。受試者是大學生，研究目的是各種身體姿態對完成任務的影響。每次實驗有 6 個受試者參加，實驗情境有兩種：一種是要求受試者呈低頭、聳肩、彎腰的姿態，給人一種垂頭喪氣的感覺。另一種是讓受試者腰背筆直、昂首挺胸，給人一種趾高氣揚的感覺。為了防止受試者彼此間情緒的影響，受試者彼此間是隔離開來的，相互看不到。接下來他們被要求完成一項複雜的任務。

任務完成後，實驗者告訴受試者，他們已經出色完成了任務，可以獲得一份酬勞。實驗的最後階段，受試者需要完成一份問卷，調查一下他們此刻的心境，是否為出色完成任務而感到驕傲等。結果發現：低頭組體驗到的驕傲情感的平均分只有 3.25 分，抬頭組的平均分則是 5.58 分。這個結果說明，認知並不是情緒形成的唯一因素，身體及其活動方

式對情緒情感的形成有重要的作用。

　　現在在網路上搜尋「體現認知的應用」，很大部分都是與教學相關的，這說明教育者已經開始關注到這一理論，這是值得慶幸的事。傳統的教育模式的確需要和心理學的理論結合起來。傳統的教學觀只是抽象地探討教學的一般規律和本質，不重視主體的身體體驗，忽視學生的個性發展，而認知本質的具身性、情境性、生成性等新觀念的提出，對促進教學的變革有著非常重要的啟示作用。

　　我們的「人生五味茶」技術就是從體現認知理論出發，以舌尖上的味道來引發人們的記憶深處的那份情感，透過酸甜苦辣鹹的刺激來探索人生的積極意義。透過滿滿一杯茶的浸潤，你會發現你的身體，從胃部開始全面打通了一個情緒通道，這是由生理上升到心理的一個情緒體驗，這個情緒體驗會連線到某個事件，緊接著你的大腦中會浮現出那個事件。此時你慢慢地回味你的身體、你的情緒以及那個事件。由於每個人的防禦機制不同，防禦性強的人可能感受的事件會比較少，防禦性弱的人，情感連線就會比較迅速，他能體驗到的事件就會多一些。

核心目標

　　人生五味茶技術旨在實現積極意義的轉化。我們已經品嘗到各式各樣的味道，但如何對這些味道進行昇華才是終極目標。苦味是大部分人都不願意接受的，但又是不能避免的，如何讓苦味實現意義的轉化，讓苦能夠甘來，這是我們需要思考的問題。美籍德國心理學家法蘭克（Francis T. McAndrew）認為：「人是由生理、心理和精神三方面的需求滿足統合而成的整體，生理需求的滿足使人存在，心理需求的滿足使人

快樂，精神需求的滿足使人有價值感。」他開創的意義療法旨在幫助那些失去生活激情的人尋找、發現生命的意義，改變他們對生活的態度和方式，保持對生命意義的追求。我們透過品嘗不同味道的茶水，來進行事件的回顧和體驗，其最終目的就是讓這些體驗成為人生的一部分，讓人們了解到生活的多姿多彩，生命的變化無窮。不管我們體驗到哪種人生，這些經歷都是至關重要的，都是值得收藏的，這些不一樣的體驗將成為我們前進的動力，繼續陪伴我們追求以後的人生意義。

透過飲茶連線胃部記憶，喚醒原始體驗，重塑積極的幸福體驗。對於一些印象深刻的事情，我們往往難以忘記，但難以忘記的事情真的是我們最應該留念的事情嗎？這個恐怕是不能畫等號的。有一些事，我們不說，我們不聊，並不代表它們沒有意義，也許它們的影響已經根深蒂固，甚至透過意識層面進入了潛意識之中。這時候，飲茶就是連線潛意識的通道，透過胃部的刺激，我們感受到了那些曾經經歷的情感，喚醒了我們記憶深處的體驗，這些體驗可能在平時我們並沒有注意到，只有在外部刺激時才能夠引發一點苗頭，但是力量卻是不容忽視的，這些切身的經歷會演化為我們精神的一部分，貫穿我們的日常生活之中。

為什麼一些人做事往往產生畏懼，可能就是一些外在的評判影響了他的信心水準，他害怕產生失敗，害怕別人的嘲諷，但這些體驗又難以說出口，所以只能把苦往心裡咽。這時候如果呈現一杯苦茶，當事人就會立刻與曾經的痛苦感受產生連線，這種連線不單單是對往事的回味，還有對現有生活的對比和對現實的感悟。曾經的種種孕育著現在的自己，不管往事如何，我們已經走過，不管曾經有多苦有多難，也都成為過去式，我們需要做的就是讓那些苦、那些累，不再成為恐懼，不再成為傷感，而是更有力地激發我們去追求積極的人生體驗。讓幸福不再是羨慕，不再是虛幻，

就算自己經歷了一千種痛苦，就算自己沒有感受過快樂，只要不放棄、不妥協，我們終將透過原始的體驗激發人性中的真善美，終將從消極的經歷中看到一點向上的生機，這就是五味茶想要傳達的東西。

在活動中實現心靈放鬆和滋養。一群人在一個靜謐的環境中，圍坐在一起，一邊慢慢地品味各種味道的茶水，一邊細細回味往事的種種。在身心完全放鬆的狀態下，我們來進行養分的填充，來進行對紛雜往事的整理，讓自己紊亂的思緒得到舒緩，得到平靜，這是心靈層面的解脫。在精神層面，往日的種種，對於我們而言，已不單單是故事，還是能量，是基石。精神世界需要往事才能鑄造起來，需要往事才能豐富起來，那些難忘的經歷，已經融入我們的血液成為我們精神世界的一部分。

技術特點與優勢

●（1）把身體經驗和心靈體驗相結合

生理體驗與心理狀態之間有著密切連繫，生理體驗啟用心理感覺，心理感覺影響生理體驗。我們的所有感覺都是透過身體的刺激感受到的。透過生理的刺激引發的感覺才能被記憶，才能被喚醒。五味茶技術就旨在透過生理喚醒心理，這種自然而然的激發才能直通心靈深處，才能使當事人產生深刻的感悟。

●（2）輕鬆狀態下的療癒

這裡沒有諮商師，沒有煩雜，沒有束縛，你只需要幾杯茶水的滋養，只需要靜下心來體會自己的內心，就可以實現一次心靈的成長。這既是自然狀態下的感受，也是心靈放鬆的收穫。

● （3）五種茶，五種人生

人生百味我們都知道，可是怎麼透過外物來品嘗這百味，是許多人都比較關注的。在這裡，我們實現了物質和意識的結合。透過品嘗不同茶的味道，來回味不同滋味的人生。另外，我們還對茶的配方進行了嚴格的篩選，製作出了屬於心理學界的五味茶。相信喝過五味茶的人都會深有體會。

技術操作指南

1. 召集 5～8 個好朋友，找一個安靜的適合喝茶的地方相聚，事先不做任何資訊透露，由組織者策劃整個活動。準備材料，泡好酸、甜、苦、辣、鹹五壺茶。

2. 每個人手中拿一個杯子，先上第一杯苦茶。參與者不能聞也不要提前喝，等到引導者喊「開始」，大家一起一飲而盡。

3. 喝下去之後，順著身體的感覺，靜靜體會自己內心的感受，回憶這種感受是否和自己曾經的一段經歷有相同的地方。

4. 依次分享自己想到的事情。

5. 按照苦、酸、辣、鹹、甜的順序上茶，一飲而盡，靜靜體會，然後依次分享各自的故事。

6. 喝完五種茶之後，順著自己的體會和感受，做一首詩，題目就叫做「人生五味茶」。

7. 分享詩歌。

8. 一起唱一首能表達所有人心聲的歌，例如〈驛動的心〉等，結束活動。

注意事項

1. 酸、甜、苦、辣、鹹五種茶的味道要盡量重一些，這樣感受相對較深，能更好地引發回憶。辣的味道用芥末而不是辣椒，會有更理想的效果。

2. 一個成員分享的時候，其他成員保持安靜傾聽，不評價、不回應、不分析。

3. 五杯茶一定都要一飲而盡，不是慢慢細細品嘗。

4. 如果過程中某個成員出現一些情緒反應，例如哭泣等，都屬於正常現象，其他成員可以鼓勵其表達，並且給予支持。

連環畫
—— 運用繪畫技術實現心靈和諧

問題提出

記得我小的時候，非常喜歡那種小的漫畫書，裡面語言不多，大多是各種線條勾勒的人物形象，那時候就覺得這可真是神奇啊，簡單畫幾下，人就鮮活了，而且表情很生動，情節還很緊湊。對於家中的每一本小人書，我都不知翻了多少遍，還是覺得意猶未盡。也許是我對小人書始終抱著這樣一份情感吧，現在我作為心理學的工作者，致力於讓更多的人因為心理學而受益，於是我不斷從傳統文化中取經，專注於技術的創作，這時候我就想到了小人書，想到了那些曾經讓我愛不釋手的時光。於是，一個想法就萌發出來了：為什麼我不能用連環畫來治癒心靈呢？為什麼大家都普遍喜歡的藝術載體不能在心理學中呈現呢？就是這樣的念頭啟發我創造了連環畫技術。

技術理念

提到連環畫，大家一定不陌生，就是民間俗稱的「小人書」。連環畫是用多幅畫面連續敘述一個故事或事件發展過程的繪畫形式，興起於20世紀初的上海。中國古代故事壁畫、故事畫卷和小說戲曲中的「全相」

等，也具有連環畫的性質。可以說，電視在普及之前，連環畫是大眾文化中重要的組成部分，不僅滿足了大眾的娛樂需求，而且還參與了主流意識形態的建構。

連環畫屬於藝術類別，藝術和心理學是兩門不同種類的科學，如今社會日趨多元化發展，多門科學的交叉與融合越來越受到人們的關注。繪畫不僅僅只是提供給人們愉悅的精神享受，更重要的是能夠用於人們的日常生活實踐，對人類的心理問題有很重要的改善和治療作用。這也使它成為心理治療中一種新穎獨特的治療手段。

「一幅畫頂得上千言萬語」，佛洛伊德、榮格等心理學大師也曾透過大量繪畫作品來了解自我心靈的奧祕。繪畫是人的潛意識的展現，人類早期就是用圖畫來交流資訊，兒童也是先學會塗鴉和畫畫，然後才學會說話和書寫的。繪畫作為一種投射技術，主要是透過簡單、模式和確定的指導語，引起來訪者的反應，給他們充分的想像空間，讓其把深層次的動機、焦慮、恐懼、不安等，不知不覺地投射在繪畫作品中。人們對圖畫的防禦心理較低，是因為語言的標準人人都知道，但圖畫的解讀不是人人都會的。

繪圖傳遞的資訊遠比語言豐富，表現能力更強，來訪者在說不清道不明時，藉助圖畫來表達，往往一目了然。因為他畫圖的過程本身就是思維再加工的過程，他將複雜的東西簡單化、立體的東西平面化、無形的東西有形化了。繪畫其實是來訪者自我表達的一種方式。經過專門訓練的專業人員，還可以藉助繪畫對作畫者的人格結構、個人與社會問題等做出評估。藝術本身就能傳達出人的非理性的一面，而作為一種視覺藝術的繪畫，更加有利於情感和無法用語言建構的個人內心世界的呈現。

　　繪畫在心理治療中有專門的科學的繪畫測試的方法，有塗鴉法、自由畫、風景構成圖、九格分割法、動力家族畫、團體繪畫六種方法。其中又有一些專業的人格測試診斷工具被開發和應用，如羅夏克墨漬測驗、畫人測驗、主題統覺測驗、畫樹測驗、HTP 房樹人測驗、8CRT 八張卡片重複繪畫實驗等，都被運用在心理治療中。在實踐中，每一幅畫都有其象徵意義，是作畫者曾經的記憶、想像以及對真實生活的反映，包括其創作的形象、空間、色彩、位置、大小等都是對某心理和人格的反映，所以根據作畫者的相關背景資訊對其採用不同的診斷治療方法很重要。當然，對於繪畫作品的象徵意義解讀，關鍵是要根據不同患者以及其相關具體資訊再做相關分析和解釋，不可隨意下結論。

　　當我們把生命中的貴人以連環畫的形式展現出來時，這期間需要對那些重要他人和重要事件再次進行體驗。我們心中的情感，不管是積極的還是消極的，都會再次一股腦地湧上來。但是有一些肯定是你不想面對的，或者是非常排斥的，這時候連環畫就可以幫助我們宣洩感情。就像上面提到的，繪畫是人的潛意識的展現。在繪畫中，我們會不自覺地把感情寄託進去。就像心情好會喜歡橙色，心情不好會喜歡灰色一樣。我們對這個重要他人的創作，不管圖畫是大還是小、顏色是黑白還是彩色，這其實都是我們對這個重要他人的一份情感表現。

核心目標

　　透過大家都喜歡的藝術載體，來實現心靈的和諧。把那些埋藏在內心的情感透過作畫的方式呈現出來。

技術特點與優勢

對於連環畫，我們都不陌生，以前它是以娛樂形式呈現的，現在我們透過技術來擴大它的價值。我們把生命中對我們有重要意義的他人以連環畫的形式創作出來，這樣既可以提高成員的參與積極性，又可以在繪畫過程中無形地表達自己的情感，把那些不好意思說出口的話運用畫筆呈現出來。

技術操作指南

1. 選擇一個安靜的環境，準備好畫筆和紙張。如果喜歡的話，還可以放一些舒緩的音樂。

2. 靜心回想一下，在你的生命中，有哪些人對你有重要意義，認真地回想一下你們之間的經歷。

3. 進行繪畫創作。把這些人和事以連環畫的形式創作出來。你可以隨意創作，不管繪畫技術的水準，只要把自己腦中的畫面、內心的感受畫出來即可。

4. 繪畫結束後，你可以在每一幅畫上附上你想說的話，表達你此刻的心情。

參考文獻

1. 姜潞（2014）·繪畫：人們心靈的表達：繪畫藝術在心理治療中的應用·中國包裝工業·

2. 劉延（2010）· 繪畫心理分析在心理諮詢中運用的緣由 · 長江大學學報（社會科學版）·

3. 湯夢簫（2015）· 新媒體時代連環畫藝術的閱聽人認同心理研究 · 鄭州輕工業學院學報（社會科學版）·

心理刮痧之心理穴點陣圖

—— 採用中醫刮痧技術治療心靈創傷

問題提出

「刮痧」相信是每個華人都不陌生的詞語，刮痧是中國傳統醫療方法之一，它以中醫經絡腧穴理論為基礎，使用刮痧工具，如牛角、玉石等在皮膚相關經絡穴位上進行刮拭，直到刮出皮下出血凝結成的紅點為止，繼而透過發汗使汗孔張開，將痧毒即病毒排出體外，從而達到治癒的目的。

生理上的病毒可以透過刮痧使其呈現在皮膚表面，進而排出體外，那心理上的病毒和餘毒是否也情同此理？

在進行團體心理諮商與治療時，我們發現團體成員的問題和症狀表現雖然各不一樣，如有些是人際關係問題，有些是過去事件造成的情結問題，有些是對未來的擔憂等問題，但其症狀背後都與一些事件、人物、地方等因素有很大的關係。當來訪者講述自身故事時會涉及這些因素，如提到不同的人時情緒不同，表現出積極或者消極情緒。那麼，能否找到一種治療方法，能迅速、準確地找到對來訪者心理問題造成影響的關鍵人物、事件、地點等因素，並使用有效的治療手段進行治療，實現事物對自身意義的轉化或昇華，使人的心理空間在短時間內獲得調理

和改善，從而趨於健康呢？心理刮痧技術就是在這種思想下產生的。

在此，我們將提供這樣一個刮痧板 —— 心理穴點陣圖，讓你一步步去尋找自己心理上的鬱結處，這是一個澄清的過程。或許你從未嘗試回顧過往發生的事情和它們對你的影響，但這是走向心理完善的必要步驟，它能澄清內心的霧霾，使心靈沐浴在陽光下，最終，讓每一個心結處，都開出美麗的花朵來。

技術理念

心理刮痧技術是以文化心理學與藝術心理學理論為基礎，運用心理技術學原理，以本土文化為背景，以繪畫等藝術形式為載體，對心理空間中的心理符號進行意義轉化，促進人格完善的一項心理技術。

該技術的核心理念是用科學整體觀看待一個人的心理空間，將構成一個人心理空間的重要他人、事件和地點作為「心靈穴位」。其實這個受到了格式塔心理學的影響。格式塔心理學的突出特點是強調心理現象的整體性。格式塔心理學認為，整體大於區域性之和，事物的性質是由整體決定的，而不是各個部分性質之和。格式塔心理學反對元素分析，強調事物的整體性。格式塔心理學的整體論思想，是對我們傳統的認識問題方法的一次巨大的變革。在日常生活中，我們習慣於認為，事物整體的特性來源於各個部分的疊加或綜合。如人體是由骨頭、肌肉等構成的，但如果我們將它們堆放在一起，並不能得到一個有思想、有情感的人。人體由一系列區域性因素組成，但人作為整體的生命屬性明顯大於一系列元素的簡單相加。

所以在個體成為人的社會化過程中，所有的心理穴位共同構成了這

個人的「心理穴點陣圖」。我們需要用整體的眼光來看待這些事件，心理刮痧治療的過程，就是按照這一「心理穴點陣圖」對個體進行心理空間整理的過程。

　　整理的第一步是藉助「樹」和「果實」的象徵性投射讓個體將自身的生命過程視為一棵樹，找到其中有重要影響的人、事、地點等「果實」，這些「果實」即是其現有心理空間中對應其症狀的「心理穴位」，然後對每個穴位運用表達性藝術手段進行「刮痧」，這就涉及各種心理刮痧的技術，包括繪畫、詩歌、音樂、舞蹈、心理劇等。最後進行意義的轉化昇華，實現心理康復。整個治療過程分為評估、呈現、表達、轉換、整合和康復六個階段。心理刮痧的技術載體是各種藝術形式，它們可以讓人們潛意識中隱藏的東西得以浮現。藝術具有表達、符號象徵和創造等元素，藝術創作的氛圍是一種無威脅性、無危險性的環境，能夠降低當事人的防禦機制，使個體在其中釋放被言語所壓抑的情感經驗，處理情緒困擾，重新接納和整合外部刺激，在藝術作品加工過程中實現情緒的蒸發、認知的轉變，並最終促進意義的改變。

　　心理刮痧應遵循評估、呈現、表達、轉換、整合、康復六階段的科學流程。首先需要繪製一個心理穴點陣圖，其方法是讓個體將自身投射到一棵生命之樹的形象上，在樹上使用不同顏色的果實表達不同的人、事、地點等「穴位」，然後在「心理穴點陣圖」上進行評估和診斷。對消極和積極方面進行展示，結合觀察和談話初步評估症狀背後問題的實質和內容，然後用藝術的方法和手段，如繪畫、詩歌等，對該穴位進行表達和呈現。在表達和呈現時實現情緒蒸發、認知改變和意義改變，最後實現從一個到另一個穴位的整合，完成心理空間的重新排列，最終達到康復的目標。

核心目標

　　心理學的最終目標就是讓人們積極看待世界的各個方面，實現各種重要事物對自身意義的轉化或昇華。心理刮痧技術能夠在短時間內全面、系統、科學地梳理一個人的心理空間，促進人的心理層面根本性地釋放和轉變，使個體重新恢復健康的心理狀態。心理刮痧結合了文化心理和藝術表達治療。對於處於消極狀態的人，心理刮痧可以有效治療其不良情緒狀態、心理問題和人格問題，轉負面情緒為正面情緒，幫助其認清負面事件背後的正面意義，從而減輕乃至消除心理疾病的各種症狀。

　　對於健康人群，心理刮痧可以造成日常保健的作用。個體熟悉掌握心理刮痧的技術和工具之後，可以自行使用，個體獲得了一種心理自助工具，幫助自己激發積極心態，應對日常生活中的各種挑戰，從而達到和諧的心理狀態，促進社會的整體穩定。

技術特點與優勢

● （1）時空整合性

　　心理刮痧技術依託文化。文化是生活在一定區域內的人們的思想、信念、生活及行為方式的總和，每個人的心理和行為特徵都深深根植於當地的文化。文化既是一種歷史傳統、行為規範，也是一種心理概念，同個體的自我認同、自我概念、心理表徵和意義系統緊密相連。因此，文化在一定程度上是超越了時空、作用於當下的產物。同時，透過藝術治療技術，個體過去、現在甚至指向未來的情緒，可以和不同時間、不同地點的事件在同一作品中得以表達。

●（2）全面系統性

　　刮痧本身是中國醫學傳統文化的一部分，是一種系統性治療思想。同時心理刮痧作用的對象是一種點、線、面結合的立體式心理結構，透過心理刮痧的三條脈絡（人、事、地點）的梳理，和六個階段（評估、呈現、表達、轉換、整合、康復）的治療，人的心理空間得到全面性和系統性地直觀展現，從而使心理治療具備了很強的針對性。當人和事結合在一起的時候，可以從人入手，也可以從事入手，最終都能夠解決問題。

●（3）直觀性和針對性

　　心理刮痧藉助了中醫的人體經絡和穴位概念，能夠直觀地展現人的內在心理空間，面對一個症狀（穴位）時，透過這個穴位能夠很快找到症狀背後的消極事件，直觀且針對性強。心理刮痧中使用的表達性藝術，更容易透過藝術的過程讓當事人穿著「背心」出來，減少防禦，透過象徵和隱喻，使潛意識的東西逐漸浮現，符合中國文化特點，見效快。華人的問題更多來源於創傷的人、事、地方，創傷後壓力症候群特別多，創傷治療必須穿上本土文化的外衣，使用藝術的方法，減輕直接治療的痛苦。

●（4）效果持續性

　　正是由於心理刮痧治療的上述特點，個體的心理治療突破了以往單一化、表面化的問題，使諮商效果能夠持續發揮影響。在治療過程中，心理刮痧遵循「欲先補之，必先瀉之；欲先瀉之，必先補之」的中醫辨證方法，結合宣洩性和支持性的心理治療手法，促進個體達到心理上的動態陰陽平衡，故有更持久的效果。同時諮商師在治療過程中滿足了

「時而在前」、「時而陪伴」、「時而在後」三個角色，承擔引領發現、在旁陪伴、在後推動的作用，幫助個體最終自行負起責任，達到授人以漁的目標，這也保證了療效得以長期穩固。

技術操作指南

● (1) 繪畫

請大家在這張大白紙上，畫一棵樹，在最上方寫上一行字：我的心理刮痧樹。這棵樹代表你自己，你把自己想像成一棵什麼樹都可以，比如梨樹、蘋果樹、香蕉樹、柳樹或者其他任何奇特的樹、特殊品種的樹，都可以。粗的、細的、彎著腰的，都沒關係。你把自己想像成一棵什麼樹就畫成什麼樹，原生樹和嫁接樹均可。畫完樹後，再在樹上畫一樹的果實。果實的大小、形狀、顏色、位置、備註的名字，都跟隨自己的感覺走。

這些大小不同、顏色各異、數量不等的「果子」，就是你的心理「穴位」，它們共同構成了一個個充滿故事、情結以及創傷的生命體驗。這些果子都有深刻的寓意。你畫的第一種果實，是你從出生到現在遇到過的重要的人，可能是對你有恩的人、幫助你的人、你深愛的人，也可能是傷害你的人、讓你現在想起來還有怨恨的人；第二種果實，是發生在你身上的重要的事情；第三種果實是你成長過程中，你去過的地方；第四種果實是你曾經用過的東西，比如你曾經用過一個碗，這個碗對你很重要、很有價值、很有重要意義，你就在樹上畫一個果實，上面寫個碗字，注意不要在樹上畫個碗；第五種果實是你吃過的食物，比如你喜歡喝小米粥，你就畫一個果實，裡面寫上「小米粥」。

● （2）情緒感受

你可以把自己內在重要的情緒感受簡單地寫在一些重要的果子下面。那些灰暗的、讓你有不良情緒體驗的果子，就是你心靈上刮出的「痧」，它們就是堵塞你心理能量、影響你情緒的原因。痛則不通，我們今天要對它們做一些處理，讓這些堵塞的能量流通起來。

● （3）交流和分享

分享的過程中，要注意保密原則，任何人今天只帶走自己的成長，不帶走任何人的故事。請大家在此做出承諾：

我承諾：我，xxx，今天只帶走自己的成長，不帶走任何人的故事，我信任你，也值得你信任，有你在一起學習成長，真好，謝謝你，我愛你！

現在兩人一組，互相分享，每個人只講述對自己影響最大的果實，自己體驗最深的情緒，無論是正面的還是負面的。

● （4）轉化和昇華

請各位找出至今仍然對自己有著重大影響的果子，尤其是影響自己情緒的，使自己不能開心、快樂地與他人相處，導致自己容易發脾氣的果實進行轉化。

可以把當時的場景再現，畫一幅畫或幾幅畫，也可以寫一首詩或一個故事，或者什麼也不做，只是閉上眼睛去感受，回憶當時的情景，感受當時的情緒，讓情緒宣洩。

最後，請大家把消極的果子帶給自己的積極的、正面的意義寫到本子上，並對它說：對不起，請原諒，謝謝你，我愛你。用這四句最有能量的話，感恩它帶給自己的成長。

注意事項

1. 選擇一個安靜、安全、不受打擾的空間，可以放一些適合心情的舒緩的音樂。

2. 此技術重在堅持，第一次完成「心理穴點陣圖」只是自我澄清的開始。當我們在生活中遇到一些事，感覺不舒服時，都可以施行心理刮痧技術，澄清自己的想法和感受的同時，也將心情和想法朝積極的方向轉化。

3. 如果有合適的朋友或老師，也可以選擇向對方分享你的「心理穴點陣圖」，但是要把握好度，如果涉及自己需要保密的隱私，最好找專業的心理諮商師分享。

4. 每個人的內心都像河水，我們知道其中有魚有蝦有石頭，但是必須要不斷澄清河水，才能看得更加清楚準確。心理也是如此，我們對自己更加了解，對過去更加接納，才能迎接更美好的未來。

參考文獻

1. 王定升，趙國瑞（2008）·格式塔心理學的整體觀及其對心理學的影響·湖北經濟學院學報（人文社會科學版）·

2. 王鳳蘭，韋志中（2010）·團體心理諮詢本土化的新途徑：表達性藝術治療團體的本土化意義·老區建設·

3. 韋志中，陰越，郭長海，周治瓊（2013）·心理刮痧技術：一種本土心理治療新技術的探索·心理技術與應用·

4. 韋志中（2013）·幸福干預·清華大學出版社·

心理刮痧之心理按摩
—— 運用敘事療法來實現心靈治癒

問題提出

心理刮痧之心理按摩技術其實是心理刮痧的另一個技術，和心理穴點陣圖有著異曲同工之妙，所不同的在於按摩技術是運用講故事的藝術表達方式，而心理穴點陣圖是運用作畫或詩歌的方式進行內心表達。

技術理念

講故事作為一種藝術載體，在心理學的應用中十分廣泛，例如心理劇的演出、敘事療法、對偶故事法等。其中敘事心理療法（以下簡稱敘事療法）就是我們今天要講的重點。

敘事療法的創始人和代表人物是澳洲臨床心理學家麥克‧懷特（Michael White）及紐西蘭的大衛‧艾普斯頓（David Epston）。所謂敘事療法，是諮商師運用適當的方法，幫助當事人找出記憶遺漏片段，以喚起當事人改變內在力量的過程。敘事療法對「人類行為的故事特性」，即人類如何透過建構故事和傾聽他人的故事來處理經驗感興趣。敘事作為一種方法在心理學研究中有著不可替代的作用。首先，敘事可作為心理學研究中獲得深度數據的重要手段。敘事數據作為數據數據的補充，可以

透過對具體個案的深入剖析而揭示出一般的規律或獨特的意義。其次，敘事還可以作為干預手段在研究中使用。敘事總是與反思連繫在一起，我們在敘說生活故事的過程中，也就審視了自己。這種反思或審視是一種內源性的干預，使我們自律，讓我們對生活更加負責。

敘事治療家強調，不論一個人屬於哪種文化，其敘事都會影響他認為某些生命中特別的事件具有某種意義。留在記憶中的每一個事件組成一個故事，每個故事組合起來就是生活的敘事。敘事治療家認為，任何生命中，沒有成為故事的事件比成為故事的事件要多出許多，當生活敘事帶來有害的影響時，或使人看起來不快樂時，都可以經由強調以前沒有形成故事的不同事件，組成新的敘事，來調整其自我認知。所以說，敘事療法是以一種重新述說並重新生活的故事，來調整其自我認知。當然只是敘說故事是不夠的，新的故事必須在治療室外的生活中得到展現。

敘事療法把人與事分開，以人性的眼光看人，而不以道德教育人。敘事療法相信當事人才是自己的專家，諮商師只是陪伴的角色，當事人應該對自己充滿自信，相信自己有能力並且更清楚解決自己困難的方法。心理按摩技術就是運用講故事的手法來激發個體內心的積極體驗，使其能夠實現積極特質的提升。

核心目標

在短時間內全面、系統、科學整理一個人的心理空間，促進人的心理層面根本性地釋放和轉變，使個體重新恢復健康、平衡的心理狀態。

259

技術特點與優勢

　　此技術將身體穴位和心靈穴位相結合，身體上的舒服和疼痛和心靈上的感覺是可以連線在一起的。我們仿照人體穴點陣圖把那些心靈上特殊的穴位挑選出來，對它們加以梳理和轉化，就可以對心理經絡進行疏通和融合，從而使自己的身心更加和諧和穩定。

技術操作指南

1. 指導語：「當我們去按摩的時候，按摩師按住我們身上的穴位，問：痛不痛？是什麼程度的痛？我們會根據自身的感覺做出相應的回答。這是我們生理上的穴位。那麼在我們的心理上，是不是也存在這樣的『穴位』呢？有些『穴位』我們一按就會感到很開心；有些『穴位』一按下去，內心會有一絲絲痠楚的感覺。每個『穴位』都代表著一個符號，這個符號在你成長為今天的自己的心理過程中，對你有獨特的意義。對你的心理來說，有意義的即為一個『穴位』，這個『穴位』可以是一個人，我們念念不忘，可以是一件事，我們體驗深刻，還可以是一個地方、一個物品、一種事物。只要是你能夠想到的，都寫在穴位紙上，然後把它們貼在木頭人上面，不能少於100 個。」

2. 很多穴位都有特殊的意義，例如想到父親我們可能就自然地將其與太陽穴連繫起來，想到兄弟姐妹可能更多地與手足連繫起來；或者還有一些特殊的穴位，對個人有特殊的意義。組合這些穴位，就是一個全面整理和澄清的過程。

3. 團體成員開始在穴位紙上寫出對自己有獨特意義的「穴位」，然後將其貼在木頭人上。

4. 引導成員感受：哪些「穴位」是你一按就覺得很舒服的？哪些「穴位」是你按下去感覺不太舒服的？

5. 表達、轉換：挑選自己覺得舒服的穴位，畫一幅連環畫；挑選按著會痛，或者感覺不怎麼舒服的穴位，畫十幅畫，分享它們的故事。其他成員認真傾聽，給予支持。

6. 昇華：針對每幅畫講述一個故事，或者作一首小詩。透過表達，使負面的情緒或認知得到轉換，作詩是一個昇華的過程，是對過去經歷事件的財富的開發。

注意事項

1. 本技術既可用作個體諮商，也可用作團體諮商。無論何種諮商方式，都需要對當事人的情況保密，不能公開別人的故事，只說自己的感受，不做評論，不提建議。

2. 出現個別成員情緒激動的狀況時，需要進行疏導與干預。

3. 「心理刮痧」這一團體心理輔導技術要充分發揮其價值，導師可以參考筆者的相關著作或者參加其創辦的工作坊進行詳細了解。

參考文獻

韋志中（2013）·學校心理學：工具箱指導手冊·武漢大學出版社·

十年繪畫
—— 積極進行人生規劃

問題提出

　　人生需要規劃，正如錢財需要打理。不懂規劃者，不能明白「磨刀不誤砍柴工」的道理。

　　哈佛大學有一個非常著名的關於目標對人生影響的追蹤調查。對象是一群智力、學歷、環境等條件都差不多的年輕人，調查結果發現：27%的人沒有目標；60%的人目標模糊；10%的人有清晰但比較短期的目標；3%的人有清晰且長期的目標。

　　25年的追蹤研究結果發現，他們的生活狀況及分布現象十分有意思。那些占3%者，25年來幾乎都不曾更改過自己的人生目標。25年來他們都朝著同一個方向不懈地努力，25年後，他們幾乎都成了社會各界的頂尖成功人士，他們中不乏白手創業者、行業菁英、社會菁英。那些占10%有清晰短期目標者，大都生活在社會的中上層。他們的共同特點是，那些短期目標不斷被達成，生活狀態穩步上升，成為各行各業不可或缺的專業人士，如醫生、律師、工程師、高級主管等。那些占60%的模糊目標者，幾乎都生活在社會的中下層，他們能安穩地生活與工作，但都沒有什麼特別的成績。那些占27%的25年來都沒有目標的人群，

他們幾乎都生活在社會的最底層。他們生活得很不如意,常常失業,靠社會救濟,並且常常抱怨他人、抱怨社會、抱怨世界。

調查者因此得出結論:目標對人生有巨大的導向性作用。你選擇什麼樣的目標,就會有什麼樣的成就,有什麼樣的人生。

技術理念

一個人一旦開始考慮自己的職業,就意味著個人的職業生涯從此開始。根據共性的原理,儘管每個人的職業發展具體形式都不同,但都具有共同的規律,正是對這些共同規律的探討形成了公眾認可的職業生涯發展階段理論。對人們職業生涯階段的研究是以人的整個生命階段為基礎的,因此人在入職前的階段也是相當重要,在職業初期最重要的內容則是透過教育的手段來培養個體的職業理想和職業規劃意識。

美國心理學博士格林豪斯(Greenhouse)的研究側重於不同年齡層職業生涯所面臨的主要任務,並以此為依據將職業生涯劃分為五個階段:職業準備階段、進入組織階段、職業生涯初期、職業生涯中期和職業生涯後期。

格林豪斯職業生涯發展的五個階段

階段	典型年齡層	主要任務
職業準備階段	0～18 歲	發展職業想像力,對職業進行評估和選擇,接受必需的職業教育。在此階段所做的職業選擇是個人職業最初的方向。
進入組織階段	18 ～ 25 歲	在一個比較理想的組織中獲得一份工作,在獲取足量資訊的基礎上,盡量選擇一種合適、較為滿意的職業。在這個階段,個人所獲得的資訊會影響個人的選擇。

職業生涯初期	25～40歲	學習職業技術，提供工作能力，了解和學習組織紀律和規範，逐步適應職業工作，適應和融入組織，為未來職業成功做好準備。
職業生涯中期	40～55歲	對早期的職業生涯重新評估，強化或轉變自己的職業理想，選定職業目標，努力工作，有所成就。
職業生涯晚期	55歲至退休	繼續保持已有的職業成就，維持自尊，做好退休的準備。

在格林豪斯的職業生涯發展理論中，我們可以很清楚地看到職業準備階段及其相關任務的闡述，主要是提倡對個人的職業教育，包括對職業的想像力、職業的價值觀和職業選擇的能力的培養。

另外，現在比較流行的正向心理學，也開始探索人生規劃。目前，正向心理學主要研究三個方向：

★ 對主觀層面積極情緒體驗的研究，如對過去生活的幸福感和滿意感，對現在生活的愉悅感以及對未來生活富有建設性的認知與希望；

★ 對個人層面積極人格特質的研究，如樂觀、勇氣、愛的能力、創造力、天賦、職業發展等；

★ 對群體層面積極組織體系的研究，即如何營造良好的社會環境，激發個體發揮具有積極作用的人格特質，如文明、責任感、幫助他人、職業倫理等。所以，人生的規劃和正向心理學是有密切連繫的。

與傳統職業的生涯規劃不同的是，正向心理學不是強調個體的不足與缺陷，而是注重個人的潛能發掘與全面發展，注重積極特質的提升和積極人際關係的建構，霍蘭德（John Lewis Holland）提出職業興趣理

論，認為人的人格類型、興趣與職業密切相關，興趣是人們活動的巨大動力，凡是具有職業興趣的職業，都可以提高人們的積極性，促使人們積極地、愉快地從事該職業，且職業興趣與人格之間存在很高的相關性。

霍蘭德的職業興趣理論還提出，興趣是描述人格的另一種方法，是職業選擇中一個更為普遍的概念。在霍蘭德的理論中，人格被看作是興趣、價值、需求、技巧、信仰、態度和學習個性的綜合體。就職業選擇而言，興趣是個體和職業匹配的過程中最重要的因素。直至目前，霍蘭德職業興趣理論是最具影響力的職業發展理論和職業分類體系。

職業興趣作為一種特殊的心理特點，由職業的多樣性和複雜性反映出來。職業興趣上的個體差異是相當大的，也是十分明顯的。因為，一方面，現代社會職業劃分越來越細，社會活動的要求和規範越來越複雜，各種職業間的差異也越來越明顯，所以對個體的吸引力和要求也就截然不同；另一方面，個體自身的生理、心理、教育、社會經濟地位環境背景不同，所樂於選擇的職業類型、所傾向於從事的活動類型和方式也就十分不同。

核心目標

「十年以後的我」技術就是運用正向心理學理念，規劃自己十年的生活和職業生涯。採用繪畫的藝術表達，在無意識中探索自己嚮往的生活，進而將未來與現在進行對比，明確自己目前存在的一些缺點，澄清與未來的差距，及時做出調整，帶著樂觀的心態與必勝的信心投入當前的學習和工作中去。

技術特點與優勢

　　明確自己的目標，併為實現自己的目標查漏補缺。在此技術中，我們不單單是設想自己未來的生活和工作，更多的是明確自己的前進方向。知道自己的缺點在哪裡，知道自己需要在哪些方面進行努力，活在當下，這才是此技術的最大優勢所在。

技術操作指南

1. 在一個安靜的環境中，設想一下十年後的自己。

2. 在紙上畫出自己十年後的樣子。

3. 認真思考一下，現在的你，如果想要達到十年以後的狀態，你的身上還欠缺些什麼，如果不做出一些改變，這些缺陷就會成為你前進道路上的障礙，阻礙你成為十年以後的你。現在寫出你為了成為十年以後的你，具體打算如何做出調整與改變。

4. 調整和改變。為了成為十年後的自己，需要做出一些調整和改變，請大聲讀出你要做出的調整和改變。

5. 以〈十年之後的我〉為題，寫一首小詩，暢想十年以後的自己，對未來滿懷希望。

參考文獻

1. 成丹（2006）‧高中階段職業規劃教育問題的研究‧上海師範大學碩士論文‧

2. 韋志中（2013）‧學校心理學：工具箱指導手冊‧武漢大學出版社‧

心靈四季
—— 感受人生四季的點點滴滴

問題提出

講到「四季」這個詞，我們首先想到的是自然界的四季：春天的生機盎然、夏天的意氣風發、秋天的碩果纍纍、冬天的白雪皚皚。自然四季是非常多姿多彩的，但其實我們自己也在經歷四季。

自然界的規律告訴我們，每一個人要生長一歲，就要經歷一個春夏秋冬，少了任何一個季節都無法完成成長。心靈的成長也是這樣，每經歷一個春夏秋冬，你的心靈就成長了一歲。

技術理念

自然界有四季，心靈有四季，我們心理學工作者主要是在「心理四季」上下工夫。

有些人一直活在春天裡，他無所事事，他天真爛漫，他沒有成就感。例如在婚姻中，一開始我們找的那個非常會玩、非常天真、非常可愛的人，在婚姻經歷到六七年之後，我們才發現這類人的責任、擔當、打拚不夠。其實他應該進入夏天了，但是他的個性還一直處在春天的狀態。我們知道自然界要經歷四季，才會循環一圈，人才會長大一歲，我

267

們的心靈也是一樣，如果一直停留在春天裡，人就不能長大。當我們的心靈一直停滯不前時，這個時候問題就出來了，在兩個人的親密關係中，身邊的人對他有了發展性的要求，他卻沒有辦法進入下一個階段。心理學家就是在研究人的「心靈四季」不斷向前順利發展的工作。

有些人一直在夏天裡打拚不息、創造，可是如果一直處在夏天裡消耗，沒有辦法在冬天裡儲藏，沒有辦法進入春天裡生發，而只是在夏天裡生長，那麼他的過度消耗，就是一種對生命的透支。在心理學上有個詞語叫「自虐」，有一個人格特質叫「自虐型人格」。如果你一直在夏天裡，可能你就擁有自虐型人格特質，這也是不好的，容易出現心理上的問題。

所以每一個季節都有每一個季節的優勢和劣勢，我們不能一直停留在一個季節裡。心理學家就是幫助人們做心靈四季的轉換，有的人在這個季節裡止步不前，不能走入下一個季節，我們就幫他步入下一個季節。

有些人一直停留在冬季。在心靈四季中，冬季一方面代表著「恐懼、寒冷」，他要包裹自己，要讓自己安全。他害怕、恐懼、沒有安全感，我們就要陪伴他，給他足夠的愛。正能量是什麼？就是火，就是溫度。在這個時候我們不能說一些冠冕堂皇的話，我們不能說：「兄弟，冬天都來了，春天還會遠嗎？你放心吧！」你知道這個時候他不需要這些話，他需要的是你去抱住他，他需要的是你去幫他找一件「棉襖」，穿在身上。

心理學工作者知道一個人處在什麼季節，需要什麼樣的幫助。我們知道他在什麼季節裡遇到什麼問題，我們給他力所能及的針對性的陪伴，這才是一名心理學工作者真正要做的。

下面給大家分享一首我 2009 年寫的一首詩 ——〈心靈四季，誰被誰撥動了心弦〉。重溫 2009 年從我心裡流出來的心聲。

誰被誰撥動了心弦

每個人都是堅強的，又是柔弱的。

在人生的路上，誰能撥動你內心的琴弦，誰就是你生命中的貴人。

無須刻意地多次撥弄，也許就那麼輕輕地不經意的一小下。心理空間在那一剎那間，不再平靜。

心靈深處發出嘶嘶作響的喜悅，以及像那冬日一樣暖暖的感覺，會伴隨你入睡和醒來。

被人撥動心弦的人，會在很短的時間裡經歷過四季。

春天的生機盎然，可以聽到冬眠的小蟲醒來時所打的哈欠，看到小草衝出土壤後的勝利的笑容。偶爾幾聲春雷，可以輕易感受到流過全身的血液的溫度。

被人撥動心弦的人，會在不經意的時候走到夏天。

酣暢淋漓地出汗，汗珠滑過肌膚時癢癢的感覺，會讓一個人永遠無法忘記。

夏天，這個在四季中最多變的季節。剛剛還是豔陽高照，一會兒就會大雨傾盆，讓你在享受日光浴時候的感覺還沒有來得及完全體會時，就又要衣衫溼透。偶爾也會有人在旁邊撐一把傘，在你輕輕抬頭看撐傘人時，心弦已經再次被撥動。

被人撥動心弦的人，最不願意過的是秋天。

這是一個令人憂愁的季節。朦朧中體會傷感，思念會在心頭蔓延，像初秋的霧一樣繞在你身邊，任憑你使勁也不能睜開雙眼。大霧不散的

茫然，令一個人不再執著於使勁睜開雙眼。他會學會向內觀看，就在這一瞬間，一種霧濛濛的美已經悄然出現。不需要再伸出手去使勁地驅趕，眼睛不光是用來看出「真」，還可以閉上它感受「美」。

被人撥動心弦的人，會經歷一個戰戰慄慄發冷的冬天。

肌肉發緊，四肢冰涼，就像是快要走向死亡。無法想像這樣的感覺會持續到什麼時候，無法預測這種令人恐懼的冬天什麼時候結束。沉浸在恐懼中的人，無法欣賞銀裝素裹的大地，雪花飄飄的浪漫，更無法感知下一個春天即將到來。

走在人生的路上，你被誰撥動心弦？誰是撥動你心弦的那個人？

去感謝他／她吧，不要只記住秋天時候他／她給你帶來的憂愁，也不要只記住冬天時候你所經歷的寒冷。你要記住走過內心的所有感覺，你過去未曾擁有的心靈旅程。

感謝被我撥動心弦的人，充實我的人生意義。

感謝撥動我心弦的人，讓我在人生中經歷這不一樣的心靈四季。被撥動心弦的人，最知道心的柔弱，也最知道心的剛強。

誰被誰撥動了心弦。

核心目標

幫助那些還未度過心靈四季的人，給他們一個成長的方向和提示，讓心靈的生態可以自由運作。

對於已經完成心靈四季的人，給他們一個平臺回味曾經的酸甜苦辣，不管曾經如何，現在我們都應該感謝那些人、那些事，是他們讓我們領會到了人生的變換和精采。

技術特點與優勢

把心靈比作四季，使技術具有人文化和畫面感。心理學由於研究對象太主觀和精神化，很容易讓人把握不住方向，抓不住重點。現在把心靈比作四季，一下子就有了畫面感，原來心靈的成長和自然四季的輪迴一樣，也是遵循自然規律的，也是有法門的。我們不再一頭霧水，不再搞不清楚、沒來由地狀態不好，心靈的四季會給出我們解釋，同時也會給出我們解決的方向。

技術操作指南

1. 選擇一個安靜的環境，找幾個同伴一起來感受這次心靈體會。
2. 大家圍圈而坐，靜靜地閉上眼睛，感受一下自然界的春天、夏天、秋天和冬天。
3. 在感受的過程中，回想著自己之前經歷的一些對應四季的溫暖、燥熱、收穫和冰冷的時光。慢慢地感受著這些給你不一樣感覺的事件。
4. 回憶完畢後，大家睜開眼睛，和同伴交流一下你的體驗。
5. 如果感覺還未盡興，就準備紙筆，寫一首小詩，內容就是關於自己的心靈四季的感受。
6. 當面朗讀你的小詩。

第四章

積極人際關係建設

　　美國著名的心理學家和人際關係學家戴爾‧卡內基說：「一個人的成功，只有 15％是由於他的專業技術，而 85％要靠人際關係和他的待人處事能力。」此話道出了人際交往的重要性。

　　中國著名心理學家丁瓚教授曾經指出：人類的心理適應，最重要的就是對人際關係的適應。所以人際關係不僅關係到事業的成功，還牽涉到心理健康的標準。塞里格曼在《邁向圓滿》一書中提出幸福的五元素：積極情緒、投入、人際關係、成就和意義。所以在正向心理學技術的轉化中，人際關係建設的技術已成為個體幸福的重要標準之一。

按讚
—— 利用肢體語言來建構積極人際關係

問題提出

　　「按讚」作為一種網路語言，最開始只有在各大社群網站才具有「讚」的功能，後來隨著網際網路的普及，FB、LINE 的興起，按讚就成為熱門詞彙廣泛傳播開來。你只需要輕敲一下鍵盤，點選那個大拇指影像，就可以表達對某一資訊的喜愛和認可。大多時候，我們並不清楚使用「按讚」的心理初衷。依照相關文獻與數據看，按讚已成了評判網路人氣的標準參考指數，透過按讚數量，可以從側面展示一個人受歡迎的程度。按讚已具備了重要的現實意義。

　　「按讚」曾被認為是「量化的二元制情感的表達」。Facebook 的工程師安德魯・博斯沃斯（Andrew Bosworth）曾經提到，最開始時的「按讚」按鈕是「太棒了」，隨後才逐漸轉化為「讚」，這是因為「讚」本身更具有普遍性，也傳遞出其本身隱含的情感與認知層面的複雜性。但是之前也有媒體做過調查：僅僅有 30%的人認為按讚是很好的感情維繫方式、情感表達的工具；32%的人認為按讚只是一個簡單、隨意的指尖動作，沒必要賦予太多意義；25%的人居然給出「存在即合理」的解釋，真的是讓人哭笑不得。

不管你對朋友圈內容的按讚是出於何種初衷，按讚這個行為並不是一件壞事。當然我們需要的不僅僅是一個大拇指影像，我們還需要眼睛裡的真誠，拇指的真正豎立。建立積極的人際關係，需要的是面對面的表達，需要的是身體上的溫暖和心靈的滿足。

技術理念

肢體語言又稱身體語言，指經由身體的各種動作，從而代替語言達到表情達意的溝通目的。廣義言之，肢體語言也包括前述之面部表情在內；狹義言之，肢體語言只包括身體與四肢動作所表達的意義。談到由肢體表達情緒時，我們自然會想到很多慣用動作的含義。諸如鼓掌表示興奮，頓足表示生氣，搓手表示焦慮，垂頭表示沮喪，攤手表示無奈，捶胸表示痛苦。當事人以這些肢體活動表達情緒，別人也可由之辨識出當事人用其肢體所表達的感情。

在我們的生活中常存在這樣的現象：一個嬰兒哇哇地哭叫不停，媽媽只需要用額頭抵著小孩的頭，小孩的哭聲就會立刻停止。這個看似隨意的行為，其實涉及體現認知和腦科學的知識。

額頭主要與個人的需求和情感有關。當我們與他人兩頭相抵時，就可以快速傳輸彼此的愛意。在影視作品中，我們常常會發現熱戀中的男女在頭對頭地表達愛意，這個畫面是非常溫馨浪漫的。其實在我們的人際交往中，人與人之間的距離也非常值得考究。美國人類學家愛德華・霍爾（Edward Twitchell Hall, Jr.）博士劃分了四種人際交往距離，各種距離都和自身與對方的關係相稱。

人與人之間在面對面的情境中，常因彼此間情感的親疏不同，而不

自覺地保持不同的距離：最親密的人，彼此間可以接近到 0.5 公尺。有私交的朋友間，彼此可以接近到 0.5 ～ 1.25 公尺。一般公共場所的陌生人之間溝通時，彼此間的距離，通常維持在 3 公尺以上。此種因情感親疏而表現出的人際間距離的變化，在心理學上被稱為人際距離。顯然，人際距離的變化，是在雙方當事人溝通時，肢體語言上的一種情感性的表示；彼此熟悉者，就親近一點，彼此陌生時，就保持距離；如一方企圖向對方接近，對方將自覺地後退，仍然維持相當的距離。

與人際距離相似的另一現象，是個人空間。個人為了保持其心理上的安全感受，會不自覺地與別人保持相當距離，甚至企圖在其周圍劃出一片屬於自己的空間，不希望別人侵入。在圖書館或公共場所內，經常看到很多人，自己坐一個位子之外，企圖再以其攜帶的物品占據左右兩邊的空座位。此時他的肢體語言所表達的，就是一種防衛，防衛外人侵入其個人空間時帶來的不安情緒。你可以注意觀察此種人的情緒變化。如當有陌生人要求坐在他的旁邊時，他就會感到不安，甚至起而離去；如有熟悉的人到來時，他會招呼對方，主動讓對方坐自己左右的位子，而且他會因此而感到高興。

由肢體動作表達情緒時，當事人經常並不自知。當我們與人談話時，時而蹙眉，時而搖頭，時而擺動雙手，時而兩腿交叉，我們多半並不自知。正因如此，心理學家提出如下這個假設：當你與人說真話的時候，你的身體將與對方接近；當你與人說假話的時候，你的身體將離開對方較遠。對這個假設進行驗證的結果發現：如果要求不同受試者，分別與別人陳述自己明知是編造的假話與正確的事實時，說假話的受試者會不自覺地與對方保持較遠的距離，而且顯得身體向後靠，肢體的活動較少，唯面部笑容反而增多。

一個人要向外界傳達完整的資訊，單純的語言成分只占 7%，聲調占 38%，另外的 55% 資訊都需要由非語言的體態來傳達，而且因為肢體語言通常是一個人下意識的舉動，所以，它很少具有欺騙性。

說到這裡，你可能已經預想到了這個技術的理論所在。就是透過人際關係之間的距離，透過身體觸碰來強化親密感，使彼此都得到滿足和享受。

核心目標

這個技術主要是利用司空見慣的「按讚」行為來建構積極人際關係。透過我們的肢體語言、人際距離來表達我們對他人的情感，這樣不僅使自己擁有善於發現美的眼睛，也使對方感受到你的善意，從而更加積極地回饋和面對人生。

技術特點與優勢

按讚的靈活性和目的性。我們通常在 FB 或 IG 中，才頻繁進行按讚，而且按讚也只是把空白的心形填充完整，只是一個機械動作的重複，而在這裡，我們不僅讓按讚鮮活起來，而且也更加充滿人情味。我們使用三種按讚行為：大拇指按讚、右手安撫額頭按讚和兩額頭相抵按讚。這三種按讚是層層遞進的關係，如果感覺對方不錯，就伸出大拇指按讚；如果遇到更有好感的人，請輕撫對方的額頭；如果有遇到比之前更喜歡的人，那就前傾你的身體，用額頭觸碰額頭的方式告訴他，你喜歡他。這種靈活的按讚方式更容易進行有效的人際交流。

技術操作指南

1. 邀請幾個同伴，和你一起參與活動。

2. 全體起立，認真地觀察在場的所有人。

3. 隨著工作人員的口令「開始」，進行隨意的走動。

4. 當你碰到一個印象還不錯的人時，停下腳步，站在他的面前，真誠地看著他的眼睛，靜靜地伸出右手，為他默默地點個贊。心中默念一首詩：「你站在我的面前，我站在你的面前，我看著你的眼睛，你也看著我的眼睛，我從你的眼睛裡面看到我的影子，也感受到了你的心。」當然詩的內容不一定要記住，只需意會即可。

5. 然後繼續走動，如果遇到一個更有好感的人，你覺得豎大拇指按讚已無法表達你的情感，請你伸出你的右手，輕輕地放在對方的額頭上。同樣地，沒有語言，只進行眼神交流。默念那首會心的詩。

6. 繼續走動，如果遇到一個比之前更喜歡的人，請你前傾身體，再次縮短你和他之前的距離，用自己的額頭去觸碰對方的額頭，同樣進行真誠的眼神交流。

7. 在工作人員「停止」的口令沒有發出之前，請繼續你的按讚行動。靜靜地在人群中尋找值得你按讚的人。

8. 「停止」口令發出，停下所有的動作，如果此時你正在按讚對方，那這個人就是你今天的貴人。如果你仍在尋找中，那就對身邊的人按讚，此時他也是你今天的貴人。

9. 分享你的感受。

重要他人石頭
—— 藉助團體力量改善人際關係

問題提出

重要他人是心理學上的一個概念，它是指在人的成長發展過程中發揮著重要作用的人。他可能是親人，可能是朋友，也可能是老師，還可能是陌生人；可能是一個人，也可能是一類人；可能是真實世界裡的人，也可能是抽象世界裡的偶像。這個（些）人在自己成長的過程中影響深遠，或是榜樣，或是指引，或是安慰，或是陪伴等等，這些都是人在成長的不同階段最重要的需求。

人類的記憶遵循著非常玄妙神祕的規律，你盡力要記住的事情和人物，很可能淹沒在歲月的灰燼中，但某些特定的人和事卻在腦海中揮之不去，影響我們的一生。如果你不把它們尋找出來，並加以重新認識和把握，它們就可能像一道洪流，在下意識的海洋中潛伏著，影響潮流和季風的走向。你的某些性格和反應模式，由於「重要他人」的影響，而被打上深深的烙印。

技術理念

「重要他人」最先是由美國社會學家米爾斯（Charles Wright Mills）提出的一個概念。他是在喬治·米德（George Herbert Mead）有關「自我發展」的理論上提出的。在中國，顧明遠從人的全面發展的角度對其加以界定，重要他人是指對個體自我發展（尤其是兒童時期）有重要影響的人和群體，即對個人智力、語言及思維方式的發展和行為習慣、生活方式及價值觀的形成有重要影響的父母、教師、受崇拜的人物及同輩群體等。

隨著學科的發展，這一概念逐漸被引入教育社會學中。吳康寧認為，所謂重要他人「是指對個體的社會化過程具有重要影響的具體人物」。這是在米德的傳統上，將重要他人作為一個泛化的概念所進行的一般意義上的界定，也代表著中國教育學界對這一概念界定的基本趨向。

米德透過對兒童遊戲階段的考察研究進行分析得出關於「自我」的自反性的強調與闡釋，並提出了「泛化他人」這一概念，即為使個體的自我獲得統一的、有組織的共同體或社會群體。在此基礎上學者對重要他人的類型進行了不同的分類。

顧明遠在《教育大辭典》中把「他人」分為了重要他人和概括化他人，重要他人是對個體的自我發展（尤其是在兒童時期）有重要影響的人或群體，其中「概括化他人」是指社會成員特別是兒童所處社群或社會集團的行為標準和價值的總和。這裡所謂的「他人」，並非指特定的一個人或是一群人，而是指道德標準和社會規範。

吳康寧教授在《教育社會學》中把重要他人劃分為互動性重要他人

和偶像性重要他人。互動性重要他人，是指學生在日常交往過程中認同的重要他人，而與此相對應的偶像性重要他人是指在個體的崇拜心理的基礎上產生的重要他人，這些人一般與個體之間有一定的距離，有一部分甚至是個體可望而不可及的。還有的學者將重要他人分為偶像型的重要他人和榜樣型的重要他人。這兩者的概念是相近似的，在總體的分類中影響不大。

陳群在分析幼師女生性別角色社會化過程中重要他人的影響力時，將重要他人從親疏度、影響深度及互動頻度三個維度進行了較為詳實的分析，歸納出重要他人影響機制的類型，分別是：深層－親密－中頻型，深層－較親密－中頻型，深層－較親密－高頻型，中層－親密－中頻型，中層－一般－低頻型以及中層－疏遠－低頻型。

研究精神病學的美國心理學家沙利文的研究主要是針對重要他人與自我之間。他認為重要他人是指在生活中對我們最有意義的人物。本質上來說，缺少重要他人，人格就不存在。沒有這些重要他人，自我系統就無從發展，重要他人對個體的幸福感產生影響，在此基礎上，作為人格一部分的自我系統就產生了。大多數人都知道，我們的自尊感主要依賴於從他人身上獲取的積極和消極評價。在 2012 年的一項關於重要他人對青少年在特定情境下的親社會意圖的研究中，研究者透過藉助假設的衝突情境考察了 327 名青少年後總結得出，青少年的親社會意圖與重要他人的認可程度的大小會因為所處的親近的差異而有所不同，在「健康」觀點上與父母的觀點趨同度高，在「學業」觀點上主要認可教師的觀點，在「人際關係或誠實特質」的態度上與同伴的態度相近。

核心目標

　　「石頭的故事 —— 重要他人」的技術透過團體成員為自己的石頭設計人生路線，來帶領成員回顧成長中的親密關係，感受在成長歷程中與不同人發生的關係和交往的距離，尋找出影響自我最深的人。看到這些人的關係對現在的自己所產生的影響，再更好地去處理現在的親密關係。

技術特點與優勢

　　由於每個個體的經歷不同，內心受到的影響也不一樣，因此採用以點帶面的方式進行。透過個案的處理，藉助團體的力量，深入地解決成員個體的問題。同時，其他的成員能透過參與澄清和梳理自身的親密關係模式帶給自己影響，這也是一個調整和轉化的過程。

技術操作指南

1. 指導語：「這是一個社會，有一個一個的人，有一個一個的群體，但不是每一個都是固定不變的。可能有些在移動中，某一刻相遇了，隨即又分開了，有些是稍做停留，也有些可能是他最終的歸宿。每一個團體成員在這裡選擇一塊代表自己的石頭，思考五分鐘，我們從哪個地方出發，經過了哪些地方，與哪些人相遇了，現在停留在哪裡。不可以和其他成員討論自己設定的路線。」
2. 團體導師在團體中間隨機擺放石頭，有的是一小堆，有的是一個，形成一個較大範圍的排列。

3. 每一個團體成員選擇一塊代表自己的石頭握在手中。

4. 為石頭設定一條線路，思考會經過什麼地方、遇到什麼人等問題。思考時間為五分鐘。思考過程中播放音樂，可以選用表達親情、愛情、友情等的音樂。

5. 團體成員按照設想的路線帶著石頭經過，並簡單地說明。

6. 團體成員在石頭的社會中，尋找到一塊代表對自己影響最深的人的石頭。若發生重疊，請成員分別再找另外一塊石頭。

7. 團體成員體驗後分享。體會代表自己的石頭想與那個代表自己至關重要的人的石頭說的話，內容可以包括：我現在的生活、心情、情感、狀態，我的經歷，我離開你的時候的經歷，這麼久以來發生的事情，我對你的看法，你那些讓我還記憶深刻的東西，我對你的情緒，我對你感謝等等。至少有四五項內容，每項內容都可以長篇大論地寫出來，也可以淋漓盡致地去講，去表達，或者去罵他，都可以。因為每一個個體都不同，引起觸動的點也不一樣，與重要他人關係的影響程度也不同。

參考文獻

1. 羅西（2014）‧重要他人對自我－他人重疊的影響：因為重要還是因為親密‧湖南師範大學碩士論文‧

2. 唐彬（2010）‧重要他人研究述評‧江蘇第二師範學院學報（9）‧

繪畫我的父親母親

—— 親子關係對我們的影響

問題提出

當我們平時習慣叫「爸、媽」，現在論述「父親、母親」時，你是否突然感覺有些隔閡了。不再是那個熟悉的字眼，不再是眼前清晰的身影，突然感覺父母的形象嚴肅起來了，有點讓人肅然起敬的感覺。回想學生時代學的那篇〈背影〉，「肥胖的父親爬上月臺幫我買橘子」的場景，真的是讓人熱淚盈眶。我自己的父親又何嘗不是這樣默默付出呢？雖然言語不多，但一言一語都是滿滿愛意。母親也是一個勤勞質樸的女人，雖沒讀過多少書，但是卻教會了我如何做一個善良的人，我現在能有如此的成就，父親母親占了很多功勞。

張藝謀有一部非常有名的電影《我的父親母親》，講述了父母之間唯美的愛情，許多人都對此熱淚盈眶。那個年代，那個場景，他們需要的並不多。你在，我陪著你；你走，你去找你；你餓，我給你送飯；你離開，我獨自守著懷念。看似簡單，卻每每蘊含著深情。有時候，我也對自己父母的愛情故事好奇，就問他們，但他們總是笑而不語，我就歸於爸媽不好意思吧。

雖然沒有聽過爸媽的愛情故事，但是我卻感受到了爸媽對我的愛。

由於國人含蓄的情感表達方式，「我愛你」這種直白的話語並不曾出現，我和爸媽的交流也無非是些日常生活小事，工作、感情談得非常少。但是就是這樣的一雙人，他們不辭辛苦地撫養我們長大，不知疲憊地起早貪黑賺錢養家，也不分日夜地守護關愛著我們，對於他們，我們真的不能沉默。

技術理念

親子關係是個體建立的第一個人際關係，它對我們每個人的心身健康都是十分重要的。最早的親子關係產生於母親和嬰兒之間。良好的親子關係有利於兒童習得各種基本知識、技能、價值觀以及與人交流和溝通所必需的社會交往技能。孩子的社會化在相當程度上是在親子相互作用之中進行的。親子關係的品質決定著孩子社會化過程是否順利、是否發生障礙或缺陷，也決定著其社會化所可能達到的水準。

● （1）親子關係對個人成長的作用

親子關係對孩子性格、習慣以及心理具有重要影響，良好的親子關係有助於孩子的獨立、自信和成長。父母與子女之間的親情是人性的本質要求，也是人類感情的自然表達。親子關係同時具有自然屬性和社會屬性，從自然屬性角度看，家庭是養育人、培養人和塑造人的場所，親子關係中的血緣關係是萌生孝倫理的根源，對孩子先天的情商有啟蒙作用。從社會屬性角度看，親子關係中父母對孩子的養育方式、關愛方式和關心程度以及父母本身的教育程度會在不同程度上影響著孩子的進步和成長。「學業成績與親子關係有著密切的連繫，當一個家庭親子關係和睦民主的時候，孩子更加容易提高成績，而家庭環境和親子關係不好的

情況更加容易導致孩子學習困難。」當孩子生活在寬鬆的家庭環境中，在家裡獲得足夠的安全感，這樣他會更加順利地完成學業並解決遇到的各種問題。但是，如果親子關係非常緊張，家庭中充滿懲罰、混亂和嚴厲，那麼孩子出現問題的可能性就非常大。

親子關係對個人的成長具有不可忽視的作用，要想充分發揮和諧親子關係對個人成才的作用，就必須改善親子關係。一方面，父母要增強為人父母的能力，發揮父母在親子關係結構中的良效能動作用，不斷學習科學的育兒理念，更多地了解孩子的成長規律，成為合格的父母。另一方面，優化親子關係結構，重視子女的意願，強調父母與子女間的平等溝通、雙向互動。與此同時，讓子女了解父母、理解父母、尊敬父母和感恩父母，透過親子之間的換位思考常態化，建構和諧親子關係，從而使親子關係對孩子的成長造成更大的促進作用。

● （2）親子關係對家庭穩定的作用

親代和子代之間經常會出現各種矛盾，這也是時代發展對親子關係影響的產物。「不同代人之間的衝突日趨公開化，現在的父母不再像以前那樣，對指導孩子的行為充滿信心。」親代和子代有著不同的生活環境、時代背景、成長經歷，在世界觀、人生觀和價值觀等方面都存在著很大的差異，這種差異的存在必然會導致親子衝突的發生。矛盾的存在是必然的，如何正確看待和處理矛盾就顯得非常重要了。如果親代和子代都本著相互尊重的原則來共同商量和討論解決問題的辦法，就會更加容易達成共識，解決分歧。在平等和諧的氣氛中解決矛盾，父母與子女都能體會到對方的感情流露，父母對子女更加「慈愛」，子女也會更加「敬愛」父母。在這個過程中，父母和子女都敞開心扉，進行良好的溝通，

形成更加和諧的親子關係，家庭更加和睦和穩定。

以中國為例，和諧的親子關係所建構的穩定家庭符合中國和諧社會的要求，這種新型的家庭親子關係也更加符合時代的潮流。中國封建社會所推崇的親子關係更多地展現了父權為主的文化，更多地要求子代的付出和服從，親代和子代的權利義務關係是不統一和對等的，隨著社會的進步，子代的社會地位得到了提高。現代社會親子關係所展現出來的親代和子代的權利義務關係也是存在著偏差的，父母對子女的過分寵愛使得親代的義務更加強化，子代的義務隨之減弱。親代在更多情況下採用犧牲自己生活品質的方式來為孩子提供更好的生活和教育條件。家庭中常常有子代是家庭榮耀的意識，逐漸地子代的義務式微，而親代的責任得到了放大。家庭生活的重心主要是圍繞孩子，出現「小皇帝」和「小公主」，子代的孝親觀念淡化，忽視了對老人的尊重和敬愛，家庭權利的極端化失衡勢必影響家庭的和諧穩定。和諧的親子關係必須糾正親代自我義務加強的錯誤觀念，實現親代子代權利義務的統一，這樣才能更好地穩定家庭。

● (3) 親子關係對社會和諧的作用

親子關係所涵蓋的意義範圍非常廣泛，和諧的親子關係必然會促進人與人之間的和諧相處，人際關係的和諧也必然會促進社會和諧。社會是由一個個鮮活的人所組成的，人成為社會活動的主體，只有人際關係和諧了社會才有可能實現和諧。在經濟發展過程中，出現了人際關係經濟化的趨勢，也就是說人與人之間的關係更加物質化，情感和友情的因素逐漸被淡化。人們在交往之前往往更容易用物質標準來衡量對方，以功利為目的的交往導致人際關係更加冷漠。為了達到人際社會的和諧，

必須要實現和諧的家庭親子關係。家庭和諧的主要內容是家庭關係的平衡，溫馨和諧的家庭氛圍必然是家庭成員之間相互關心和愛護，這是時代所趨、民心所向，我們應該更加重視和努力。

古代就有了和諧思想，無論是在東方還是西方均有所展現，中國的《易經》中最早記載了和諧思想。早期的和諧思想更加注重人與自然和諧相處，隨著人類社會的發展，人們逐漸認識到社會的和諧更為重要。人與人、人與社會之間的關係始終是人類社會發展的主線，人們在社會中相互交往，社會關係就成了人與人之間關係的最好反映。社會成員之間關係良好，能夠促進社會和諧發展，社會和諧穩定又能夠為社會成員提供優良的環境。和諧社會應該以公平正義、民主法治、誠信友愛、安定有序、充滿活力、人與自然和諧相處為主要目標。秩序是人類生存和發展所需要的基礎性條件，穩定的社會秩序是人類發展所不可或缺的。親子秩序是社會秩序的重要組成部分，良好的親子關係會使家庭更加穩定，為社會培養更多有用之人，進而促進社會秩序穩定與發展，而親子關係如果無序，人們就會失去情感支撐與安全感。因此，呵護家庭親情，維繫良性親子關係，是促進社會和諧的必要條件。

核心目標

採用繪畫的形式，畫出自己的父母。喚醒自己內心對父母無言的愛，體會對父母的深刻感情，父母為我們做了什麼，我們從父母那裡收穫了什麼，我們和父母之間是怎樣的相處之道。這些都可以透過畫筆傳達出來。透過這種管道，珍惜父母對自己的愛，從而消除和父母之間的隔閡，建立融洽和諧的親子關係。

技術特點與優勢

採用繪畫技術來描繪父母對我們的愛，這種無聲的語言可以很好地反映出我們內在的情感。我們對父母的感恩、對父母的愧疚、對父母的依賴、對父母的牽掛，都可以運用畫筆來描繪。這不僅是一次父母愛意的體驗，更是生命意義的彰顯。

技術操作指南

1. 回想一下自己和父母相處的 9 個場景，要求越具體越好。
2. 準備畫筆，把這些相處場景畫出來。不需要畫得很逼真，只需要畫出你想表達的內容即可。
3. 分享你的故事。把這些繪畫的內容分享給大家。
4. 分組交流。小組成員可以相互交流自己和父母的故事。分享你這次感受父母之愛的體驗，自己想對爸媽表達的感情。

參考文獻

1. 陳衍，陳新宇（2010）·親子關係研究進展·貴州工程應用技術學院學報·
2. 李慶南（2016）·當代中國親子關係研究·河北經貿大學碩士論文·
3. 王雲峰，馮維（2006）·親子關係研究的主要進展·中國特殊教育·

夫妻辯論會
—— 傾聽在婚姻關係中的重要作用

問題提出

在我所做的大量心理諮商中，夫妻關係問題占了很大比例。他們往往覺得和對方無法溝通，對方無法理解自己。但是他們在陳述問題的時候，我發現了一個有趣的現象：這些夫妻往往都是各說各的，都覺得自己很委屈，很受傷，但一到對方訴苦，就竭力反駁，覺得根本就不是那麼回事，是他／她不尊重我，不關心我，怎麼到他／她那裡，卻是我的錯了。

其實在現在大多數婚姻關係中，溝通問題已嚴重威脅到了婚姻品質。但這裡的溝通並不是說雙方不說話，保持沉默，而是指雙方缺乏對對方需求的關注，缺乏對對方心聲的傾聽。

雙方都活在自我的世界裡，都覺得自己付出了很多，得到的卻寥寥無幾，看不到對方也是不分晝夜地在為這個家打拚。都在抱怨對方不了解自己，卻從不曾敞開心胸，傾聽對方真正想要的是什麼。

作為一名心理學工作者和實踐者，我想透過自己的綿薄之力來為那些深陷夫妻關係問題的人們送上一些療法。

技術理念

當夫妻雙方來找我諮商時，他們早已形成了屬於兩人的溝通模式，對方會說什麼話，會做什麼動作，他們都很清楚。如果此時諮商師不改變兩人的溝通模式，那麼諮商室只會演變成雙方吵架的戰場，諮商師也只能成為兩人的看客，心理諮商已形同虛設。我們所採用的夫妻辯論技術就旨在顛覆夫妻雙方的溝通模式，採用替身描述的形式來為夫妻的語言增加重量，使夫妻雙方設身處地來感受對方的真正所需。

替身技術其實是心理劇中的一種重要技術，它與鏡子技術和角色互換技術共同構成了「一個蛋糕的三層」。在心理劇中，替身由主角選定，其重要意義是說出或演出主角沒有說出甚至是沒有意識到的想法和感悟。在一般情況下，替身在同感主角的基礎上，被要求演出主角的內部話語、一連串想法、身體姿態和行動。心理劇的創始人莫雷諾指出，主角也可能從替身身上學到一些東西，並教會替身一些事情。他也相信，發生在主角和替身之間的交流遠遠超出同感或是共情所能表達的內涵。有效的替身技術能幫助主角表達自己內在被束縛但渴望表達的言行。透過這種幫助，主角能夠釋放自我的情感，宣洩自我的情緒，並在這個過程中獲得新的觀念、想法和解釋。由於替身能將主角深層次的情感帶出，又能夠激發主角的潛能，所以一直以來，替身技術被看作是心理劇的核心技術。

在夫妻辯論會技術中，每一個參與的替身，在代替當事人說話的時候，其實也都是自己的思維和想法的投射，即將自己的價值觀和理念都融入其中，所以，在來來回回的辯論中，替身之間也在發生觀點碰撞，每個人都能從其他人的觀點中吸取經驗，又驗證了自己觀點的正確性和

合理性，當然，也不得不反思自己在婚姻關係中的角色定位是否準確，是否真正理解對方，對方是否能真正感受到自己的愛。所以夫妻辯論會技術其實蘊含了豐富的心理學原理，是夫妻之間溝通的良好橋梁。

真正的理解和溝通，需要創設一個情景，並且提供給當事人一些新的思考角度和思維方式，夫妻辯論會的優勢就在於此。夫妻雙方雖然不直接參與辯論，但是每一個替身所說的話都將敲在他們心上，引發他們思考，打破傳統兩人相處模式中的認知局限，讓雙方不得不反思自己。同時，他們也嘗試站在對方的角度去想對方所想，急對方所急，真正做到換位思考，發自內心地去理解對方，接納對方。

核心目標

在夫妻辯論會技術中，我們要讓耳朵變得有用，讓嘴巴變得沒那麼有用。教育心理學研究顯示：人獲取的外界資訊中，83％來自視覺，11％來自所覺，3.5％來自嗅覺，1.5％來自觸覺，1％來自味覺，人類最常用的資訊交流手段是透過視覺和聽覺進行的，約占人類資訊總量的95％，但是聽覺對事物的反應速度遠快於視覺。陳靜析對 11 名擊劍運動員（二級或一級）、4 名田徑運動員（二級或一級）和 5 名非運動員進行測試，他們的年齡均在 18 ～ 26 歲之間，結果發現各受試者的觸覺反應和聽覺反應都明顯比視覺反應要快，觸覺比聽覺也稍快，即使對聽覺比較靈敏的田徑運動員也一樣。在日常生活中，我們已習慣運用視覺來接受資訊，卻忽視了聽覺對我們的重要影響。其實在短時記憶中，我們的編碼形式是以聽覺為主的。所謂的短時記憶就是指外界刺激以極短的時間一次呈現後，保持時間在 1 分鐘以內的記憶。外界的資訊只有經過短

時記憶才有可能進入到腦海中。夫妻關係面臨問題時，雙方都忽略了聽覺功能，對方說什麼完全不去聽，只一味地抱怨自己受的「怨氣」。耳朵的功能已完全被嘴巴給攻占了。這種現象所導致的後果就是雙方都封閉在自我的世界裡，外在的資訊都被堵死在耳朵外。

關於自我，這是心理學一直研究的一個古老且熱門的話題。主要是指個體對自己存在狀態的認知，是個體對其社會角色進行自我評價的結果。如果一個人失去自我，做任何事都考慮別人，不知道自己真正想要的是什麼，那這樣的人是可悲的。但如果一個人整天活在自我的世界裡，兩耳不聞窗外事，不能和外界建立很好的連線，那這樣的人往往是痛苦的。為什麼現在憂鬱症、自閉症患者越來越多，其實很大原因就在於他們對外界事物提不起興趣，做什麼事都覺得索然無味，喪失了愉悅感。他們整天沉浸在自我的世界中，慢慢回味往事種種，這就像一隻受傷的小貓，每天對著傷口輕輕舐舐，感嘆命運如此不公，為什麼受傷的總是自己，幻想著有一天可以發生奇蹟，自己可以得到救贖，傷口也會完全消失。殊不知，這種顧影自憐的行為只會加劇內心的悲苦，只會讓自己看起來更加的可憐和消沉。

夫妻雙方都覺得是對方的行為導致了問題發生，每天沉浸在受傷的世界中，不能正視問題的本質，這其實是一種逃避行為，只會加劇問題的嚴重性。在夫妻辯論技術中，我們就是要打破這種封閉自我，讓夫妻雙方在觀眾的視野下，開誠布公地把想法說出來。如果你說不出，沒關係，會有替身幫你說。這裡有兩個陣營，支持你的同伴會設身處地地幫你分析問題，幫你把內心想說卻不敢說的話說出來。你不再是孤零零的一個人，你的支持者都將和你同在。

技術特點與優勢

● （1）情感表達方式

夫妻辯論會旨在提供一個正式的平臺，讓雙方都能夠輕鬆自由地吐露出自己內心的想法；同時在多人的見證下面對問題，不再逃避內心的真實情感。

● （2）替身描述

當夫妻雙方過於關注問題的時候，他們往往會忽視一些細節，看不到對方為自己付出的種種，同時過於關注自我就容易忽視對方的感受。不過這些問題都可以透過替身描述來解決。替身雖是局外人，但是他們會設身處地地感受當事人的內心想法，並把這些想法真誠地描述出來，讓問題不再只是浮於表面，背後的情感和恐懼都將會呈現在明面上。

● （3）傾聽對方

夫妻問題往往得不到解決，主要在於雙方都站在自我的角度看問題，不願聽對方的想法。在夫妻辯論會技術中，我們會為雙方提供一個傾聽平臺。在這個平臺中，夫妻自己可以陳述問題，也可以讓替身幫忙發表看法。這樣，即使丈夫（妻子）不願意聽，也不能甩甩袖子走人了。這種流程式的技術操作可以讓雙方都能夠靜下心來傾聽對方的感受，從而意識到自己所犯的錯誤。

技術操作指南

1. 號召一些志工或朋友，相識或不相識都可以，以其中一對夫妻作為

主角，其他成員都作為參與者。由一個人作為組織者，尋找一處空曠、安靜的地方，開展夫妻辯論會。

2. 夫妻雙方陳述三分鐘，可以講自己夫妻相處的問題，可以表達感受，由雙方自行決定。

3. 夫妻相向而坐，搬兩張椅子，一張丈夫坐，一張妻子坐，中間留出過道。其他成員做出選擇，可以站妻子一方，也可以站丈夫一方。選好陣營後，模仿所選當事人的動作，然後感受當事人的心情，調整自己的心情，盡量與自己的當事人保持心情一致。

4. 替身感受自己當事人的心情和想法一分鐘。

5. 替身辯論：替身有想說的，就舉手發言，代替自己的當事人說話。當事人聽完之後可以糾正或補充。

6. 按照此規則進行多輪辯論，直到雙方達成一個真正意義上的溝通和理解。

7. 給夫妻雙方一分鐘時間，分享各自的感受和想法。

8. 以一首切合主題的歌曲結束，例如〈知心愛人〉等。

注意事項

1. 如果夫妻雙方不能都到場，可以現場讓其中一方選擇最像自己另一半的人作為代替，坐在代表丈夫（妻子）的位置上。

2. 引領者要注意維護好現場秩序，替身依次發言，避免混亂。

3. 過程中，夫妻雙方只能回應替身的發言，不能直接溝通和對話。

4. 辯論過程中，替身只是陳述自己感受到的當事人想說的話，不對當事人的故事或做法做出批評、建議、指導等。

參考文獻

1. 陳靜析（1980）·視覺、觸覺、聽覺的簡單反應時測定·上海體育學院學報·

2. 陳珠璋，吳就君（1984）·從演劇到領悟：心理演劇方法之實際應用·臺北張老師出版社·

3. Becker, R. E. (1989). *Psychotherapy Through Clinical Role Playing,* by Kipper, D. A. New York, Brunner / Mazel, 1986. 390 pp. *Clinical Psychology Review.*

4. Moreno, Zerka T./ Blomkvist, Leif Dag/ Rutzel, Thomas (2000). *Psychodrama, Surplus Reality and the Art of Healing. International Journal of Action.*

5. Kipper, D. A. (1998). *Psychodrama and trauma: Implications for future interventions of psychodramatic role-playing modalities. International Journal of Action Methods.*

原來你也在這裡
── 運用心靈感應來進行積極人際關係建設

問題提出

「請允許我塵埃落定，用沉默埋葬了過去，滿身風雨我從海上來，才隱居在這沙漠裡。該隱瞞的事總清晰，千言萬語只能無語，愛是天時地利的迷信，喔原來你也在這裡。啊哪一個人，是不是只存在夢境裡，為什麼我用盡全身力氣，卻換來半生回憶。若不是你渴望眼睛，若不是我救贖心情，在千山萬水人海相遇，喔原來你也在這裡。」

相信大家在看到這裡的時候，一定會不自覺地哼唱起來。這首〈原來你也在這裡〉是劉若英的代表作之一。歌詞源於張愛玲的經典小說《愛》。我當初聽這首歌，就被裡面纏綿悱惻，愛卻不能圓滿的故事所感動。這裡面既有張愛玲的感情寫照，也有劉若英本身的影子，所以一經演唱，就是永恆。

當然在這裡我不僅僅是想帶大家品味歌曲，我要表達的重點是歌曲的題目「原來你也在這裡」。在這短短的七個字中，飽含了人情中的驚喜和喜悅，在千山萬水中，我們相遇，成了彼此的依靠，彼此的伴侶。這種心靈的寄託，心靈的歸屬又何嘗不是人人所嚮往的呢？

我們從出生的那一刻起，就是一個獨立的個體。雖然在字面上獨立

代表著你的行為自由、思想自由。但是這種自由並不能彌補我們心靈的孤單，我們是一個社會中的人，我們需要參與人情世故，需要經歷人生悲苦。身體上的自由並不能滿足我們作為社會人的需求。心靈伴侶，最佳拍檔，才能讓我們體驗到真正的自由。快樂的時候有人和你一起瘋狂，孤單的時候有人和你一起聊天，這才是很多人所追求的自由。於是當我們傷心有人和我們抱頭痛哭時，當我們開心有人陪我們一起嗨皮購物時，我們才會感到真正的快樂，才會發出這樣的感慨：原來你也在這裡。談到這裡，你也許已經料想到了，我們要談的主題 —— 積極人際關係建設。擁有和諧的人際關係，你就擁有了人生中最美好的東西。沒有友誼的人將是終身可憐的孤獨者，而沒有友情的社會則只是一片繁華的沙漠。

美國心理學家卡內基甚至認為，一個人的成功 30% 靠才能，70% 靠人際關係。中國老一輩心理學家丁瓚曾說過：「人類的心理適應，最主要的就是人際關係的適應，所以人類的心理病態，主要是由於人際關係的失敗而來。」現在如果上網搜尋「人際關係」字樣，就會出現一大串「如何改善人際關係」、「人際關係的重要性」、「有效改善人際關係的七要素」等。從中我們可以看出，人際關係的問題的確是現在社會的一大通病。隨著手機、電腦的蓬勃發展，我們的人際交往更多地局限於這些電子產品中，真實的面對面交流越來越少，隨之帶來的心理問題也越來越多，在我做的心理諮商案例中，多半都是由於缺乏溝通造成的人際關係問題。

技術理念

社會心理學家舒茨（Alfred Schütz）1958 年提出人際需要的三維理論，舒茨認為，每一個個體在人際互動過程中，都有三種基本需求，即

包容需求、支配需求和情感需求。這三種基本的人際需求決定了個體在人際交往中所採用的行為，以及如何描述、解釋和預測他人行為。

包容需求指個體想要與人接觸、交往、隸屬於某個群體，與他人建立並維持一種滿意的相互關係的需求。在個體的成長過程中，若是社會交往的經歷過少，父母與孩子之間缺乏正常的交往，兒童與同齡夥伴也缺乏適量的交往，那麼，兒童的包容需求就沒有得到滿足，他們就會與他人形成否定的相互關係，產生焦慮，於是就傾向於形成低社會行為，在行為表現上傾向於內部言語，傾向於擺脫相互作用而與人保持距離，拒絕參加群體活動。如果個體在早期的成長經歷中社會交往過多，包容需求得到了過分滿足的話，他們又會形成超社會行為，在人際交往中，會過分地尋求與人接觸，尋求他人的注意，過分地熱衷於參加群體活動。而如果個體在早期能夠與父母或他人進行有效的、適當的交往，他們就不會產生焦慮，他們就會形成理想的社會行為，這樣的個體會依照具體的情境來決定自己的行為，決定自己是否應該參與群體活動，形成適當的社會行為。

支配需求指個體控制別人或被別人控制的需求，是個體在權力關係上與他人建立或維持滿意人際關係的需求。個體在早期生活經歷中，若是成長於既有要求又有自由度的民主氣氛環境裡，個體就會形成既樂於順從又可以支配的民主型行為傾向，他們能夠順利解決人際關係中與控制有關的問題，能夠根據實際情況適當地確定自己的地位和權力範圍。如果個體早期生活在高度控制或控制不充分的情境裡，他們就傾向於形成專制型或是服從型的行為方式。專制型行為方式的個體，表現為傾向於控制別人，但卻絕對反對別人控制自己，他們喜歡擁有最高統治地位，喜歡為別人做出決定。服從型行為方式的個體，表現為過分順從、依賴別人，完全拒絕支配別人，不願意對任何事情或他人負責任，在與他人進行交往時，這種人甘願當配角。

　　情感需求指個體愛別人或被別人愛的需求，是個體在人際交往中建立並維持與他人親密的情感連繫的需求。當個體在早期經驗中沒有獲得愛的滿足時，個體就會傾向於形成低個人行為，他們表面上對人友好，但在個人的情感世界深處，卻與他人保持距離，總是避免親密的人際關係。若個體在早期經歷中，被過於溺愛，他就會形成超個人行為，這些個體在行為上，表現出強烈地尋求愛的衝動，並總是在任何方面都試圖與他人建立和保持情感連繫，過分希望自己與別人有親密的關係。在早期生活中經歷了適當的關心和愛的個體，則能形成理想的個人行為，他們總能適當地對待自己和他人，能適量地表現自己的情感和接受別人的情感，又不會產生愛的缺失感，他們自信自己會討人喜愛，而且能夠依據具體情況與別人保持一定的距離，也可以與他人建立親密的關係。

　　舒茨的三維理論在解釋群體形成與群體分解中提出群體整合原則，即群體形成的過程開始是包容，而後是控制，最後是情感。這種循環不斷發生。群體分解的原則是反向順序，先是感情不和，繼而難於包容，最後失控，導致群體分解。

　　「原來你也在這裡」技術運用人際關係理論來打造真誠體驗式的遇見。在茫茫人海中，你和他都看不到彼此，卻能透過各自的感覺找到那個對的他，這種奇蹟的產生都是源於你和他是彼此的需求。

核心目標

◉（1）用心靈來感應心靈

　　兩個在平時中無話不說的朋友，你熟悉他／她的全部，他／她也清楚你的點滴，那麼當你們彼此都蒙上雙眼，還能在茫茫人海中找到那個

他／她嗎？這不僅僅需要朋友之間的默契，還需要心靈的感應和命運的安排。如果你覺得你可以找到，你可以透過感受他／她的呼吸、他／她的腳步、他／她的氣場慢慢走到他／她身邊，同時你也相信，他／她也會和你一樣，透過對你的能量場的感知來感受你，那你們終將會找到彼此。這是一種吸引力法則，也是一種說不出的祕密。

● （2）體驗積極的人際關係

在茫茫人海中，我看不到你，你也看不到我，但你卻能找到我，這好像是上天的安排，上天安排你我相遇，安排你我相知，安排你在眾人中尋覓到我，這是最美的故事，也是不可言說的緣分。在平時生活中，我們會和朋友交心，會和朋友聊天，卻從不曾靜下心來用心靈來感受這份友情，感受到這份關係的神奇所在。所以，當下我們就可以透過「原來你也在這裡」體驗矇眼識知己的奧妙，感受朋友之間的磁場吸引，進而使我們更加珍惜和感恩身邊的這個人，更加明白朋友對自己的重要性。

技術特點及優勢

● （1）如此交心

平時我們對朋友的認識一般是同甘共苦，有福一起享，有難一起當。如果遇到精神上的困惑，朋友也會無條件地幫助梳理和解決。身體上、精神上，朋友都會給我們支持和鼓勵，但心靈上，我們卻很少感知到朋友的重要性，我們有的也是偶爾的一句「有你真好」、「幸好還有你陪著我」、「你可比我老公／老婆好多了」等。其實一兩句讚美的話並不

能使我們真正明白朋友的好。朋友的力量遠比我們想像的還要大，還要重。在此技術中，我們可以不用眼睛，只靠心去感受，就能在人群中找到你所珍視的那個他／她。這種感應，這種交心，並不是一兩句好話就可以代替得了的。

● （2）調動人們的情緒，期待中還帶點小緊張

對於我們真心付出的朋友，我們都想了解他／她是否也和我一樣重視這份友情，一樣為我們之間的關係充滿感恩和祝福。在此技術中我們就充分調動了朋友之間的這種心理，在人群中看似隨意的走動，其實內心是充滿期待和緊張的。我們害怕找不到自己的朋友，也害怕朋友選擇的不是自己。但我們同時又抱著一份希望，萬一我們都認準了對方呢？萬一一睜眼就能看到對方的笑臉呢？這可是最激動的時刻了。所以我們不能逃避，我們必須用心來感知朋友的方位，用心來尋找朋友的氣息。

技術操作指南

1. 老師講解活動目的，帶領大家靜心體驗。
2. 閉上眼睛，調整呼吸。伴著音樂，慢慢地挪動你的腳步。
3. 隨意地走動，感受彼此的心跳，把自己融入這個情景中。在茫茫人海中，尋找生命的奇蹟。
4. 在你覺得合適時，慢慢地伸出你的手，如果你感受到了對方的手，確定的話，請緊緊地握住它。
5. 牽著他／她的手，隨著音樂的節奏，慢慢地走動起來。
6. 睜開眼睛，大聲地呼喊出：「哇，原來你也在這裡！」並給對方一個大大的擁抱。

7. 現在請你望著對方的眼睛，慢慢地調整你的呼吸，觀察對方所有的
   神態，用祝福和感恩的心情和對方進行一次心靈的交流。

8. 分享感受。

注意事項

1. 在閉上眼睛行走的時候，要確定場地安全，可以尋找一些助手來幫
   助自己。

2. 如果長時間仍沒有尋找到你的夥伴，不要著急，慢慢地隨著你的步
   伐繼續尋找。因為彼此的相遇相知是需要默契和磨合的，慢慢地去
   感受彼此的呼吸和心跳，直到遇到他的那一刻來到。

社會計量

——了解自己的人際交往距離

問題提出

　　不同國家、不同民族，文化背景不同，其交往距離也不同。這種差距是由於人們對「自我」的理解不同造成的。例如：北美人理解「自我」包括皮膚、衣服以及體外幾十公分的空間，而阿拉伯人的「自我」則僅限於心靈，他們甚至把皮膚當成身外之物，因此，交往時，往往出現阿拉伯人步步逼近，總嫌對方過於冷淡，而北美人卻連連後退，接受不了對方的過度親熱。同是歐洲人，交往時，法國人喜歡保持近距離，乃至呼吸也能噴到對方臉上，而英國人會感到很不習慣，步步退讓，維持適合自己的空間範圍。

　　每個人都是生活在社會中，在社會中就需要和別人交往。那麼，在和別人交往的時候，你能接受別人靠近你多少呢？多長的距離是你最希望的呢？當遠於或近於這個距離，你又是什麼感受呢？你又會有什麼樣的反應呢？「社會計量」技術旨在幫助個體了解自己的人際關係距離。

技術理念

一位心理學家做過這樣一個實驗。在一個剛剛開門的大閱覽室裡，當裡面只有一位讀者時，心理學家就進去拿椅子坐在那位讀者的旁邊。試驗進行了整整 80 次。結果證明，在一個只有兩位讀者的空曠的閱覽室裡，沒有一個受試者能夠忍受一個陌生人緊鄰著自己坐下。在心理學家坐在他們身邊後，大多數人很快就默默地遠離，到別處坐下，有人則乾脆明確表示：「你想幹什麼？」

這個實驗說明了人與人之間需要保持一定的空間距離。任何一個人，都需要在自己的周圍有一個自己把握的自我空間，它就像一個無形的「氣泡」一樣為自己「割據」了一定的「領域」。當這個自我空間被人觸犯時，個體就會感到不舒服、不安全，甚至惱怒起來。

就一般而言，交往雙方的人際關係以及所處情境決定著相互間自我空間的範圍。美國人類學家愛德華・霍爾博士劃分了四種人際間的區域或距離，各種距離都與對方的關係相稱。

● （1）親密距離

這是人際交往中的最小間隔或幾無間隔，即我們常說的「親密無間」，其近範圍在 6 英寸（約 15 公分）之內，雙方彼此間可能肌膚相觸，耳鬢廝磨，以至相互能感受到對方的體溫、氣味和氣息。其遠範圍是 6 英寸到 18 英寸（15 ～ 44 公分）之間，身體上的接觸可能表現為挽臂執手或促膝談心，展現出親密友好的人際關係。

就交往情境而言，親密距離屬於私下情境，只限於在情感上連繫高度密切的人之間使用，在社交場合，大庭廣眾之下，兩個人（尤其是異

性）如此貼近，就不太雅觀了。在同性別的人之間，親密距離往往只限於貼心朋友，彼此十分熟識而隨和，可以不拘小節，無話不談。在異性之間，親密距離只限於夫妻和戀人之間。因此，在人際交往中，一個不屬於這個親密距離圈子內的人隨意闖入這一空間，不管他的用心如何，都是不禮貌的，會引起對方的反感，也會自討沒趣。

● （2）個人距離

這是人際間隔上稍有分寸感的距離，已存在較少直接的身體接觸。個人距離的近範圍為 1.5 ～ 2.5 英尺（46 ～ 76 公分）之間，正好能相互親切握手，友好交談。這是與熟人交往的空間，陌生人進入這個距離會構成對自身的侵犯。個人距離的遠範圍是 2.5 ～ 4 英尺（76 ～ 122 公分）。任何朋友和熟人都可以自由地進入這個空間，不過，在通常情況下，較為融洽的熟人之間交往時，保持的距離更靠近遠範圍的近距離（2.5 英尺）一端，而陌生人之間談話時則更靠近遠範圍的遠距離（4 英尺）一端。

人際交往中，親密距離與個人距離通常都是在非正式社交情境中使用，在正式社交場合則使用社交距離。

● （3）社交距離

這已超出了親密或熟人的人際關係，而是展現出一種社交性或禮節上的較正式關係。其近範圍為 4 ～ 7 英尺（1.2 ～ 2.1 公尺），一般在工作環境和社交聚會上，人們都保持這種程度的距離，若不能保持相應的距離，就會造成雙方交往上的不適感。一次，一個外交會談座位的安排出現了疏忽，在兩個並列的單人沙發中間沒有放增加距離的茶几。結果，客人自始至終都盡量靠到沙發外側扶手上，且身體也不得不常常後

仰。可見，不同的情境、不同的關係需要有不同的人際距離。距離與情境和關係不相對應，會明顯導致人出現心理不適感。

社交距離的遠範圍為 7 ～ 12 英尺（2.1 ～ 3.7 公尺），表現為一種更加正式的交往關係。公司的經理們常用一個大而寬闊的辦公桌，並將來訪者的座位放在離桌子有一段距離的地方，這樣與來訪者談話時就能保持一定的距離。如企業或國家領導人之間的談判，工作應徵時的面談，教授和學生的論文答辯等等，往往都要隔一張桌子或保持一定距離，這樣就增加了一種莊重的氣氛。

在社交距離範圍內，雙方已經沒有直接的身體接觸，說話時也要適當提高音量，需要更充分的目光接觸。如果談話者得不到對方目光的支持，他（或她）會有強烈的被忽視、被拒絕的感受。這時，相互間的目光接觸已是交談中不可缺少的感情交流形式了。

● （4）公眾距離

這是公開演說時演說者與聽眾所保持的距離。其近範圍為 12 ～ 25 英尺（3.7 ～ 7.6 公尺），遠範圍在 25 英尺之外。這是一個幾乎能容納一切人的「門戶開放」的空間，人們完全可以對處於空間內的其他人「視而不見」，不予交往，因為相互之間未必發生一定連繫。因此，這個空間的交往，大多是當眾演講之類，當演講者試圖與一個特定的聽眾談話時，他必須走下講臺，使兩個人的距離縮短為個人距離或社交距離，才能夠實現有效溝通。

顯然，相互交往時空間距離的遠近，是交往雙方之間是否親近、是否喜歡、是否友好的重要象徵。因此，人們在交往時，選擇正確的距離是至關重要的。我們了解了交往中人們所需要的自我空間及適當的交往

距離，就能有意識地選擇與人交往的最佳距離，而且，透過空間距離的
資訊，還可以很好地了解對方實際的社會地位、性格以及彼此之間的關
係，更好地進行人際交往。

核心目標

●（1）測量個體潛意識中，能和別人正常交往的空間距離

　　空間距離其實是心理距離的一種展現。根據交往距離的定義：交往
距離是交往差異前提下所產生的心理保留現象，不難判斷交往差異是導
致交往距離產生的關鍵因素。正如世界上沒有完全相同的兩片樹葉一
樣，交往者之間的差異是客觀存在的，它表現在思想、感情、氣質、性
格、情趣、愛好、風俗習慣等多個方面，而這些差異必然會導致交往者
之間存在心理距離，這也就決定了交往距離永遠不可能完全消除。所
以，個體在交往中呈現什麼樣的交往距離，其實是自己的個性使然。我
們在此技術中，透過測量個體正常交往的空間距離，幫助其達到更好的
自我認知。

●（2）了解個體和別人交往的一般模式

　　性格開朗、喜歡交往的人更樂意接近別人，也較容易容忍別人的靠
近，他們的自我空間較小。性格內向、孤僻自守的人不願主動接近別
人，寧願把自己孤立地封閉起來，對靠近他的人十分敏感，他們的自我
空間受到侵占時，最易產生不舒服感和焦慮感。

　　所以在交往的過程中，自己屬於主動的開放型，還是屬於被動的封
閉型，或者是屬於觀望型，都可以透過人際關係距離展現出來。

技術特點與優勢

● （1）人際關係的可操作化

透過你與他人相處時最舒服的位置和最不舒服的位置，可以看出你在人際交往中的心理空間距離。在親密關係中，你能接受的最大距離是多少；在陌生關係中，你能允許的最小距離是多少。我們了解了自己在交往中所需的自我空間及適當的交往距離，就能有意識地選擇與人交往的最佳距離。

● （2）行知合一

當你選擇這個人際距離時，你內心中肯定會產生「我為什麼會選擇這個距離？為什麼會覺得這個距離是最安全的？」這些問題的答案就是知行合一的展現。把你的所想和所為結合起來，共同來闡述你的人際交往模式，從而更好地明確你的交往心態，更好地進行人際交往。

技術操作指南

1. 指導語：「現在我們都站在這樣一個固定的空間裡，在我們的周圍，是其他的團體成員，大家彼此之間或許很熟悉，又或許不太了解。當我說『開始』時，在這個空間裡，每個人都要去尋找一個自己覺得最願意站在那裡的位置，然後在那個位置站好。在這個過程中，成員可以多次調換位置，因為別人的選擇可能會影響到你。但是當你調換的時候，記住用內心去體會你為什麼要做出這個調換，以及在你覺得需要調換的時候內心的感覺。好了，現在開始。」

2. 團體成員開始在這個空間中選擇自己的位置。在團體成員最後達到一個相對平衡的形勢時，團體導師拿出人際關係魔法尺，測量每位成員和其他人的距離為多少。

3. 團體導師講解交際中的四種空間距離。

4. 每個人分享自己在這個過程中的選擇過程，以及內心體會。

5. 在這個空間裡，重新選擇一次讓你覺得最不舒服的位置，和上次一樣的過程，最後分享體會。

參考文獻

1. 韋志中（2013）‧學校心理學：工具箱指導手冊‧武漢大學出版社‧
2. 鄒紅梅，何文琦（2002）‧略論人際交往中的距離‧江西廣播空中大學學報‧

放大鏡
—— 增加父母對孩子的讚美語言

問題提出

　　一直以來，我們的家庭教育都是建立在「糾錯」基礎上的，對孩子的缺點異常敏感。有些家長對孩子的缺點、錯誤，不善於從鼓勵改正出發達到批評、糾正的目的，而總是疾言厲色，甚至諷刺打罵，刺激孩子幼小的心靈。這種教育容易讓孩子失去個性，只會按照家長要求來雕刻自己的形象，沒有鮮明的稜角，個性不突出。

　　家長吝嗇對孩子表揚，吝嗇表揚孩子的每一個優點，吝嗇表揚孩子的每一次進步，吝嗇表揚孩子的每一個行為。從這一角度來看，我們的孩子很缺愛，缺少來自父母的肯定與讚美。谷田雅春曾經說過：「要培養好孩子，首先要表揚，肯定孩子的優點。」讚美孩子的重要性由此可見一斑。

　　中國教育家陳鶴琴先生說過：「隨便什麼事，你要小孩怎麼做，做什麼樣的人，學什麼樣的事，求什麼樣的知識，研究什麼樣的問題，你要有一個什麼法寶呢？就是『鼓勵』。」孩子需要成人的愛護和評價，需要成功的喜悅。其實每個孩子都有他們的優點，家長們應不斷地拿著放大鏡在孩子身上尋找有價值的行為，多學會用表揚的方式，增強孩子的自

信心。有時，哪怕是沙裡淘金，哪怕是微小的一點閃耀，家長都需要放大幾倍來看，對孩子露出一個充滿信心的微笑，讓孩子在自信中成長。

技術理念

心理學上有正強化原理，正強化又稱「陽性強化」。陽性強化法應用操作性條件反射原理，強調行為的改變是依據行為後果而定的，其目的在於矯正不良行為，訓練與建立某種良好行為。即運用正性強化原則，每當兒童出現所期望的心理與目標行為，或者在一種符合要求的良好行為之後，採取獎勵辦法，立刻強化，以增強此種行為出現的頻率，故又稱獎勵強化法。

「陽性強化法」屬於行為治療法，創始人為巴夫洛夫（Ivan Petrovich）和霍爾。行為主義理論認為，「行為是後天習得，一個習得行為如果得以持續，一定是在被它的結果所強化，如果想建立或保持某種行為，必須對其施加獎勵」。通俗地說，陽性強化法即對正確的行為及時獎勵，對壞的行為予以漠視和淡化，促進正確的行為更多地出現。

早在 1960 年代，一群學前教育的老師就進行了一項正強化經典的研究。他們利用正強化幫助一位小女孩克服羞澀心理，這項研究成為最被廣泛引用的關於正強化的例證。這群老師非常擔心這個小女孩，因為她幾乎不和其他小朋友玩耍，而花太多時間和成年老師待在一起，於是他們決定透過正強化鼓勵她與小朋友們一起玩耍。他們知道，這個小女孩喜歡得到來自老師的表揚，所以他們決定只有當她和另一個小朋友一起玩耍時才表揚她。這項研究分為四個階段。他們在第一階段統計了在未對小女孩採取措施之前，她同其他孩子及老師交往的頻率。第二階段，

教師在小女孩和其他孩子玩耍時給予其強化（表揚），但其他方面幾乎不對她給予關注，這樣，她只在和其他孩子進行玩耍時才能得到來自老師的表揚。當老師對其進行表揚時，她與夥伴玩耍的頻率顯著增加了。為了確定是正強化而不是其他因素導致了這種改變，教師在第三階段（撤銷階段）停止了對小女孩進行強化，在第四階段重新對其進行強化。當正強化停止後，小女孩與同伴玩耍的頻率降低，而在第四階段，隨著正強化重新開始，她與玩伴玩耍的頻率又增加了。這樣，老師們透過使用正強化手段，能夠有意地教給這個小女孩一種更具適應性的玩耍模式。

所以，當個體做出某種積極行為後，及時地獎勵，這種積極行為產生的機率就會相應增加，而對於孩子來講，最好的正強化就是關注孩子的優點，表揚孩子的行為。

陳華英在對高一學生家長的調查研究中發現，從尊重、信任子女的角度來看，父母在語言上表現還不夠主動。91%的家長當孩子犯錯時，常常嘮叨、指責；約96%的父母喜歡用「不要」、「不許」的語句指責孩子的行為；61.3%的家長寧可對孩子嘮叨，也少讚揚；75.9%的家長用餐時，常常訓誡孩子。

青少年期的親子溝通與青少年心理的健康發展密切相關，但青少年期卻是親子溝通問題多發時期。由於青少年期的個體獨立自主意識的發展，他們在心理和行為上對父母的脫離感增強，越來越不滿意父母的約束。這時如果父母未意識到子女心理上的變化，沒有加強與子女的溝通，只是透過粗暴的責罵或打擊等方式進行溝通，則會導致親子溝通障礙，大量的消極語言會對孩子的心理健康產生負面影響，更加劇親子衝突的發生。有關研究者發現，良好的親子溝通與青少年的學業成就、自尊和心理健康呈正相關，與青少年的孤獨、憂鬱呈負相關。

美國心理學家馬斯洛的需求理論認為，人的需求和欲望是多種多樣的，可以歸納為生理需求、安全需求、人際關係需求、尊重和榮譽的需求、自我實現需求。一個人的兒童時代，儘管主觀意識比較簡單，社會化程度不高，但是除了基本的生理需求以外，他還需要做一個「好孩子」。到了青少年時期，與父母形成良好的親子關係，得到父母的尊重，成了這個時期青少年的主要心理需要之一，父母的鼓勵是青少年形成良好自我，適應社會的動力泉源之一。

核心目標

● （1）增加父母的讚美語言

平時多關注孩子的積極行為。當孩子出現期望中的行為時，及時給予正面回饋，不僅可以強化孩子的積極行為，而且也可以改善孩子對父母的態度。如果父母已經習慣採用責備的方式來教育孩子，這樣無形中就會加強孩子對父母的埋怨和疏離。多採用讚美語言，讓孩子感受到你是在關注他，是在愛他，這種親情的力量遠比任何積極語言有重量。

● （2）幫助孩子建立自信

孩子由於自我認知能力有限，他們往往依靠別人的評價來給自己進行定位。如果父母一直採用消極的語言責罵孩子，孩子就會形成「我很笨」、「我怎麼什麼事都做不好」、「我只會惹爸媽生氣」等負性的自我評價。這種低自尊、低自信、低自我的人生態度可能會影響孩子的一生。孩子以後的生活和工作可能都會籠罩在這種陰影中。

技術特點與優勢

● （1）採用演講的方式放大孩子的優點

　　此技術不僅僅需要父母關注孩子的優點，還需要父母把孩子的優點放大，讓更多的人知道我的孩子是多麼的優秀。這並不是炫耀，也不是賣弄，而是從心底裡喜歡自己的孩子，讚美自己的孩子。讓孩子知道，自己的父母是多麼地以他為驕傲。當然，作為孩子，看著父母在眾多人面前讚美自己，誇獎自己，這也是對自己的一種肯定和激勵，那麼在今後的日子裡，孩子肯定會以更加積極的行為來回報父母。

● （2）更得人心的誇獎方式

　　如果父母只是單純誇獎自己的小孩，就會被當作寵溺，如果在誇獎自家小孩的基礎上再誇獎別家的小孩，才會更見人心。父母誇獎孩子並不是為了彌補自己以前的錯誤教育，也不是為了討好自己的孩子，而是真正地想用讚美的力量來幫孩子更好地成長，想讓孩子更加自信快樂地成長。

技術操作指南

　　「放大鏡」技術透過讓家長書寫〈我的孩子我的寶〉的演講稿並當眾讀出，幫助孩子建立自信心和自我評價；使用「內外圈技術」動用全體家長的力量，來強化孩子的自信心，使孩子在自信中成長。

　1. 家長以〈我的孩子我的寶〉為題，寫一篇演講稿。演講稿內容為表揚孩子的優點，要求如下：

★ 內容具體，詳細寫出孩子所值得表揚的某一件事情，不能簡單以一句「你是個好孩子」帶過。

★ 實事求是，不誇大，但也不吝惜。

★ 真誠，發自內心，不隨意給孩子戴高帽。

2. 團隊的家長依次演講〈我的孩子我的寶〉，當家長講到精采的、誇獎孩子優點的地方時，聽眾可以鼓掌。

3. 孩子圍坐成一個圓圈，面朝圈外，所有的家長在孩子的外圍坐成一個圓圈，面朝圈內，與孩子面面相對。

4. 每位孩子手裡拿著各自父母〈我的孩子我的寶〉的演講稿，然後圈外的家長對對面的孩子進行表揚，說一些誇獎、鼓勵的話語。然後外圈的家長向右移動一個位置，對下一位孩子給予表揚和鼓勵。依次類推，直至外圈的家長對內圈的每個孩子都進行了表揚和鼓勵。

5. 自由分享。家長可以分享一下自己寫〈我的孩子我的寶〉時的內心的真實想法、在講臺上誇獎自己孩子時的感受、在使用內外圈技術時誇獎所有孩子時的情緒波動，以及所有被自己誇獎的孩子的反應，孩子可以分享一下家長在臺上做〈我的孩子我的寶〉演講時自己的感受與在圈內被所有家長表揚和鼓勵時的心路歷程。

6. 家長和孩子自由選擇活動室內的人表達自己的情感。表達的對象可以是自己的親人，也可以是其他的家長或者孩子。表達形式不限。

注意事項

1. 家長在寫〈我的孩子我的寶〉演講稿時，需要按照要求，這樣對於孩子的成長才是有幫助的。

2. 在自由分享階段，真實地說出自己內心的感受，表達即是一種愛。

參考文獻

1. 韋志中（2013）·學校心理學：工具箱指導手冊·武漢大學出版社·
2. 詹芳香（2010）·家長語言對孩子心理健康的影響·湖南師範大學碩士論文·

電話簿
—— 手機通訊錄的優化對人際關係的影響

問題提出

　　手機通訊錄的容量很大，有些人通訊錄的聯絡人甚至達到上千個，但其中又有多少個號碼的主人是你親密的朋友、敬愛的師長？你會在某一天突然想起他們，想聽聽他們的聲音，想知道他們的近況，想跟他們聊聊你的近況嗎？

　　生活中，我們會聽到很多類似這樣的抱怨：同學或者朋友聚會了，可是來的人永遠都只是那麼幾個。週末想約個人一起吃飯，卻不知道這通電話該打給誰。同家人慪氣了，想找個人傾訴一番，邁出家門，茫然不知該走向何方……看著自己手機裡成百上千的聯絡人，卻發現認識的人越來越多，朋友卻越來越少。突然感覺好無奈，所謂的朋友，真的就是這樣的嗎？還是我們根本就沒有。說沒有，也許太過嚴重，但我們的確需要從冗長的通訊列表中把朋友給挑選出來，的確需要給通訊簿做一個「減壓」，也給自己的人際關係做一個優化。

技術理念

心理學研究已證實，人都會有自我中心的一面，也就是說，所有人都喜歡有人牽掛、有人想念的感覺，因為這會讓自己感受到自己很重要。這就是社會心理學中的社會支持系統。社會支持系統對個人的心理健康和幸福生活有重要作用，而這一作用是透過人際連繫來實現的。現代生活中，物理空間因為現代科技的發展而日益擴大，手機聯絡成了一種越來越普遍的人際交往方式。那麼，透過運用「電話簿」技術，來完善和加強個體的社會支持系統，和諧個體的心理生態系統，也就有章可循了。

相互交往效率是影響人際關係非常重要的因素。人與人相互交往的次數越多，越容易擁有共同的經驗、共同的話題，從而建立密切的人際關係。每個人手機上都存著成百上千個號碼，我們似乎都有龐大的社會支持系統，但是當個人內心感到孤獨難受的時候，在生活中遇到重大生活事件而壓力增大時，卻不知找誰傾訴，手機裡的「朋友們」變成了「最熟悉的陌生人」。為什麼會這樣呢？社會心理學中的人際理論指出，個體的社會親和動機受到各種因素的支配，如興趣愛好、時間空間、利益需求，或是內在心理需求等，而自然動機下的人際交往頻率正在因為社會環境因素的干擾而逐漸下降，因為平時沒有聯絡，個人無法感受到來自他人的支持，相互之間的連繫就越來越少，親密感也逐漸降低。生活經驗也告訴我們，社會支持系統除了需要建立，更需要去維護。維持自己的交友圈，保持與他人的有效接觸，是保持心理健康、提高抗壓能力的關鍵。

然而，每個人在人際交往方面的心理容納能力是有限的。進化心理學研究發現，在原始部落中，最終得以保留下來的大都是 150 人左右的群體。也就是說，一個人的人際交往圈達到 150 人之後，就較容易出現「過剩」現象，造成人際關係資源的浪費，甚至會影響到那些有價值、需要被維護的良好人際關係。所以，只有不斷地清理和優化，才能有空間建立新的人際關係，才能保持心理生態系統的良性循環。我們把這一過程具體化，電話號碼本就變成一個重要的載體，整理聯絡人的過程，就是對自己的人際心理空間優化和管理的過程，這樣有利於保證心理能力不浪費在無謂的關係中。

核心目標

●（1）改善人際關係

手機通訊錄中的聯絡人越來越多，並不代表你的人際關係就越來越好。有一些所謂的「潛水員」根本就不會聯絡你，你儲存他們的聯絡方式又有什麼意義呢？所以給自己一個解脫，也給手機一個減負，別讓那些所謂的「重要聯絡人」迷惑雙眼，也別讓那一句句無意義的東拉西扯影響了自己對朋友的美好定義。當然，如果你還保留對一些人的思念，那麼請立即行動起來，別讓時間沖淡了你們的情誼，也別讓沉默加寬了你們的距離，你那一句「我想你」遠比夢中相會來得更深刻。所以電話簿技術的目標就是讓親者更親，讓遠者更遠甚至消失。

●（2）讓電話給人情加分

現在不管男女老幼，差不多人手一部手機。手機已經成了人們聯絡感情的主要媒介之一，FB、IG 和 LINE 已成為感情連繫的三大管道。明

明聯絡人的數量那麼多，但我們卻找不到聯絡的理由。保留電話簿的意義並不是為了顯示你人際圈的廣泛，而是為了讓你更好地跟親朋好友們相處和交流。所以，優化通訊錄，使用電話簿，多拿起手機聽聽對方的聲音，與他們聊聊近況，談談生活，一起享受這單純且美好的時光。

技術特點與優勢

● （1）原來可以這麼溫馨

現實中，我們疲於工作和生活，每天被繁雜的瑣事弄得精疲力盡。好不容易熬到週末了，可以不用去上班，可以不用早起替家人做飯，可以安安穩穩地睡個懶覺，這是身體的休息。但關於精神，我們卻很少做出行動。好久沒有跟家人聯絡，好久沒有跟朋友閒聊，好久沒有問候老師，好久沒有關心同學。這些都可以透過手機來搞定。找個空閒的時間，撥通那個想要聯絡的人的電話，靜靜地送上關心和想念。這個畫面，該是何等的溫馨。

● （2）原來可以這麼暢快

工作上受委屈了，無法向同事訴說；生活中孩子太不讓人放心了，不能和老公嘮叨；逛街時，自己相中的衣服被別人捷足先登了，不好和店員爭吵……真的是好生氣，好委屈。沒關係，開啟電話簿，找到那個可以聽你抱怨的人，真實地表達自己的內心想法，不用在意什麼形象，不用關注別人的眼神，只要自己一吐為快，就是這麼爽快。

● （3）原來可以這麼幸福

在我們的人際關係系統中，除了我們的家人，朋友也占據重要的位置。朋友會牽掛我們，會關心我們，會為我們哭、為我們笑，這就是友情的魅力所在。我們開啟電話簿，和朋友閒話家常，談談瑣事日常，也是很愜意的事。和一個朋友聯絡，我們可能會覺得很平常，但是和10個、50個朋友聯絡下來，你就會覺得原來可以這麼幸福，有這麼多人關心我們、在乎我們，我們一起喝茶聊天，一起逛街約會，將內心的喜悅放大加深，這真的是人生中的很浪漫的事。

技術操作指南

1. 找一個相對安靜的地方，翻出手機電話簿，按照順序一個不落地看完通訊錄中的所有姓名和電話，挑選其中至少50位想聯絡的人，並按照與自己的關係進行分類。不論理由，親密的朋友、愛人、親人，太久沒聯絡，或有工作要談，再或者只是想知道這個人是否還尚在人世，都是讓他的名字入列的理由。

2. 在挑選出的50個名字中，仔細斟酌選擇當下你最想跟他通話的10位，記好他們的姓名和聯絡方式，排好聯絡的順序，避免遺漏。

3. 找一個舒服的姿勢坐好（這樣可以讓你的聲音聽起來更有精神），清清嗓子，鄭重地撥通第一個你最想聯絡的人的號碼。

4. 記住，這是一件很有積極意義的事情，對方一定會因為接到你的電話而欣喜。對方接聽後，可以說說你打這個電話的前因後果，不妨透露一下你是在數十個人中首先選出他來的。然後，放鬆地聊聊

天，說說雙方的近況，最近的熱點時事，或者某個品牌的化妝品，抑或只是拉拉家常。這通電話，十分鐘是下限，其實對於久未聯絡的人而言，這是輕而易舉的事情。同時，注意在電話中多聊一些積極的資訊，選一些輕鬆的話題，當成這是在某個午後或傍晚，心與心之間心無旁鶩地真誠交流。

5. 在電話快結束的時候，最好雙方共同選定一個合適的時間和地點見一面，哪怕只是一起喝喝茶、看一場電影、逛逛街，都是不錯的選擇。面對面地接觸，有表情、有互動，彼此間的連線才會更真實。同時，見面的時候，聊起彼此共同認識的人，不妨在那個時候立刻撥通那個人的電話，回憶一下曾經共同經歷的歲月，送去對彼此的祝福。

6. 如法繼續，打電話給剩下的 9 個重要他人，一定要在固定的時間都聯絡一遍，防止擱置之後再難抽出時間或者因為工作繁忙而遺忘。

7. 最初選出的 50 個號碼繼續保留，當完成第一個「10 個號碼」計畫後，繼續找其他時間，完成第二個、第三個……一直到第五個「10 個號碼」計畫。每打完 10 個號碼，完成預約見面等步驟之後，你慢慢就會發現你的內心會越來越有力量，會發現原來有這麼多人在關心著自己，這麼多人因為自己的牽掛而開心。你的心理生態系統也會慢慢變得更加和諧。

8. 對於那些已經是空號的，想不起來是誰的，或者已經換了主人的號碼，請將它們從你的電話簿中刪除。

注意事項

1. 此技術最關鍵的地方就在於「行動」，拋開所有的顧慮和擔憂，按照步驟去完成整個計畫，一定會有驚喜等著你。

2. 切忌在通話過程中相互抱怨生活不如意、工作上的無數煩惱，相互抱怨不但解決不了問題，還會使壞的情緒和心境加強，打完電話之後不但沒有收穫，反而覺得心情很糟糕。

3. 真誠是整個交流過程中的基本原則，不需要客套寒暄，這也不是一個工作或課程任務。實施此計畫，我們希望的只是收穫一份心與心相互理解、相互支持的生活力量，是以共同迎接美好的生活為出發點的。

4. 如果在實施計畫過程中內心有所感悟和觸動，不妨記錄下來，不需要完整的文章或段落，一兩句話即可。

5. 將整理、優化電話簿變成一種習慣，讓你的電話簿中的名字和號碼都成為有意義的符號，行動起來，讓電話簿成為你人際關係成功的砝碼。

參考文獻

韋志中（2013）·幸福干預·清華大學出版社·

一次別離
── 利用正向心理學技術處理分離問題

問題提出

先跟大家分享一個故事：

一個女人想要離開自己的國家伊朗，帶著老公和女兒一造成西方國家去居住，這樣家庭和個人都能得到很好的發展。為此，她幾乎已經做好了所有的準備，但是老公卻不同意，他擔心自己走了之後，他那患有老年痴呆症的父親得不到照顧。出於這個考慮，老公決定留下來。男人的決定讓女人很不悅，她很快就把男人起訴到法院，她要和自己的丈夫離婚。但是法院駁回了女人的「無理請求」。離婚不成的女人離開了家，搬到了自己的父母家。

也許到這裡大家就會有疑問，為什麼妻子不能獨自離開呢？

因為在伊朗有一個法律規定，妻子要出國的話，必須要跟她的丈夫一起走，否則就得離婚。若男人不同意離婚，女人就哪也去不了。當然他們也可以選擇僱用他人來照顧父親，但伊朗人是非常重視人情的，儘管父親已不認得他，男人仍不願意撇下父親離開。

談到這裡，也許有人已經想起了這個故事。這是伊朗電影《分居風

暴》裡的情節，本片在第 61 屆柏林電影節獲金熊獎、最佳女演員和最佳男演員銀熊獎，可以說是好評如潮。為什麼這種別離情節的電影會得到如此高的讚響呢？因為它不單單是一個時間點、一個故事點的爆發，而是將各種「分離」全都交織在一個故事中，且無論在哪一個層面上，都顯示出了一道鮮明的裂痕，這才是其出彩之處。

其實很多時候我們是不願意面臨別離的，別離就意味著分開，就意味著孤單無依靠。「勸君更盡一杯酒，西出陽關無故人」，每次想到這句詩，就覺得惆悵孤寂，是一種冷冷的冰雨在臉上胡亂地拍的感覺。人生的四大樂事，其中之一就包括他鄉遇故知。這也是人們期盼團聚，期盼朋友的內心呼喊。因此為了避免分離，建構屬於自己的安全城堡，在我們剛出生的那一刻，我們就踏上了尋找愛和溫暖的征程。我們努力奮鬥，刻苦學習，勤勉工作，買房買車，結婚生子，廣交朋友。這些都是為了建構安全氛圍，讓身心得到歸屬。

技術理念

人本主義心理學家馬斯洛 1943 年在〈人類動機的理論〉（*A Theory of Human Motivation*）論文中提出，人一生都在追求五種需求的滿足：生理需求、安全需求、社交需求、尊重需求和自我實現需求。其中生理需求和安全需求屬於基本需求，只有基本需求被滿足後，個體才會追求更高層次的需求滿足。馬斯洛認為整個有機體是一個追求安全的機制，人的感受器官、效應器官、智慧和其他能量主要是尋求安全的工具，甚至可以把科學和人生觀都看成是滿足安全需要的一部分。分離就意味著安全需求沒有被滿足，但我們又無不在分離中度過，上學與父母分離，下

班與同事分離，工作與同學、學校分離。這些分離一步步地構成了我們的人生，並且這些分離體驗會決定我們未來人生的走向。

比如說媽媽第一次送孩子去幼稚園，沒有照顧到孩子的幼小心靈，直接把他丟下就走了。結果孩子很害怕，很恐懼，因而導致一些所謂的心理問題的發生。比如：他不願意在學校裡上廁所；他在學校裡就是不能安靜；他每天就趴在幼稚園的窗戶邊，等著媽媽回來接他。這一切其實都是跟分離有關，當他有了這樣的一次分離之後，是不是會對他未來的分離產生影響？

另外，你可能也注意到了，在送別他人時，人們往往有兩種表現，一種是等到火車或飛機漸行漸遠，被送別的人已經走得很遠看不見了，這個人才轉身離去。另外一種就是剛說完再見，自己就趕快跑掉了。我叫後一類人為「趕快跑掉的人」，為什麼叫跑掉了呢？因為他們害怕分離的那種感覺和體驗。所以這一類人就是先說再見的人。也許你會認為這是禮貌問題，但是實際上是因為他們害怕被拋棄。因為你先走就意味著我被拋棄，我送你離開後，就要自己一個人孤單地站在那裡，這種滋味的確不好受。所以在戀愛中就會出現一些人，一遇到不對勁的地方，就會大吵大鬧，這可能就是以前他／她的分離體驗影響了他／她現在的行為。

分離問題會引發一系列的心理問題，分離焦慮就是其中之一。依照《精神疾病診斷與統計手冊（第四版）》（*DSM-IV*）的界定，分離焦慮是指個體與其依戀對象分離或與其家庭分離有關的過度焦慮和發展性不適。它是一種普遍存在於個體童年和青春期早期的精神障礙，還常見於一些父母及接受心理治療的患者。患分離焦慮的個體一般會表現出與分離有關的過度焦慮、憂鬱和一些受焦慮影響的不安行為，哭泣、身體不

適（如胃痛、頭痛）、逃避（如拒絕分離）及採取獲得安全的行為（如不斷打電話給依戀對象，要求回到依戀對象身邊）等是其主要症狀。

其實在我們的生活中，每個人都存在不同程度的分離焦慮，但大多數人一般覺察不到，因為這種分離焦慮並不會影響自己的工作和生活，只有發展成心理疾病，才會受到重視。但是此類焦慮會降低我們的生活品質，例如：戀人要和我分手，但是我不願意，我每天期盼著戀人能夠回心轉意，能夠重新回到我身邊，即使知道了他／她的身邊已有別人，我也不想離開，我對身邊的男生／女生不再理睬，對身邊的朋友也沒有了興趣，這已經影響到了個人正常的人際交往。

核心目標

其實，我們已經懂得了分離的種種不好，但是我們就是跨不去心裡這道檻。因為我們忽視了體驗的存在。一次別離、一幅畫面、一首詩歌，一次身體的淋漓盡致的出汗，都可以讓我們敞開心扉，對分離有一個全新的認知，並且去接受它，擁抱它，甚至感謝它。

技術特點與優勢

「一次別離」技術運用簡單的「走」、「拉」、「求」、「抓」動作來模仿分離，使參與人員能夠體驗到分離時的無能為力和自己大聲挽留的強烈渴望。自己再一次經歷分離，再一次面臨痛苦，這種深刻的體驗其實也是對以往情結的交代和總結。我已經意識到了分離給我帶來的傷害，已經表達了那時曾經沒有勇氣說出的話，這其實也是一種解脫，一種豁達。

技術操作指南

1. 想像你的分離。請大家閉上眼睛，想像頭頂上飄過四個字「一次別離」，想像其中的畫面。這個畫面發生在什麼時間，當時的天氣怎樣，都有誰在場參與，你的心情如何。盡量使畫面清晰。

2. 畫出你的分離。準備紙筆，把剛才想像的畫面盡可能地畫出來。在此期間，不管體驗到什麼心情，你一定要讓它自然地流露，不要阻止它。

3. 書寫你的分離。畫畫結束後，在紙的背面寫出你的分離。你可以寫成一首小詩，透過內在聲音來表達你的感受。

4. 分享你的分離。和同伴分享你的分離。

5. 身體體驗你的分離。分享之後，開始行動，從行為中體驗分離。具體步驟如下：

   ① 請全體成員起立，放下手中所有的東西。

   ② 分組。進行「一二一二……」的報數，報「一」的為一組，報「二」的為二組。

   ③ 動作指導。一組和二組面對面站立。一組成員一隻手抓住二組成員的衣服，另一隻手扯著他的一條手臂。二組成員弓字步，做出準備走的動作。

   ④ 行為模仿。二組成員重複說著「我要走了」這句話，同時伴隨走的動作。一組成員要抓著他，不能讓他走。

   ⑤ 互換角色。一組和二組成員互換角色，重複上面的體驗。

   ⑥ 經過上面步驟的體驗，我們的身體會引發相應的情緒，這種情緒的引發和想像的畫面不一樣，它是一種現場性的行為爆發，具有強大的力量。

參考文獻

王力娟，楊文彪，楊炳鈞（2008）．分離焦慮研究述評．學前教育研究．

替身技術
—— 夫妻辯論會中的積極技術

問題提出

夫妻關係中的另一半是我們人生中遇到的所有人中與我們在一起生活時間最長的人，所以當有人提出「你覺得你了解你的另一半，並且理解他／她嗎？」這個問題的時候，你的答案可能是毫不猶豫地肯定：「我都跟他／她生活了幾十年了，我還不了解他／她嗎？」確實，這是一個可以論證的真命題，但是生活中有時候並不是完全講道理的，很多出問題的夫妻關係，都是因為到最後才突然發現自己根本不了解另一半。

技術理念

建構水準理論認為，由於自我決策者，又稱當局者，身處局內（心理距離近），只能對事物採取較低水準的建構，更多關注具體、表面、區域性和背景化的資訊，因而「不識廬山真面目」，做出非理性決策。身處局外的旁觀者（心理距離遠），由於能對事物採用較高水準的建構，更多關注事物本質、整體和去背景化的資訊，因而能做出更理性的決策。所以當夫妻兩人出現矛盾時，由於雙方都屬於當局者，他們在某些事情的態度上往往會出現違背理性決策原則的現象。波爾曼讓受試者在有 8 種

油漆（較少選項）或 35 種油漆（較多選項）的色板上選擇其中一種作為
自己或他人臥室的油漆，並讓其評估對所選油漆的滿意度。結果表明，
代他人決策組受試者從較多選項中選擇的滿意度高於從較少選項中選擇
的滿意度，自我決策組受試者從較少選項中選擇的滿意度反而高於從較
多選項中選擇的滿意度，表現出選擇超載效應。所以在夫妻關係中，採
用替身描述，可以讓當事人看清事情的本質和整體，從而更好地調解夫
妻關係。

替身技術我們在前面「夫妻辯論會」這一章節中曾提到過，它是心
理劇中的一種重要技術，它同鏡子技術和角色互換技術共同構成了「一
個蛋糕的三層」。在心理劇中，替身由主角選定，其重要意義是說出或演
出主角沒有說出甚至是沒有意識到的想法和感悟。

在一般情況下，替身在同感主角的基礎上，被要求演出主角的內部
話語、一連串想法、身體姿態和行動。莫雷諾（Zerka Toeman Moreno）
指出主角也可能從替身身上學到一些東西，並教會替身一些事情。他也
相信，發生在主角和替身之間的交流遠遠超出同感或是共情所能表達的
內涵。

在上述幾位大師的眼中，有效的替身技術能幫助主角表達自己內在
被束縛但渴望表達的情感。透過這種幫助，主角能夠釋放自我的情感，
宣洩自我的情緒，並在這個過程中獲得新的觀念、想法和解釋。由於替
身能將主角深層次的情感帶出，又能夠激發主角的潛能，所以一直以
來，替身技術被看作是心理劇的核心技術。此外，布拉納（Adam Blat-
ner）指出：「替身技術或許是心理劇中最為重要的技術，因為它幫助主
角澄清和表達深層次的情緒和潛意識中的想法。」因為它的有效性和功
能性，莫雷諾稱「替身是主角與導演之間的一座真正的橋梁」。

核心目標

與主角感同身受，澄清和表達主角的情感困惑，帶動主角進行內在的問題解決。同時，在幫助主角的同時反思自己的價值觀，在處理當事人問題的基礎上吸取教訓，總結經驗，從而有利於自己夫妻關係的和諧和穩定。

技術特點與優勢

1. 替身技術不僅能澄清和表達主角的情緒，還能夠深入主角的內心世界，挖掘和放大主角內心的渴望、信念、自我、積極對策。替身可以帶出主角內在的價值和希望，從而產生巨大的力量，推動主角在現實生活中做出行動。
2. 在夫妻辯論會技術中，替身在代替當事人說話的時候，其實也都是自己的思維和想法的投射，即將自己的價值觀和理念都融入其中，所以，在來來回回的辯論中，替身之間也在進行觀點碰撞，每個人都能從其他人的觀點中吸取經驗，又可以驗證自己觀點的正確性和合理性，當然，也不得不反思自己在婚姻關係中的角色定位是否準確，是否真正理解對方，對方是否能真正感受到自己的愛。

技術操作指南

同「夫妻辯論會」。

參考文獻

1. 陳珠璋，吳就君（1984）· 從演劇到領悟：心理演劇方法之實際應用 · 臺北張老師出版社 ·

2. 林翔宇（2014）· 演出心靈的吶喊：替身技術在心理劇中的運用 · 中小學心理健康教育 ·

3. 劉翠翠，陳彬，劉磊鑫，原獻學，汪祚軍（2013）· 當局者迷，旁觀者清？自我－他人決策的理性差異及其機制 · 心理科學進展 ·

4. 韋志中（2013）· 幸福干預 · 清華大學出版社 ·

積極行為頻次統計
—— 利社會行為的誘發

問題提出

人生來是為行動的，就像火總向上騰，石頭總是下落。對人來說，一無行動，也就等於他並不存在。

人不能沒有夢想，但有了夢想不去努力，不去行動，也是枉然。「行動證明一切」，任何觀點、想法，無論多麼的有道理，多麼完美，經不起時間的檢驗，那就是不現實的。

當然，這個行動也是分類別的，如有一些是積極的、對他人有利的行為，而有一些行為是具有破壞性的攻擊行為。正向心理學崇尚人性中的真善美，因此如何激發積極行為就變得尤為重要。

技術理念

在社會心理學中，有一種積極的行為叫做利社會行為，它是指人們表現出來的一些有益社會和諧穩定的行為。人們在共同的社會生活中經常會表現出類似這樣的行為，比如幫助、分享、合作、安慰、捐贈、同情、關心、謙讓、互助等，心理學家把這一類行為稱為利社會行為。利社會行為是人與人之間在交往過程中維護良好關係的重要基礎，對個體

一生的發展意義重大。

　　利社會行為可能由利他主義引起。利他主義指關心他人的利益而不考慮自己的利益。利他行為的特點就是自願幫助他人，而不期望得到任何外部的回報，甚至沒有要給人留下好印象的想法。利他行為經常有實施行為的一方遭受損失和面臨嚴重危險的含義。利社會行為不一定都由利他主義引起，它也包括為了某種目的，有所企圖的助人行為，所以它是一個比利他行為更廣泛的概念。任何對他人或群體乃至社會有好處的行為都屬於利社會行為，這種行為可能是直接的，也可能是間接的。

　　社會心理學家認為，「親社會」是合乎社會道德標準的意思，是與「反社會」，即違反社會道德標準相對的，因此，利社會行為的概念便進一步擴大，包括一切積極的、有社會責任感的行為，而且由此衍生出了「親社會侵犯」的概念，指的是符合社會道德標準的侵犯行為。例如：司法人員的執法行為，教師或父母對兒童的適當的懲罰等。這些行為雖然具有潛在傷害性，但是合乎社會要求，在一定意義上是積極的，其目的不是傷害，而是幫助，所以是親社會的，因此被稱為親社會侵犯行為。

　　社會規範理論認為，我們經常幫助他人不是因為有意識地計算這種行為能給自己帶來什麼好處，而是簡單地因為我們知道應該這樣做。在公車上為老幼病殘者讓座，拾到東西交還失主，這是社會行為規範。規範是社會的期待，告訴我們什麼是適當的行為，是我們在生活中應盡的責任。社會規範規定著人們在不同情境下的行為方式，指明哪些行為是被社會接受的和受到鼓勵的，哪些行為是不允許的或受到譴責的。利社會行為是有益於社會整體的，所以是被接受的、受到鼓勵的和可以得到一定報償的。研究發現，有兩種社會規範在推動助人行為。

●（1）互惠規範

發展心理學家加德納（Howard Gardner）指出，人類社會的一個普遍的道德規範就是互惠規範。對於那些幫助過我們的人應該給予回報，也給予幫助，而不是傷害。社會學家甚至認為這是一個和亂倫禁忌一樣普遍的規範。互惠之所以成為我們社會的規範是出於這樣一個假設：在社會生活中，每一個人都會遇到困難，都需要他人的幫助。因此，自己幫助他人正是因為當自己遇到困難時會得到他人的幫助。所以從根本上看，助人行為也是為自己著想，即人們認識到社會生活中的相互依賴，於是需要形成一種互惠的機制。用交換理論解釋，就是我們在對他人「投資」的同時期待著「分紅」。當然這種回報可能是近期的，也可能是長遠的，但整理而言，人們在交往中期待著交換的平衡。如果接受幫助者反過來沒有給予回報，那麼就違反了互惠的原則。

在人類的社會生活中，從政治到婚姻的各個領域都充滿著這樣的法則。這種規範常用於平等的關係中，也就是說，發生在任何一方不認為自己低於對方或依賴對方的關係中。當一個人認為自己不能與對方互惠的時候，別人的幫助會使他感到自己卑下，感到威脅，因此，這些人更不願意尋求幫助。對於那些明顯的對人有依賴性和沒有互惠能力的人，如兒童和確實沒有行動能力的人，他人也承認他們確實沒有同等的回報能力，這時還有另外一種社會規範推動人們去幫助他們，這就是社會責任。

●（2）社會責任規範

進一步為社會整體和長遠利益考慮，我們的社會規範規定，不管個人之間是否互利，人都應該助人。我們應該幫助那些需要幫助的人，而

不考慮交換，這就是社會責任規範。貝科威茨等人稱此規範為「社會責任」。因此，人們遵從這一規範不僅為了互利，而且是為了「自身的聲譽而採取的合乎社會要求的行為方式」。貝科威茨（Leonard Berkowitz）和鄧尼斯（L. Daniels）在「責任和依賴」的研究中證實了這一點。實驗要求受試者在監督者指導下製作紙信封，告訴他們這實際上是一項對監督者的管理技能的測試。他們製作正確得越多，監督者得到的獎金也將越多。讓一部分受試者相信監督者將取得的評價取決於自己的工作，而讓另一部分受試者相信自己的工作與監督者將得到的評價沒什麼關係。研究顯示，前一組受試者雖然明知自己從中得不到任何好處，但他們仍然幫助監督者，好好工作。研究者認為受試者的唯一動機就是社會責任感。

研究發現，這種助人行為經常是在人們匿名或完全不期待任何回報的情況下做出的。然而，人們做出這種行為經常是有選擇性的，即對那些處於不是由於自己的過錯而造成的困境的人給予幫助。對於那些環境的受害者，如遭遇自然災害的災民，人們往往能慷慨解囊。如果困境明顯是由自己造成的，如懶惰、道德敗壞、犯罪等，那麼，人們認為他們理應受到懲罰，所以不願意幫助他們。在這裡，我們明顯地看到人們的行為反應是和歸因連繫在一起的。如果我們將處於困境中的個人的需求歸因於不可控制的因素，那麼，我們就會提供幫助。如果將造成困難處境的問題歸因於個人的選擇，那麼，公平要求我們不給予幫助，因為這是他的錯。

核心目標

利社會行為不僅使我們能夠獲得來自社會的、他人的和自我的獎勵，而且能夠避免來自社會的、他人的和自我的懲罰。這會促使你形成

積極的社會價值觀，有利於你的身心健康，還會使你獲得或鞏固友誼。此外，幫助別人還有提升心境的作用，當受助者的痛苦消除並開始快樂起來的時候，助人者同樣會受到這種情緒的感染，使自己也變得更加愉快。積極行為頻次技術激發人性中的真善美，樹立積極向上的生命觀。

技術操作指

1. 找一個夥伴（最好是自己的親人），觀察自己的行為，時間以半天或一天為準。
2. 夥伴觀察並統計在規定時間內你出現的積極行為的次數，如對人微笑、幫助他人、尊敬老人等。
3. 觀察結束後，夥伴把觀察結果告訴你。
4. 根據夥伴的觀察結果，調整自己的行為，降低消極行為出現的頻率，提高積極行為出現的次數。

參考文獻

1. 全國十三所大專院校《社會心理學》編寫組（2008）·社會心理學（第 4 版）·南開大學出版社·
2. 俞國良（1999）·社會認知視野中的利社會行為·北京師範大學學報（社會科學版）·

積極語言頻次統計
—— 運用積極語言來改善人際關係

問題提出

在我們的經驗中，不時會有這樣的感覺：自信與自卑者之間的區別似乎很大，又似乎他們之間只是一步之遙。自信者與別人交流時，總不輕易言敗，自卑者卻總是十分自然地說出自己不好。事實上，一個人如果總是說自己不好，話重複得多了，就會在自己的思維中建立這麼一種連繫和定式想法：我是不好的。然後在這種思維的作用下，我們還未做事就可能已有失敗感了，結果也就可想而知。如果我們積極的言語多些，也會給我們帶來意想不到的好處。當然，積極語言除了建構自我外，對他人也存在深刻影響。

現在由於生活節奏的加快，人們整天忙於工作和生活，已無暇顧及別人的感受和心情，我們說話喜歡赤裸直白，不管對別人的傷害有多大，都喜歡一針見血。這種一時之快往往會對別人造成很大的傷害，也加快疏遠我們與他人的距離。

技術理念

語言分為積極和消極兩類，積極語言是對一個人的自我的認同，也是人際關係和諧的一個泉源。如果一個人對自己產生滿意感，他對外部

的積極語言和積極行為就會多。如果他對自己滿意度不夠，那麼對外部的積極行為或者建設性的行為就比較少，當然也會缺少快樂、開心的感覺，這樣就會形成惡性循環。現代研究證明，在意識之外，存在一種自動化的過程，即不在意識層面的思想或情緒，會影響人們在特定情境下的反應以及追求目標的行為。例如：如果一個人心情很愉快，他就會表現出更多的利他行為。如果人能常常沉浸在愉悅的心情中，就更利於形成積極特質，也更容易出現利他行為。

作為正向心理學領域的新進展，積極語言是對幸福五元素的有效延伸和補充。積極語言的關鍵假設是：積極語言能為自己，也能為他人帶來愉快體驗和愉快情緒。它探討的主要問題是，人說什麼樣的話，如何說話，能夠有利於引導自己或他人關注生活中美好的東西和使人生美好的有利條件，為自己也為他人帶來愉快體驗和愉快情緒，同時，發現人們的代表性積極心理特質，激發他人的優勢和潛能，促進積極的人際關係，讓生活更幸福。

對積極語言的心理學研究，為積極心理和積極行為的發生、發展提供了新的視角。在研究方法上，一般採取「假設－演繹法」，透過對區域性語言素材的分析，建立起若干不同的語法規則系統，然後用實驗來檢驗、評價和選擇，希望能夠發現積極語言的一些規則。這些規則將對人的體驗、人的行為產生哪些影響？是不是都能促進積極行為的產生？在不斷觀察、反思的基礎上，還需要做更多系統的測量和統計分析，才能不斷地解決這些問題。

積極語言在教育實踐中應用得比較多，由此還發展出了積極語言的「HAPPY 模式」。「HAPPY」實際是由五個英文字母組合而成，即由 H（Hoped-for 預想、期望）＋ A（Action 行動）＋ P（Process 過程）＋ P

〔（to the）Point 關鍵點〕＋ Y（Yield 產品、收益）構成。這個模式的基本解釋是：根據預想的積極特質特徵，家長用積極語言給予學生正向、具體、有目標效果的指導，使預想、期待的積極特質可操作化。

H：Hoped-for，預想、期望

事先設想，預先推想出孩子的某種標準。如果向著積極的方面看，孩子便是家長所期望的樣子，如果家長認為孩子不夠好，那他對你來說就真的不夠好，那麼家長要做的就是努力發現孩子的「好」，並表示對孩子好的欣賞和肯定，家長會愉快，並對孩子抱有足夠的信心。

A：Action，行動

為培養孩子達到某種特質目標而說的積極語言，讓孩子自己形成自覺努力的信念。就是說，家長如何讓孩子動起來，不是靠批評和指責，而是靠激勵和引導。

P：Process，過程

家長引導孩子做具體事情或完成具體任務，不要說大話和否定孩子的話。說大話通常指把作業寫好，上課好好學，做事要堅持要努力。家長不要說這樣空泛的大話，要看看怎樣的話才算具體、有用。

P：（to the）Point，關鍵點

指產生決定作用的那些因素，家長要說有用的話，但也不是總表揚孩子，而是讓話說得有意義。

Y：Yield，產品、收益

是「過程」的結果，指孩子向著大人期望的方向發展，孩子形成良好特質、良好行為。如果你常常以消極的態度對待孩子，孩子便會向著

消極的方面發展，如果你常常以積極的態度對待孩子，孩子便會向著積極的方面發展。正如日本一位教育家所說：「人嘴上說的就是自己的人生，如果你總是說，我煩死了，我累得要命，誰都不理我，那你就真的煩、累、沒人理。如果你總是說孩子，你學什麼什麼不會，你做什麼什麼不成，你真沒用，他就真的什麼都不會，真的沒用。」

正向心理學有個很好、很有趣的實驗，叫做「不同語境測試」。

第一步：給家長一組詞，這些詞都是在某情境中，對孩子表達不滿意而常用的批評「孩子壞」的詞。如：

* Stupid 愚笨
* Trickster 撒謊
* Useless 無用
* Disruptive 破壞性
* Eccentric 古怪
* Nasty 討厭
* Troublesome 棘手

……

讓家長對孩子重複說，如：

* 你真笨，記什麼記不住，這麼笨還不抓緊時間背書；你老是撒謊，養你有什麼用；
* 你老是說了不算，該寫作業不寫；你有夠討人厭的，快把我累死了；
* 你太讓我失望了，我看你是沒救了；
* 你老是搞出這麼麻煩的事，讓老師找家長，搞得我沒面子。

每次任選兩到三個說，然後家長再說「我希望你做到或完成某事」。

剛開始，孩子聽了生氣，家長也生氣，孩子不想按家長說的做。家長繼續說，過一會，孩子就不理家長了（覺得說不過家長，而且孩子知道不能和家長「頂嘴」），勉強而且是苦著臉做起來，家長一看孩子不理自己了，還拉著臉做事，就更生氣了，這時甚至會用超出我們給出的詞去指責孩子。幾個回合過後，孩子要麼想揚長而去，要麼開始回擊家長，家長幾乎氣爆。

一般在 3 分鐘內，雙方都會很不舒服，誰都不愛理誰，更別提按對方要求做事了。

第二步：再給家長一組詞，是評價「孩子好」的詞：

* Courageous 勇敢
* Honorable 誠實
* Impeccable 無缺點的
* Lovely 令人愉快的
* Delightful 愉快
* Responsible 有責任
* Smart 聰明的
* Self-control 自控的
* Talented 天才的
* Unique 唯一的
* Determined 堅強的
* Discipline 守規矩的
* Excellent 出色的
* Earnest 熱情的

- ✴ Neat 整潔的

- ✴ Thankful 感恩的

- ✴ Temple Controlled 可以控制脾氣的

要求家長將第一步「孩子壞」的詞，結闔第二步「孩子好」的詞，一起說給孩子聽，但是「孩子好」的詞要多於「孩子壞」的詞，然後才能提出希望孩子做什麼，希望孩子做到什麼程度。

如果到 2 分鐘，孩子還沒有按照家長所要求的去做，2 分鐘後，要求家長必須全部說「孩子好」的詞，而不允許再說「孩子壞」的詞，即全部用積極詞彙鼓勵孩子。

2 ～ 3 分鐘的對話，家長和孩子之間約有十個回合的交談，結果發現，有些家長可以堅持下來，堅持下來的家長，孩子都能愉快接受家長的要求，完成家長所期望的要求。有些家長堅持不下來，說到第四五個回合，孩子不答應，或不做，家長就不耐煩了，說「我簡直無法和孩子對話了，這孩子老是頂嘴，太不聽話了」。

這個實驗說明了，如果家長有了足夠的耐心，而且堅持用積極的話鼓勵和激勵孩子，孩子會變得愉快，會願意聽家長說話，會產生積極的情緒，而積極情緒本身會讓孩子產生願意去做某事的願望和決心，專業用語是，會激起人自願做某事的動機。

核心目標

增加積極語言頻率，進而改善與他人的關係。如果我們對他人抱著感恩和欣賞的態度，那我們的讚美之詞就不需要加工，自然而然就會迸發出來；如果我們是帶著觀望和審視的態度來看待別人，那我們永遠只

能是一個觀望者，不會收穫友誼和愛。積極語言頻次統計旨在使我們時常帶著欣賞和鼓勵的眼光來看待別人，給別人稱讚和激勵，進而也使自己充滿積極向上的力量，以更加積極的姿態來迎接人生。

技術操作指南

1. 找一個夥伴（最好是自己的親人），觀察你的言語，時間以半天或一天為準。
2. 夥伴觀察並統計在規定時間內你出現積極言語的次數，如鼓勵他人、讚美他人等。
3. 觀察結束後，夥伴把觀察結果告訴你。
4. 根據夥伴的觀察結果，調整自己的言語，降低消極語言出現的頻率，提高積極語言出現次數。

生命中的貴人之扯衣角

—— 感恩對個體幸福感的影響

問題提出

貴人，是在生命的長河中對我們的人生有幫助的人。他可能是我們的父母、家人，也可能是我們的老師、朋友、主管等，有時甚至是我們從未見過面的人，但是，正是他為我們所做的一件事，或者說過的一句話，在人生關鍵時刻，引領我們成長，引領我們走向了成功的方向。

貴人，是我們人生中的重要他人。沒有他，我們的生命可能不會那麼精采。遺憾的是，我們的貴人對我們常常是無欲無求的，我們也常常因為各式各樣的原因，從來沒有當面表達過我們對他的一份感恩。

技術理念

感恩是當前正向心理學的熱點課題，是指個體用感激情緒了解或回應因他人的恩惠或幫助，從而使自己獲得積極經驗或結果的一種人格特質。感恩對於個體幸福感具有獨特的預測作用。

主觀幸福感、心理幸福感和人際幸福感是當前幸福感研究的三大主要取向。主觀幸福感以快樂論為基石，認為幸福就是情緒愉快和生活滿意。心理幸福感以實現論為基石，認為幸福是個人潛能的實現。人際幸

福感則關注積極的人際關係。

　　就主觀幸福感而言，研究顯示懂得感恩的個體是幸福的。有一項以大學生為受試者的研究結果顯示，與不感恩個體相比，感恩個體經歷更多的生活滿意度、樂觀、活力，更少憂鬱和妒忌，而且在控制了大五人格（開放性、責任心、外傾性、宜人性、神經質性）和社會稱許效應後，或採用同伴報告法進行測試之後，感恩仍然具有顯著的預測作用，這表明感恩對上述指標具有獨特的作用。上述結論在其他成人樣本以及青少年樣本中也得到了驗證。

　　就心理幸福感而言，其概念結構界定主要包括有兩種：六因素模型與自我決定理論。六因素模型認為，心理幸福感包括六種成分：自主、環境控制、個人成長、積極關係、生活目標和自我接納。研究顯示，在控制了廣義大五人格 30 個因素之後，感恩仍可以有效預測個人成長、積極關係、生活目標和自我接納，說明感恩對於個體心理幸福感具有獨特的貢獻。有專家從人的內在成長趨向和先天的心理需求角度提出了心理幸福感的自我決定理論，指出個體具有三種基本需求：能力需求、關係需求和自主需求，三種需求得到滿足，個體才能體驗到持續的整合感和幸福感。有一項研究顯示，感恩與個體三種基本需求呈顯著正相關，在控制了積極情感和消極情感之後，感恩仍能有效預測女性的關係需求和自主需求。

　　就人際幸福感而言，一方面，感恩的個體更傾向於幫助他人。有研究顯示，感恩個體更多地幫助、支持、寬恕和同情他人，自我報告和同伴報告均得到了同樣的結論。一項以青少年為樣本的研究顯示，感恩個體更滿意同伴和家庭環境，同時擁有更多的同伴和家庭支持。大量研究顯示，感恩促進了個體的利社會行為。另一方面，感恩可以抑制破壞性

人際行為。有專家讓大學生受試者與一個總是找碴的搭檔進行衝突模擬任務,在四種實驗條件(禮物、同情、順應和控制組)中,相比控制組,禮物和順應組搭檔更加愉快,並更傾向於報告在未來採用合作方式解決類似的衝突。專家們考察了個體對關係夥伴表達感恩與個體對關係的團體優勢觀念的關係。團體優勢是指個體對夥伴福利感到的責任義務程度。結果發現,對朋友表達感恩組受試者對關係的團體優勢觀念顯著高於控制組,這表明感恩有利於增加個體促進夥伴關係的觀念和行為。

核心目標

每一個人都是在愛和欣賞中成長起來的。我們的成長和成功,離不開那些在人群中讓我們感到安全和溫暖的人。帶領成員回想當時的內心感受,鄭重地感謝那個給予我們愛和溫暖的人,這既是對成員的鼓勵,也是一個傳播正能量的過程。

「扯衣角」技術給我們製造、提供了一個感謝貴人的機會,讓我們可以藉助此時此地的重要他人,來實現和我們生命中的貴人在心靈上的連線,感受他曾經或正在帶給我們的溫暖和力量,並帶著那份感恩去創造生活中的各種和諧和美好。

技術特點與優勢

走近貴人的身,貼近貴人的心。在此技術中,我們輕輕地走到貴人身後,扯住他的衣角,默默注視著這個背影,體會這個人在哪方面吸引我,在哪方面使我覺得溫暖。生活中的我們一直沒有機會站在自己貴人的身後,抓住他的衣角,跟著他走。現在你可以這樣做啦!

我既是溫暖者，也是尋覓者。我們覺得自己需要溫暖，需要愛，於是我們靠近了那位我們想親近的人。殊不知，在他人看來，我們也是充滿溫暖和愛的個體，也是他人嚮往靠攏的對象，自己本身的狀態也是他人欽羨的樣子。這種無言的行為正是我們力量聚攏的心法，也是生命意義的彰顯。所以，我們並不弱小和孤單，我們也是他人眼中最美的風景。

技術操作指南

1. 尋找生命中的貴人。睜開眼睛，看看周圍的人，在人群中尋找一個比較安全和溫暖的人，覺得可以靠近，跟他在一起會很舒服、愉快。將他們排出一、二、三名。鎖定第一名後，舉手示意，然後放下。找到之後可以再確認一下，確定他是不是那個最能讓我們感覺安全和溫暖的人。

2. 扯衣角。走到他（第一名）的身後，輕輕扯住他的衣角，並跟隨他在人群中尋找他覺得溫暖安全的那個人。在這個過程中可能也會有其他人扯住他，也會有其他人來扯住你的衣角，都沒關係，跟隨他的腳步，只是要記住一直扯住對方，不要放手。

3. 投入體驗。今天相會的每一個人，都在現場找到自己生命中的貴人。現在靜靜地一直拉著他的衣角，認真地覺察體驗內心走過的情緒情感，時間是一分鐘。

4. 分享此時此刻真實的內心感受。

    ① 導師輕輕地走到團體之中，逐一邀請成員分享（情緒觸動大的可稍做引導），簡短點評回應。

② 昇華。這個你拉住的貴人，代替的就是你生活中的某一個人，今天我們用心理學的方法，去抓住他的衣角，體會站在他身後的感覺。

5. 繼續覺察體驗。看著被自己扯住衣角的人的背影，靜靜地體會，可以有一到兩次讓成員充分體會、感受的時間。站在一個「貴人」的身後，扯著他的衣角，體會自己當下的感受，這時心中流淌過的東西都是非常珍貴的，值得仔細體會。

6. 分享。此時此刻你的感受。跟前後左右的貴人交流一下，盡情地分享想對對方說的話。

7. 昇華、結束。陪伴我們成長的貴人，讓我們覺得安全，覺得溫暖。感謝貴人的幫助，珍惜我們在人生的旅途當中這一段美好的陪伴。

8. 播放歌曲〈我只在乎你〉，成員可跟唱。看看身邊的人，走動起來，表達內心的感謝。

注意事項

1. 導師積極關注，簡短點評，適當回應，藉機引導。

2. 此技術屬於團體技術，在團體進行過程中，如果出現成員情緒失控的情況，可稍做處理，不可在個別成員身上花費太多時間。

3. 整個過程進行三次，中間靜默一分鐘，三次大組、小組分享。每一次分享感受都是一次強化，幫助體驗者往內心走。

4. 成員情感糾結時要釐清整合，團體導師要有能力「保持」成員的情緒。

5. 導師要用從容平和的心態，用溫暖溫和的目光，以及支持性的身體語言，給予成員力量。

6. 在團隊中，重要的不是單個有情緒的人，而是全體。學員有情緒時，可自己處理、助教處理和導師處理，最好的方式是用「團體處理」。引導成員互相支持，但應多藉助團體的力量，而不是導師本身將精力過多地放在某個成員身上，導致團體動力失衡。

參考文獻

1. 羅利，周天梅（2015）·中學生感恩與主觀幸福感的關係：抗挫折能力與社會支持的仲介作用·心理發展與教育·

2. 石國興，祝偉娜（2008）·初中生感戴和主觀幸福感的干預研究·心理研究·

3. 孫配貞，鄭雪，余祖偉（2009）·初中生感戴、自尊與學校生活滿意度的關係·中國臨床心理學雜誌·

4. 韋志中（2016）·社區心理學：254 模式理論與實踐·武漢大學出版社·

5. 張陸，佐斌（2007）·自我實現的幸福：心理幸福感研究述評·心理科學進展·

6. Ryan, R. M. & Deci, E. L. (2001). *Self-Determination Theory and the Facilitation of Intrinsic Motivation, Social Development, and Well-Being. American Psychologist.*

7. Ryff, C. D. (1989). *Happiness is everything, or is it? Explorations on the meaning of psychological well-being. Journal of Personality & Social Psychology.*

生命中的「貴人」
—— 運用正向心理學轉化成長中的創傷

問題提出

在個體的成長過程中存在的其生命中的重要他人，對個體的各發展階段起關鍵作用的重要客體，通常被稱為「貴人」。貴人常在個體生命中扮演著正向影響的角色，為個體解答困惑，帶領個體走出迷茫。在此過程中，必然會存在另外一類「重要他人」，就是在個體各發展階段阻礙其成長的，或起消極影響的他人，他們也組成了個體生命中的另一種類型的「貴人」。

很多有心理困惑的或是生活不幸福的個體，恰恰是因為無法正確處理好自己與這一類特別的「貴人」之間的關係而使自己的生活充滿痛苦。也許他們曾經對個體造成了傷害，但換一個角度看，他們可能會成為個體成長的動力，這正是每一個人需要去超越和成長的部分，做到這一點，真正解脫的並不是那位「貴人」，而是自己。相信這樣的道理並不難理解，但在生活中卻有很多人做不到，他們不可能做到無論對方如何傷害自己都無動於衷，或是輕鬆原諒。因為個體會有情緒、有憤怒，甚至懷有報復心態，這些都是正常的反應。但每個人在心裡都希望能真正從心中走出這樣的「貴人」的陰影，從而獲得個體生命真正意義上的成長。

技術理念

為什麼我們往往在理性上接受了一切，可就是走不出來呢？這是因為那些沉痛的創傷記憶深深地印刻在了我們的右腦裡，思維的左腦此刻已力不從心。

有一位美國心理學家說過：「用左腦的鑰匙是打不開右腦的鎖。」我們大腦的左半球主管邏輯、推理、演算、判斷，儲存的是知識、經驗等機械記憶。而經歷創傷的人，右腦中往往印刻著很多的災難圖景與情緒，而「表達性藝術治療」可以作用於右腦，是一種不同於言語性的治療方法。

「生命中的『貴人』」這項技術按照表達性藝術治療的「呈現、表達、轉換、昇華」的步驟，是有心理科學依據的有效流程。

第一步：呈現

使個體內部心理狀況藉助一定的藝術媒介外部化，使心理問題的部分或全部得到感知，即拿出與重要他人的故事，以及個體對這個事情的看法，透過想像並用繪畫或其他形式表達出來，這些都是呈現的過程。只有充分而真實的呈現，才能保證接下來的過程是個體內心最真實的聲音的表達。

第二步：表達

藝術性表達，使醞釀問題的心理內容外顯，達到情緒宣洩的目的，併為調和治療提供可能。寫信這一藝術表達形式可以充分表達個體的內心感受，很多時候比訴說要更充分、徹底。這個步驟中的表達幾乎是無須顧忌的，不論想到什麼都可以透過書寫表達出來，不受道德約束，不受良心的譴責，不受時間空間的干擾，最關鍵的就是要全面，不管是怨

恨、悲傷還是後悔等情緒，或是不同的事件過程，只有徹底地表達出來，才有轉化和放下的可能。這就像是一個放滿雜物的房間，要想房間敞亮，首先必須清理房間裡的所有東西，徹底清理之後，再點上蠟燭，才能照亮房間的所有角落。例如：有些失戀的個體，表面上看起來沒有什麼情緒變化，卻幾年、幾十年都放不下過往，而另一些有同樣遭遇的個體，卻在向對方大哭大喊之後反而能很快開始新生活，這就是充分的表達所帶來的治療創傷的效果。所以，表達是表達性藝術治療的關鍵，也是必不可少的過程。

第三步：轉化

即以新的視角、新的應對方式解釋所經歷過的心理事件，使個體的感受、思維和行為發生變化，心理能力得到提升。嚴格來講，轉化不是一個獨立的過程，前面兩個過程 ── 呈現和表達，都是在為轉化做準備。轉化不是一個刻意的過程，不是在理智上告訴自己要接納，要原諒，而是一個自然的甚至覺察不到的過程。它發生在個體想像對方的時候，發生在個體盡可能徹底地表達自己內心感受的時候。

第四步：昇華

平復情緒之後，就是表達性藝術治療的最後一步，透過詩歌的形式來昇華。詩歌是所有藝術形式中最能實現昇華作用的一種，它不像音樂一樣直指人心，不像繪畫能讓人放下防禦表達真實的感受，不像寫信可以長篇大論，但它是一種讓人不可能去攻擊別人的方式。在創作詩歌的過程中，個體所有的負面情緒都將在轉化之後上升成為對生命、對生活的正面歌頌和讚美，也是徹底將個體生命中的「貴人」納入「珍惜」、「感激」等正向人際關係範疇的最佳途徑。

核心目標

正向心理學提倡在解決心理問題時不執著於問題本身，而是從積極正向的角度去看待並積極利用科學的方法去強化個體生命功能中積極向上的部分。要轉化成長中帶有負面影響的重要他人所帶來的成長創傷，就需要依據心理治療的原理，使個體將負性人物、負性事件，在情感表達的過程中，重新進行解釋和認知。

「生命中的『貴人』」技術屬於表達性藝術治療，這種藝術表達與中國文化的核心、中國人的人格特徵、中國人的思維方式，存在內在的契合性。因此透過此技術可以很好地使個體對生命成長過程中的創傷性經歷和人物事件進行整理。我們接納一部分、消除一部分、保留一部分、昇華一部分，最終掃清生命中負性事件的障礙，獲得成長和幸福的體驗。

技術特點與優勢

「生命中的『貴人』」技術具有明顯的過程性，也就是只要參與其中，認真按照步驟去執行，心理成長就在此過程中不知不覺地實現了。表達性藝術治療，藝術表達的過程便是治療的過程，這種表達的過程可以緩和情緒上的衝突，有助於自我認識、自我領悟和自我成長。它的創作價值不在於當事人藝術作品的水準高低，也不主張作品是對問題的投射，而在於成員對自己和他人問題的感受能力和領悟能力。

技術操作指南

1. 找一個相對完整的空閒時間，例如一個下午，某個安靜的晚上，在一個安靜的環境裡，放首輕柔舒緩的音樂，讓自己的心徹底地放鬆安靜下來，拋開一切雜念。

2. 輕輕地閉上眼睛，仔細地回想一下，在自己過往的生命旅程中，有沒有一個人，提起他的名字，說起跟他有關的話題，我們內心就會有或深或淺的不舒服的感覺，甚至略有恨意，這個人就是我們生命中另一種「貴人」。想到這個人的名字，想像他的樣子，慢慢看到他就站在你的面前。這個時候，如果你的內心走過某些情緒，請尊重它，不論好壞，這都是你面對這個「貴人的真實的情緒，你只要接納它就好。

3. 繼續看到他站在你面前，拿出紙筆，將他的樣子慢慢地畫下來，並不一定要畫得很好，只要能將自己心中的他表達出來即可。

4. 看著面前的他的畫像，盡情地表達你此刻的情緒，彷彿他就站在面前，在安靜地聽你表達。你可以盡情抒發他對你造成的傷害，你對他的討厭甚至是恨意，這是一個絕佳的表達機會，只要是你內心最真實的話語，就將它們寫下來。拋開道德的評判，說你想說的話。

5. 寫完信之後，平復一下自己的情緒，聽一首舒緩的音樂，靜靜地體察自己內心走過的所有感受，嘗試深呼吸，回到現實的狀態中。閉上眼睛，看到那個人慢慢走遠，慢慢走出你的生活範圍，告別曾經的你，告別曾經他對你的傷害。

6. 拿出紙筆，為你們的故事寫一首詩，不需要寫得很優美，只要按照詩的語氣、詩的表達來寫就好。

注意事項

1. 「生命中的『貴人』」積極心理技術有明顯的過程性，也就是個體只要參與其中，認真按照步驟去執行，成長就可以在這個過程中不知不覺地實現。

2. 表達性藝術治療，藝術表達的形式如繪畫、寫信、詩歌等，全憑當下感受去進行創作，無須考慮專業水準。

3. 不主張對個體創作的藝術作品進行問題投射性的分析，而是要將注意集中在個體對自己和他人問題的感受和領悟上。

參考文獻

1. 馬丁・塞利格曼（2012）・持續的幸福・浙江人民出版社・

2. 王鳳蘭，韋志中（2010）・團體心理諮詢本土化的新途徑：表達性藝術治療團體的本土化意義・老區建設・

3. 韋志中（2013）・幸福干預：一生受用的 26 堂幸福課・清華大學出版社・

4. 韋志中（2014）・團體心理學：本會團體心理諮詢模式理論與實踐・清華大學出版社・

5. 韋志中，余曉潔，周治瓊（2014）・生命中的「貴人」：運用積極心理技術轉化成長中的創傷・心理技術與應用・

幸福上上籤

—— 積極語言的暗示作用

問題提出

什麼是幸福？幸福是什麼？可能每個人的答案都不一樣，有人說有愛就有幸福，有人說有錢就有幸福，有人說有汽車、別墅才叫幸福，有人說擁有健康的身體就是幸福。但這些只是幸福的表象，心理學上的幸福來源於陽光的心態和積極的行動。

現在人們時常感覺壓抑、煩躁、困惑，找不到生活的意義和快樂。這並不是我們對快樂的門檻高了，而是我們已經偏離了尋找幸福的航道，我們所以為的金錢和愛情，別墅和美女，都只是幸福的表現形式而已，並不是追求幸福的方法。我們本性渴望善良、渴望成功、渴望成為別人的焦點、渴望成為人中龍鳳，這種蓬勃向上的生命活力就是所謂的「生的本能」，這些生的本能是需要積極語言的誘發和強化的，我們要不斷地給自己灌輸正性的訊號，這樣我們的大腦才會相信我們是積極上進的，才會朝著「想成為那樣的人」方向努力。

技術理念

　　暗示在我們的日常生活中是最常見的特殊心理現象。它是人或環境以非常自然的方式向個體發出資訊，個體無意中接受了這種資訊，從而做出相應的反應的一種心理現象。巴夫洛夫認為：「暗示是人類最簡化、最典型的條件反射。」

　　暗示分自暗示與他暗示兩種。自暗示是指自己使某種觀念影響自己，對自己的心理施加某種影響，使情緒與意志發生作用。例如：有些人早上上班前或出門辦事前會照照鏡子、整整衣服、理理頭髮，對自己笑一笑，頓時覺得自己光彩照人，一下子精神氣十足。有些人從鏡子裡看到自己臉色不太好看，並且覺得上眼瞼浮腫，恰巧昨晚睡眠又不好，這時馬上有種不快的感覺，懷疑自己是否得了腎病，繼而覺得自己全身無力、腰痛，於是覺得自己不能上班了，甚至到醫院就醫。他暗示是指個體與他人交往中產生的一種心理現象，是指別人使自己的情緒和意志發生作用。曹操率部隊在行軍路上，由於天氣炎熱，士兵都口乾舌燥，曹操見此情景，大聲對士兵說，「前面有梅林」。士兵一聽精神大振，並且立刻口生唾液。這是曹操巧妙地運用了「望梅止渴」的暗示，來鼓舞士氣。

　　心理學表明，普通人群中大約有三分之一的人具有較強的心理暗示接受能力。在某種資訊源的暗示和刺激下，人的潛意識會在一定程度上不自覺地用這種資訊支配自己下一步的思想和行為，形成意想不到的結果。

　　暗示有積極的心理暗示和消極的心理暗示，如果我們能有意識地接

受積極肯定的心理暗示，它就能對我們的心理、行為、情緒產生一定的積極影響和作用，使我們的情緒保持良好的狀態，學習和工作的效率就能得到提高，潛能就會得到開發，價值就能不同程度地得到實現。如果我們常常受消極的負面的心理暗示的干擾，情緒、行為和心理狀態就會怠惰，並且不自覺地進行自我貶損，而內心的不甘又會使人在心裡產生激烈的矛盾衝突和自卑感，這種衝突很容易造成情緒失調，影響正常的學習與生活。因此，恰到好處地運用積極的心理暗示，就會提升生活和生命的品質。

美國研究人員發現，積極心理暗示能改善老人的健康狀況。研究人員把 100 名老人分成 4 組，在 8 週時間內請他們接受若干次訪談。第一組老人在訪談過程中，會看到電腦螢幕上不時一閃而過、讓人來不及細想的積極詞彙，如「充滿活力」、「有創造力」等；第二組老人接受積極的心理「明示」，在訪談過程中想像或描繪出一位心理生理健康的老人；第三組老人既接受積極的「明示」，也接受「暗示」；第四組老人接受中性的「明示」和「暗示」。研究結果顯示，與另外三組相比，第一組老人生理和心理狀況明顯改善。研究人員說，老年人從日常談話和電視節目中接受了很多關於年齡的消極暗示，今後可以把積極暗示引入改善老年人健康狀況的措施中。

暗示也發掘人的記憶潛力。有人做過實驗，分別讓兩組學生朗讀同一首詩。第一組在朗讀前，主試告訴他們這是著名詩人的詩，這就是一種暗示。對第二組，主試不告訴他們這是誰寫的詩。朗讀後立即讓學生默寫。結果顯示第一組的記憶率為 56.6%；第二組的記憶率為 30.1%。這說明權威的暗示對學生的記憶力很有影響。

核心目標

　　「幸福上上籤」技術就是充分發揮積極語言的暗示作用，採取抽籤與暗號接頭的形式，幫助團體成員結成對子，相互分享積極體驗，具有很大的趣味性，能夠充分調動團體成員參與的積極性和主動性。每一支籤正面的積極語言，對於幫助個體學習正向心理學，改善人際關係，具有很大的意義。

技術特點與優勢

●（1）採用抽籤方式，具有一定的神祕性和趣味性

　　通常在占卜的時候，才會用到抽籤，在這裡，我們為幸福抽籤。不管你抽到的是什麼內容，這都是命中注定的，當然這個注定肯定和你的生活狀態和工作方式是息息相關的，肯定和你自身是有連結的，從這一方面說，這個籤就是你的專屬道具，是為你量身打造的。

●（2）結對方式，共同探討

　　每一個人的問題都是獨特的，但由於問題無外乎關係、家庭和工作幾個部分，所以同時也兼具相似性。世界上確實沒有兩片相同的葉子，但世界上有許多長在一棵樹上的葉子。面臨問題的我們，並不會顯得那麼無助，那麼特殊，因為在這個世界上，有許多人也有相同的困惑。我們的上上籤技術採用結對方式，讓你找到同病相憐的人，來共同商討解決的辦法。

技術操作指南

1. 團體導師拿出「幸福上上籤」的籤筒，籤筒內有 60 支籤，在這些籤的正面，寫有積極語言。

2. 每位成員依次從籤筒中抽出一支籤來。抽到籤後，只能檢視籤的背面，然後找到和自己籤的背面的暗號能對接上的籤的主人，如抽到的是「千里送鵝毛」，則需要和手持「禮輕情意重」籤的成員接頭。要求：團體在試探接頭的過程中，需要小心翼翼地進行，在對方的身邊輕輕地說出暗號。

3. 如果對方手中的暗號不能夠與自己對上，則迅速離開，找下一個目標進行訊問。對上的兩位成員結為對子，找兩個相鄰的位置坐下，沒有對上的成員繼續尋找，直至所有的成員都能夠接頭成功。

4. 等到所有的成員都坐下後，此刻請大家翻看籤的正面，檢視正面的積極語言，三分鐘的時間思考上面的積極語言。

5. 結為對子的成員在一起互相分享：為什麼是你抽到這支籤，你對自己的籤上面的積極語言有著怎樣的理解？你們兩個的籤上的內容互補一下，能為自己帶來些什麼？

6. 所有成員互換手中的籤，相互分享你的生活狀態是不是應該做出一些調整了？具體要做出哪些調整呢？

注意事項

1. 籤筒中準備了 60 支籤，團體導師可以根據成員的人數做出調整，確保每位成員都能抽到一支籤，同時籤筒中又不會有剩餘。

2. 在分享積極語言時，團體導師要引導成員多說一些自己的生活狀態
   以及自己存在的困惑，藉助群體的力量來幫助到每一位成員。

參考文獻

1. 盧為群（2008）‧心理暗示與教育‧科技資訊‧
2. 張春枝（2008）‧淺談心理暗示的效應‧遼寧科技學院學報‧

我的心裡只有你沒有他
—— 積極關注自我和他人

問題提出

我們從呱呱落地時，就想獲得身邊人的關注。獲得足夠積極關注的人，內心是溫暖的、安全的、相信他人的。但當獲得的關注不夠或只有消極關注的時候，個體內心對自我的評價可能會出現偏差，也可能會逐漸減少對外界的關注，從而影響人際交往。

現在越來越多的人感到迷茫，感到困惑，其實很大原因就是缺少對自我和他人的關注。我們整天打拚於工作和生活，忽視了心裡的那片急待整理的空間；我們追逐於身外的金錢和名利，忘卻了內心的安靜和祥和。現在我們需要放下手邊的一切，來一起聆聽心靈的吶喊。

技術理念

人格心理學仲介紹羅傑斯的理論時，提到了積極關注。積極關注是心理學的專有名詞，指的是自我知覺出現後，嬰兒開始產生的被人愛、被人喜歡和被人認可的需求。積極關注被滿足後，嬰兒易發展出積極的自我關注，而不滿足時則易發展出消極的自我關注。積極關注是積極的自我關注的先決條件，但積極的自我關注一旦建立，就不再依賴被愛的

需求，而可以自我延續。

如果人們看到自己無論如何行動都可以獲得別人接納，那麼他們獲得的是無條件的積極關注。但絕大多數人所接受的不是無條件的積極關注，而是有價值條件的。也就是說，人們只有滿足了所謂的來自周圍人的期望，才能得到他們的愛和認可，這便是有條件的積極關注。

積極關注涉及對人的基本認知和基本情感。凡是從事心理諮商工作的人，首先必須抱有一種信念，受助者是可以改變的。心理諮商師應以積極的態度看待來訪者，注意強調他們的長處，有選擇地突出來訪者及其行為中的積極方面，利用其自身的積極因素，達到治療目標。對來訪者言語和行為的積極、光明、正性的方面予以關注，從而使來訪者擁有積極的價值觀，擁有改變自己的內在動力，通俗地說，積極關注就是辯證、客觀地看待求助者。

核心目標

本技術主要增強成員對自我以及他人的關注。透過對別人的觀察以及別人對自己的觀察，形成互動。在互動中，成員透過對其他成員的關注，特別是積極關注他人的優勢，來增進了解別人的主動性，增強接納他人的能力，形成良性互動。

同時，成員可以感受到來自不同成員的積極關注，在溫暖、和諧的氣氛中，提升自己的安全感和信任度。積極發現自身與別人的關係，特別是在與喜歡和不喜歡的人的相處中，發現並改善自身問題。同時還可以造成增加團隊成員間友誼，延續團體的後期效果的作用。

技術操作指南

1. 導師引導成員關注其他成員，了解該環節的目的以及環節的持續時間。
2. 導師圍繞團體的性質和目標，確定成員的觀察內容，並讓成員記錄，可以選擇事前印好表格，或讓成員自己製作表格。
3. 在團體活動即將結束時，安排分享環節，分享內容包括記錄的內容，以及整個觀察過程的感想。若人數較多，此環節可進行小組分享。

模擬表格

印象 姓名	最值得我學習的	過去對他影響最大的	未來要注意的	我願意和他進一步發展的
A 君				
B 君				
C 君				

注意事項

1. 在觀察過程中，團隊成員要做到真實、客觀、用心。
2. 分享過程中，做到不攻擊。

天上有個陽

—— 優化與父親之間的關係

問題提出

父親在孩子成長過程中的重要性是不言而喻的，在外打拚為孩子創造豐富的物質生活，在家裡扮演教育、引導孩子的角色。從小父親便是孩子的山和天，是極其重要的偶像和榜樣。父親對於孩子而言是太陽，是力量所在。在兒子的成長過程中，父親是責任和承擔的榜樣。在女兒的成長過程中，父親是女兒最先接觸的異性，在被保護、被寵愛的過程中，女兒知道自己作為女孩的性別角色，同時獲得最初始的生命安全感。

另一方面，父母是我們無法選擇的，童年的經歷更不可能改變，長大後的我們，想要找回自己的力量，想堅強自信地立足於社會，必須回過頭去了解父親。如果這個心中的太陽不夠明亮，可能就會在孩子心中留下些許遺憾和委屈，他們也很難從父親身上繼承力量。

在臨床心理諮商觀察中，來訪者無論基於何種原因和訴求來尋求心理諮商與治療，其內在根源大多與「關係」有關，其中大部分的關係屬於親子關係。一些研究顯示，父母提供良好的支持有助於青少年減少憂鬱情緒，高親子衝突會增加青少年產生憂鬱的危險。天上有個太陽技術主要針對現實生活中子女與父親的關係進行體驗和感受。

技術理念

　　家庭系統理論認為，家庭系統作為社會系統的子系統的同時，本身也是一個完整的系統。對於家庭系統來說，家庭成員是家庭系統的系統組成部分，每個家庭成員之間相互作用、互相影響，構成了連繫著的家庭內部關係網路。在家庭系統內部，家庭成員的互動維持和促進著家庭系統的正常運轉，家庭系統的良性運轉使得家庭能夠發揮其功能。

　　在家庭系統中，父親對於孩子的成長和發展，尤其是在其自我認同和自我認知等方面作用更突出。母親與孩子的連繫從孩子尚未出世就開始了，所以孩子出生後不論是母親還是孩子都有依戀關係的存續。但與母親不同，父親能夠幫助孩子從心理上與母親分離，學會獨立，控制自己的情緒和衝動，習得各種習俗和規則。與此同時父親還必須作為母親和孩子間的過渡，避免母親過於情感化地處理與孩子有關的事情。因此、父親對於孩子性格的養成，情緒、認知、智力和性別角色的發展，以及適應社會和心理調適方面都造成關鍵的作用。

　　另外，在不考慮母親和孩子的關係的情況下，父親和孩子的關係越好，孩子就越容易感到開心和滿足，越不容易傷心。實際上情境相當程度上決定了嬰兒對某個人的依戀程度。即嬰兒時期，當孩子感受到難過痛苦時，他們首先會想到母親，而當孩子有玩耍的需求時，他們則會優先選擇父親。帕克特在鮑比的依戀理論的基礎上，提出「啟用關係」的理論，透過該理論說明在接觸家庭以外的社會中父子間的依戀關係。與母子間的依戀關係截然不同，孩子需要在父親的保護和幫助下積極地面對社會，獲得激勵，戰勝困難和克服缺點，並學習如何抓住和利用機會。

　　心理學家格爾迪（Gerdi）說：「父親是一種奇特的存在，對造就孩子有一種特別的力量。」英國著名詩人赫伯特（George Herbert）也說過：「一個父親賽過 100 個校長。」從做父親的那一天起，這就是一個畢生職業，一個好爸爸，會學習怎樣教育孩子，學習怎樣愛孩子，用濃濃的父愛，為孩子撐起澄澈的藍天，讓孩子擁有精采的人生。

　　父親是如何影響孩子的？

　　父親對孩子影響力的大小主要取決於 3 個因素：

* 父親的人格；
* 父親的社會地位；
* 父親在家庭中的地位。

　　一般而言，父親的優點是心胸開闊，實踐範圍相對母親要廣泛一些，在一些重大問題上比較理智，看得長遠。成熟的父親負責任，勇於擔當，應變能力較強。父親在家庭中的作用主要是兩個：一是建立良好的家風和有彈性且人性化的家庭規則，二是做好家庭關係建構的導演。父親可能不像母親那樣事事都能關心到，但在關鍵時候必須能夠緩解家庭矛盾，化解衝突。

　　長期以來，我們總是習慣強調母愛的力量，強調母愛的崇高，事實上，父愛的力量同樣偉大。就像一隻鳥的兩隻翅膀、一個人的兩條腿一樣，母愛和父愛缺一不可，無法替代。

　　美國《父母》雜誌總結出父親的獨特之處：

* 父親跟母親的作用是不同的；
* 父親更愛與孩子玩鬧、遊戲；
* 父親對孩子的推動作用更大；

★ 父親使用的語言更複雜；

★ 父親對孩子的約束更多；

★ 父親使孩子更社會化，為他走進現實世界做準備；

★ 父親為孩子介紹並示範男人在現實生活中的作用和行為；

★ 父親支持妻子；

★ 父親更會幫助孩子發揮潛能。

另外，很多研究者認為父親角色不僅對子女有著重要的影響，對父親自己也影響顯著。父親在參與教養孩子的過程中，自身也得到了發展，能夠開始進一步了解自己，豐富自己的人生體驗。孩子給自己帶來的樂趣、自豪感和成就感是任何事情都無法比擬的。擔起父親角色也就意味著承擔了更多的責任和義務，這使得父親本身更加成熟和有責任心。如何做好一個父親是一門複雜的學問，承擔父親角色也要求父親們不斷更新自己的知識，提高自己的能力，擴展社會資本。

在中國傳統文化的心理學思想中，就有孟子提出的五倫關係之首——「父子有親」。個體生活中五倫關係正常與否，相當程度上影響著個體的心理成長。在傳統文化中，我們可以看到，孟子提出的五倫關係（即「父子有親」、「夫婦有別」、「長幼有序」、「朋友有信」和「君臣有義」），其中「父子有親」強調了在親子關係中父母與子女之間的關係應該是「有親」，也就是說現代心理諮商中所說的親子關係不良，即為五倫關係的「亂倫」。這裡的「亂倫」是指關係本身沒有按照自然和文化的發展而導致的順序錯亂。

所以，處理好與父親的關係不僅關係到心理成長，還涉及文化傳承。

核心目標

　　個體生活中父子關係正常與否，相當程度上影響著個體的心理成長。因此，我們運用傳統心理學思想，在科學的流程下，將「父子有親」轉換成心理諮商和生活中可以具體應用的現代積極心理技術──「天上有個太陽」，以此心理技術來幫助個體優化與父親之間愛的關係。

　　「天上有個太陽」技術的整個設計，使我們與父親對話，表達對父親的所有情感，進而把感恩、溫暖的力量傳遞給自己。那個過程，就像我們重新從太陽身邊汲取力量一般。透過多重的、立體的、全方位的表達，與父親更好地、更直接地連線，可以喚醒我們內心中最有力量與擔當的部分，這也是我們人格完善的必經步驟。

技術特點與優勢

　　在此技術中，我們關注的是體驗和感受，追求的是開放和自由。開啟記憶的閥門，回想一幅幅關於父親的畫面，不管那個畫面中父親呈現什麼狀態，是生氣還是快樂，是沉默還是繁忙，我們都無條件地接受。遵從內心的想法，我記憶中的父親就是這個樣子。

　　在繪畫的過程中，透過對父親的描繪，我們又一次體驗到了與父親相處的點滴，再一次加強了對父親的認識。我們對父親的所有情感也會在這一刻得到爆發，不管對父親是感恩還是埋怨，是溫暖還是冷淡，都會像洪水一樣暴發出來。透過這次毫無壓抑的釋放，我們終會慢慢理解父親，對父親的一些消極態度也會產生改觀。

技術操作指南

1. 在 A4 畫紙上用水彩筆畫出邊框，再把畫面分割為 3×3 的九個格。

2. 在紙的開頭寫上「我的父親」。

3. 從右下角按逆時針順序畫到中心，或者從中心開始按順時針順序畫到右下角，這兩種順序都可以，依順序一格一格地把腦海中浮現的關於父親的畫面畫出來。

4. 在畫第一個方框的時候，閉上眼睛冥想，大腦中出現「我的父親」字樣，你的頭腦中會出現一幅畫面，將這個畫面畫在第一個格子中。畫完第一個格子之後，再次閉上眼睛冥想，將大腦中出現的「我的父親」畫面畫在第二個格子中。將頭腦中關於父親的畫面用圖畫的形式在九宮格裡依次畫出。（畫的時候可放歌曲〈懂你〉、〈父親〉等，幫助表達自己的情緒。）

5. 畫完九幅畫之後，體察自己內心的情緒，然後提筆，寫一封信給自己的父親，尊重自己當下的感受，做一個真實的情感表達。

6. 在寫完信之後的一週內，找一個機會，當面或者打電話，將信讀給自己的父親聽，如果實在做不到，可以將信寄給自己的父親，這是一個絕佳的連線和溝通的機會，一定要盡最大努力做到。

注意事項

1. 九宮格作畫的順序需要按照如下圖所示的兩種順序來畫，這樣才能達到最佳效果。

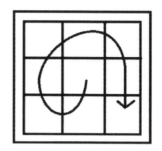

2. 畫畫或者寫信的時候如果有一些情緒流露，不管是正面還是負面的情緒，都要做到充分尊重，讓情緒盡情地表達。

3. 讓父親看到或者聽到信，是非常關鍵的步驟，也是整個技術成功的關鍵，說服自己，勇敢地踏出這一步，將會有意外的收穫。

參考文獻

1. 李璇（2016）‧家庭教育中父親「角色缺失」現狀及問題研究：以貴州省清鎮市為例‧貴州大學碩士論文‧

2. 馬躍如，王文勝（2010）‧孟子教育思想及其內在邏輯‧現代大學教育‧

3. 周治瓊，韋志中，余曉潔（2014）‧父子有親：天上有個太陽：運用傳統心理學思想轉換現代心理技術‧心理技術與應用‧

4. 韋志中（2013）‧幸福干預‧清華大學出版社‧

5. 張粹然（2005）‧心理學與文化‧武漢大學出版社‧

水中有個月亮
—— 優化與母親之間的關係

問題提出

　　父母與子女之間的良好溝通有助於子女的心理發展，特別是在母子關係中，如果能夠根據母親與子女所處的不同的心理狀態建立起良好的親子互動模式，將能促進子女人格的完整。在每個人的原生家庭中，如果說父親是太陽，那母親便是月亮，陰陽調和，相攜相扶，給予子女不同的愛，為子女撐起美麗、廣闊的天空。

　　母親，對於每一個孩子成長的重要性都是不言而喻的。

　　母親，對於孩子，對於家庭的意義，是不必也無法描述的。在母親的子宮中的原初安全、舒適的經歷，幼年時期對母親的依戀，渴望得到母親的認同的心願，會伴隨每個人的終身。無論以後的人生往哪個方向發展，那個有母親的家始終都是我們最眷戀的地方。

　　美國心理學家哈利‧哈洛（Harry F. Harlow）於 1930 年在威斯康辛麥迪遜大學做的關於恆河猴（恆河猴 94％ 的基因與人類相同）的依戀實驗就是比較著名的親子依戀實驗之一。

　　哈洛製作了兩隻假的猴媽媽：一隻猴媽媽是用鐵絲編成的，另一隻是先做母猴的模型，然後套上鬆軟的海綿狀橡皮和長毛絨布。實驗

的時候，把剛剛出生的小恆河猴放進一個籠子裡，裡面等待牠的正是鐵絲媽媽和絨布媽媽。如果鐵絲媽媽身上沒有奶瓶，而毛絨媽媽身上有，小猴很快會就和毛絨媽媽難捨難分，而如果奶瓶是在鐵絲媽媽身上，小猴也並不會因此對鐵絲媽媽有留戀，只是在覺得餓的時候跑去喝奶，其餘時間則總是依偎在毛絨媽媽的懷裡，絕不像人們常說的「有奶便是娘」。

哈洛等人由此認為，小猴對母猴的依戀並不只是因為母猴給牠餵奶，更重要的原因是母猴能給予小猴柔和的感覺，抑或毛絨媽媽給予小猴的其實還不止這些。如果在小猴離開毛絨媽媽出去玩耍時，突然讓牠看一個模樣古怪的龐然大物，小猴會驚恐萬狀地撒腿奔向毛絨媽媽，緊緊依偎著牠，並逐漸安靜與平復下來。可是，如果把毛絨媽媽換成鐵絲媽媽，小猴就不會跑去尋求安慰。可見毛絨媽媽還能給小猴安全感。

後來，心理學家給毛絨媽媽增添了越來越多的母性特徵，比如在身體上裝電燈泡，這樣毛絨媽媽的「體溫」便升高了，這時，小猴更加喜歡去找溫暖的毛絨媽媽，而不願找冷冰冰的鐵絲媽媽。如果把毛絨媽媽設計成可搖動型，吸引力就更大。當然，毛絨媽媽的母性特徵再豐富，也不能和真的母猴相比，研究證明，在毛絨媽媽身邊長大的小猴與在真媽媽身邊長大的小猴相比，其心理活動不如後者正常。

所以，父母在孩子出生後，不僅給予孩子物質上的滿足，還要經常地給予愛的撫慰和觸控，使親子間形成良好的依戀關係。來自母親溫暖的、無條件的、源源不斷的愛與接觸，不僅能夠滿足孩子成長過程中對安全的需求，更有助於其今後的健康成長與順利發展。

技術理念

在諮商案例中，有許多個案的創傷都來自原生家庭，在他們訴說與母親關係的時候，諮商師可以體會到那一個個以母愛為出發點的故事，最終都被來訪者解讀為他們成長過程中的傷痛。原生家庭的不良親子關係，可以對個體的心理成長及畢生的人際關係產生深遠的影響。而後在諮商取得一步步進展的過程中，我們漸漸看到，這些原生家庭中所謂的不良「親子關係」，很大一部分是由於親子溝通不足導致的。

親子溝通有實現家庭教育功能與傳遞愛的資訊的作用。家庭中的親子溝通是指家庭成員中父母與子女之間交換數據、資訊、觀點、意見、情感和態度的過程，以達到互相信任與改善親子關係的目的。這種溝通方式，在日常生中常被精簡為每天的資訊交換式問候，流於形式，也未涉及精神層面和心理層面的互動和交流，這也是當個體面臨挫折或心理困境時感受不到原生家庭的支持和關愛的一個重因。

尼爾森運用自我觀念理論提出了 5 條幫助父母理解兒童，改善親子溝通品質的原則。這些原則包括：

* 尊重兒童要按照與他們的自我觀念一致的方式行事；
* 父親和母親應該在與孩子的關係上保持一致；
* 父母一定要表達出持續的和無條件的對孩子的接納；
* 父母一定要能移情地理解孩子；
* 父母應該對兒童的重要行為投以重要的責任心。

這即是說父母應該尊重子女的獨立人格。父母在子女早期的成長過程中一直都處於幫助、管理、指導等支配性的地位，再加上受傳統文化的影響，以子女為自己的私有財產，遇事時無法把子女當作擁有獨立人格的個

體，這樣容易產生雙方心理上的疏遠、不信任或畏懼等，不利於建立有益的溝通氣氛。研究顯示，當青少年感到與父母溝通時的關係並不平等的時候，他們對溝通的期望值會受到影響，並有可能假設他們的意見不會得到合理地對待，因而甚至在談話開始前便放棄。因此，只有在父母尊重子女獨立人格的前提下才可能產生真正有利於青少年成長的溝通。

核心目標

修復或者維持個體與母親之間的關係，是每個人一生必須完成的重要事件，也是通往幸福的必經之路。我們的內心會告訴我們：獲得母親的愛，全心全意地去愛母親。一旦打通這種親子之間愛的連結，生活中的其他關係問題便會迎刃而解。

由此，我們運用傳統文化中的五倫關係之首的「父子有親」（這裡的「父子」指親子關係，包括母子關係），轉換製作成用於修復原生家庭母子關係的積極心理技術 —— 水中有個月亮。此技術透過設立我們與母親相處的體驗，幫助我們藉助藝術形式的載體表達對母親的所有情感，進而把溫暖的力量傳遞給自己。

多重地、立體地、全方位地表達，與母親更好地、更直接地連線，可以汲取母親身上母性溫柔慈愛的部分，這也是我們人格完善的必經步驟。

技術特點與優勢

●（1）愛的力量

回到母親身邊，夜深人靜時，聽媽媽講過去的故事。彷彿又回到了小時候纏著媽媽講故事的時刻，媽媽說的一些話，做的一些事，都會深深

印在我們的腦海中。當然為了加深記憶，我們可以選擇錄音裝置。此時此刻，媽媽靜心地講，我們靜心地聽，不需要理會外在的紛雜，也不需要整理煩雜的內心，只需享受這個美好的時刻，享受和媽媽共處的寶貴時光。

● **（2）藝術的情懷**

採用文藝創作的形式把母親的故事製作成藝術作品，這其實是對媽媽愛的昇華。表達性藝術本身即是生命的表達、內在智慧的轉化。不管我們採用什麼藝術形式，我們在創作的過程中，內心都是開放的，我們對母親的愛和感恩都會透過一筆一畫展露出來，這是愛的奉獻，也是愛的藝術。不管最終的成品如何，這個過程我們是沉浸其中的。

技術操作指南

1. 在生日的時候，回到母親的身邊，和母親在一起住三天，每天晚上請母親講述她的故事。仔細傾聽，不要反駁，用錄音裝置記錄下來，作為原材料。如果在聽的時候自己內心也有感受和想要表達的東西，可以用筆記錄下來。

2. 三天過後，離開母親回到職場上，在一個月內開始創作文藝作品。把母親的故事按照時間和空間順序，創作成任何一種藝術作品。可以是連環畫，也可以是陶製品，還可以是剪紙，當然也可以是一篇小說。總之，任何一種文學藝術作品都是可以的，具體是哪一種，要看自己現有的能力和資源。

3. 在三個月內創作好作品之後，把作品送給母親一份，自己留一份作為家庭中的文化紀念物品。當然也可以多做幾份送給親朋好友，以及自己認為值得贈送的人。

注意事項

1. 把母親的故事作為原材料，在製作藝術作品的過程中，可以把自己對母親的愛昇華到另一個高度，使自己的心靈和人格更通透。

2. 這個計畫適合各種年齡層的人，如果母親已經不在了，可以尋找母親生前相關的人，聽他們講述母親的故事。

參考文獻

1. 安伯欣（2004）·父母教養方式、親子溝通與青少年社會適應的關係研究．陝西師範大學碩士論文·

2. 王爭艷，劉紅雲，雷靂，張雷（2002）·家庭親子溝通與兒童發展關係·心理科學進展·

3. 韋志中，余曉潔，周治瓊（2014）·水中有個月亮：運用積極心理技術修復原生家庭母子關係·心理技術與應用·

4. 韋志中（2014）·團體心理學：本會團體心理諮詢模式理論與實踐·清華大學出版社·

寶貝對你說
── 優化與孩子之間的關係

問題提出

　　人們常說，天下沒有不愛孩子的父母。有的父母也會運用這樣的道理來教育孩子，以佐證自己所行使的教育方式是正確的。魯迅先生在〈我們怎樣做父親〉這篇文章中發現了中國人的親子關係並不是人性中相互關愛的關係，而是因實際利益才相互養育。中國有一句古話叫「養兒防老」，在農村，兒女不孝，老人們會常常嘆息，這個兒女算是白養活了。可見中國的父母對於養孩子是要有報酬的，這樣就使中國的父母與孩子之間形成了一種赤裸裸的交換關係，父母與孩子之間天性的愛的紐帶之下披上了一層物質的外衣。

　　其實一個人一生有好幾次成長的機會。

　　第一次是生養我們的父母所給予我們的家庭和愛，但這是我們沒辦法選擇的，父母可能因為孩子太多而忽略我們，可能因為忙於生計而疏於照顧我們，可能因為沒有愛的能力而傷害我們，這些我們都無法選擇，無能為力。

　　第二次是我們愛孩子的時候，孩子是我們的一部分，好好愛孩子就能修復自己內心曾經的創傷。如果第一次把握不了，第二次又沒有把握

好，將第二次機會轉變為對孩子的控制和塑造，那將再次錯過心靈成長的機會，錯失幸福生活的權利。

第三次機會是再次作為一個孩子去照顧父母，這個時候父母老了，病了，失去了權威，父母成了我們的「孩子」，當我們彎下腰去照顧他們，去傾聽他們的人生故事和艱辛，這在相當程度上可以修復我們內心的創傷。遺憾的是，這個時候，可能是我們的孩子正處於青春期，我們將精力更多地放在關注孩子、改正孩子身上，就又可能錯過這個機會。

第四次機會就是學心理學或者接受心理諮商，用專業的手段打通心結，修復內心創傷，重拾愛和被愛的能力，這是我們再次獲得幸福的寶貴機會。

技術理念

父母與子女正常的關係就是出於天性中愛的因子。父母養育孩子應是純粹的愛子之情，即使孩子將來不報答也同樣愛他，並且願意為孩子做出一切的犧牲。同理，孩子愛父母，也並不是因為父母曾經十分愛護他，而是從骨子裡流露的一腔熱流，即使父母有時對自己照顧不周也無怨無悔地愛著父母。只有有了愛的紐帶，親情才叫親情。

但是父母在養育孩子的過程中，有時候會顯得有些無力。如 2009 年發起的「父母意識的調查研究」發現：母性意識的 13 個因子為：自我喪失感、親子一體感、妊娠態度、自我發展感、對配偶的評價、親子交流困難感、夫妻親密、母親形象維持感、寬容性、撫養責任感、育兒責任感、對教養的關注、控制感。在這些因子中，排在首位的是自我喪失感，其次是親子一體感。「自我喪失感」指母親在養育孩子的過程中，由

於過度關注孩子的成長而造成自身的發展與興趣愛好受到制約、情感體驗遭到忽視、視野變狹窄等若干不利影響的一系列體驗。「親子一體感」則指母親將孩子視為自己生命的延續，視孩子為自己生活的主要目標與中心，具有和孩子不可分割的一體化感覺，而不是將自己和孩子作為兩個獨立的個體。這反映出中國的母親母性意識最顯著的特點是：在有了孩子後，普遍地過度關注孩子，將孩子視為自己的全部和人生的希望，而忽略了自身的情感體驗、評價、發展、興趣愛好等，不再關心自身的發展。中日母親的比較研究發現，日本母親的親子一體化意識沒有中國母親這麼高，她們較多地傾向於把自身與孩子看成是兩個獨立的個體，較多關注自身的體驗、評價和發展。

父性意識的 9 個因子為：接納感和責任感、控制感和困難感、功效感、寬容性、自我喪失感、親子一體感、教養觀念、對配偶的評價、育兒焦慮感。在這些因子中，接納感和責任感排在首位，它是指父親對由於孩子的出生所帶來的生活變化的接納、認可的情感體驗，以及因此而產生的承擔父親角色的責任感。由此可見，現代父親在有了孩子以後，最明顯的是由於孩子的出現所導致的全新生活的接納問題，並且由接納而產生的對孩子、對家庭的一種責任感。在父性意識中，還有一個比較突出的特點是「育兒焦慮感」，即有了孩子以後，父親感受到了比較突出、集中的焦慮，感受到了對孩子教養、孩子成長的不確定性所帶來的不安。

華人父母的意識中普遍存在育兒焦慮這一心理因子。由於為孩子的成長傾注了極大的心血，父母對孩子的期望值也隨之升高，由此給孩子造成很大的心理壓力。育兒焦慮主要是指父母展現在對孩子的飲食起居、生長發育、行為舉止、外貌衣著、性格脾氣、同夥關係、親子關係

等方面的一系列緊張不安與過分敏感。其表現是，孩子一有「風吹草動」，父母便會「草木皆兵」。父母對孩子身心發展的各個方面都始終擔驚受怕，擔心孩子發展不良或落後於人，在孩子還處在不甚理解「競爭」這個詞的意義時，就反覆叮嚀孩子事事都要超過別人，「別讓孩子輸在起跑點上」就是對此最好的注釋。

孩子，是所有父母最關心、最願意為之傾注心力的人。天下沒有不愛孩子的父母，而且，天下也沒有不愛父母的孩子。遺憾的是，原來以愛之名，以血液相連建立起來的親密關係卻時常有矛盾、有爭吵、有誤解。「寶貝對你說」技術就旨在幫助父母和孩子創造一個機會，實現內心的交流。我們不想沉迷於尋找父母教育方式的問題，我們相信人性本善，相信孩子和父母之間真誠的情感。我們缺少的只是父母用自己的行動，去為親子溝通建設一個橋梁。在此技術中，我們期待父母都投入參與，充分而真實地表達。不要懷疑，去做了，你就一定會有收穫。

核心目標

心理學中有一個黃金法則：你希望別人怎樣對待自己，你就應該怎樣對待別人。這一法則用在親子關係中同樣適用。所以當希望孩子對自己推心置腹時，父母首先應該把自己交出去，對子表達真誠，讓自己的情感真實流露。不管委屈或傷悲，請不要躲閃或壓抑，在孩子面前展示真實的自己。

● （1）父母也需要傾訴

作為父母，我們一直是孩子心中的守護神，是孩子的避風港。孩子遇到什麼問題，都可以請父母出謀劃策，孩子在感情上受到了傷害，也

可以在父母這裡找到愛和溫暖，所以在孩子心中，父母就是參天大樹，就是無所不能的，沒有什麼問題可以困住父母，沒有什麼煩惱可以纏繞父母。殊不知，當孩子第一次背上書包遠行時，媽媽可能不止一次地在背後掉眼淚，爸爸也可能抽掉了整整一盒菸。當孩子沉迷電腦忽略課業時，父母在生氣之餘也會面露無奈和無助。當孩子成績下滑背負沉重壓力時，父母在著急之餘也會想方設法地為孩子提高成績出謀劃策。但是這些，父母都沒有告訴過孩子，父母給孩子的可能是訓斥，可能是憤怒，也可能是失望。這些不理智的行為往往會加深孩子對父母的誤會。所以，作為父母，與其自己悶著發愁，不如和孩子好好談談。相信孩子能夠感受到父母的良苦用心，相信孩子聽到父母的心理話後一定會有所觸動。

作為一個社會人，不管是大人還是小孩，都需要支持和理解。所以父母們不要覺得不可能，不要覺得沒必要，孩子並沒有我們想的那麼脆弱，給自己的心靈一次釋放，也給孩子一個了解我們的機會。「寶貝對你說」技術就旨在給父母提供這樣一個機會。

● （2）改善親子溝通

不管父母們承認不承認，我們都會無意識地用權威來打壓孩子，也許只是一時之氣，也許已是家常便飯。其實這個權威背後，反映的就是孩子和父母關係的不平等。父母覺得孩子不懂事、不成熟，只有用這種獨裁的方式才能讓孩子乖乖聽話，但這樣只會招致孩子更多的反感和誤會。

有一位老師針對家庭教育溝通情況進行調查後發現，父母的愛的表達已出現問題，41.9%的孩子認為父母愛的方式不對，認為有時對有時

不對的占 33.3%。所有的孩子都認為父母是愛自己的，但是七成孩子不願向父母說心理話，不願和父母交流，是因為他們覺得父母太專制，多數情況下只關心自己的課業成績，忽略自己的感受，還限制自己社交的空間和做事的獨立性。所以孩子不願把知心話講給父母聽，父母要負很大責任。

技術特點與優勢

● （1）父母的自我療癒

「寶貝對你說」技術採用格式塔流派中的空椅子技術的思想。空椅子療法的目的是讓來訪者在當前面對的問題中獲得對自我的支持。父母設想孩子坐在對面的空椅子上，把心中的話說給孩子聽，這個過程既是表達情感的過程，也是父母進行療癒的過程。自己的委屈或傷感，自己的無助或者無奈，都可以真實地表露出來。此時不需要遮掩，不需要壓抑，越真實越痛快，越盡興越暢達。只要積極地表達真實的情感反應，我們就可以自我療癒。

● （2）注重當下感受

在現代都市快節奏的生活中，人們已經習慣了不斷思考，卻忘記了好好感受。格式塔療法強調感受是思考的基礎，充分感受此時此刻的狀態，才能更好地思考。「寶貝對你說」技術讓父母注重好好感受當下的心情，強調父母真實的情感體驗。

技術操作指南

1. 請你拿出一張 A4 白紙，一枝筆，放在前面，閉上眼睛，在記憶中搜尋一下你的孩子的樣子，他／她的五官是怎樣的，他／她最喜歡做的事情是什麼。相信這個過程，對於每個父母來說都是易如反掌的。

2. 用筆在紙上畫出你頭腦中的孩子的樣子。不一定要畫得很好，只要能表達你記憶中孩子的特徵就可以了。

3. 搬一張椅子放在你坐的椅子的對面，將畫像貼在椅子上。放〈對你說〉這首歌的音樂。

4. 坐回原位，閉上眼睛，感受到你的孩子已經坐在對面的椅子上了，看到他／她在做什麼，他／她穿什麼樣的衣服，他／她是怎樣的表情，靜靜地看著你的孩子。

5. 看著你的孩子，跟隨著音樂，把你想對他／她說的話真實地告訴他／她，不要顧忌身為媽媽或爸爸的權威，不要害怕孩子會不接受，只需要真誠地表達你內心的感受和想法。相信只要你說了，表達了，你的孩子就能夠收到。

6. 在這個過程中，你會有真實的情感流露，請你接受它。哭泣也好，委屈也好，不甘也好，讓它們真實地流露出來，不要壓抑和掩蓋，這些都是你內心真實的情緒，把它們表達出來是非常重要的。

注意事項

1. 此技術的操作要點在於十分投入地參與到整個過程中，並且真實地表達，所以，請你將整個過程看作是一個嚴謹而科學的過程，按照步驟，一步步認真實施。

2. 整個過程應避免被打擾，一定要在一個安靜、安全的環境中獨立實施。

3. 音樂〈對你說〉全程循環播放。

4. 充分表達完自己想對孩子說的話之後，做幾個深呼吸，平復一下自己的情緒，給自己一點時間安靜地待一會兒。

5. 完成此技術後，你有想當面對孩子說的話，可以透過寫信或面談的形式，傳達給你的孩子，這樣效果會更好。

參考文獻

1. 林崇德（2004）‧發展心理學‧人民教育出版社‧

2. 劉鵬志（2005）‧「空椅子技術」在心理諮詢中的應用‧思想理論教育‧

3. 韋志中（2013）‧幸福干預‧清華大學出版社‧

愛的束縛
── 減少父母對孩子的約束力

問題提出

每位家長都希望自己的孩子有較強的能力，課業成績優秀，但家長在不知不覺中對孩子的溺愛，卻使孩子在各個方面的能力退化了，這就導致了孩子能力低下。

由於家長的溺愛，孩子的各種能力都得不到發展，進而退化，這種能力低下的孩子在學習、生活中，就會遇到很多問題。這樣的孩子在學習上會遇到各種障礙，於是孩子對學習失去了興趣，不喜歡讀書，最後厭學，甚至輟學。當這些孩子的成績下滑時，緊跟著其他的毛病就都出現了。所以，厭學的孩子幾乎都是在溺愛中長大的。

技術理念

在心理學中有著名的「超限效應」，是指刺激過多、過強或作用時間過久，從而引起心理極不耐煩或逆反的心理現象。作家馬克‧吐溫描述過自己一次這樣的經歷：有一次，他聽牧師演講時，最初感覺牧師講得好，打算捐款；10 分鐘後，牧師還沒講完，他不耐煩了，決定只捐些零錢；又過了 10 分鐘，牧師還沒有講完，他決定不捐了。在牧師終於結束

演講開始募捐時，過於氣憤的馬克‧吐溫不僅分文未捐，還從盤子裡偷了兩塊錢。這種由於刺激過多過強或作用時間過久，而引起反抗心理的現象，就是「超限效應」。

家長愛孩子也是如此，過度的愛可能會變成對孩子的束縛，阻礙孩子的成長。對於家長來說，愛孩子，並不意味著為孩子包辦一切。愛孩子，並不意味著孩子需要什麼就給什麼。給孩子自由成長的空間和成長所需要的精神養料，才是最重要的。孩子是一個獨立的個體，將來要獨立地去面對世界、面對社會、面對生活，所以，父母培養孩子的生存能力最重要，要讓孩子到廣闊的天地裡去鍛鍊，去實踐，去學會如何應對危險的局面。

「愛的束縛」心理技術讓家長動手給孩子纏上一層層絲帶，象徵著對孩子的關懷「無微不至」，然後請孩子在束縛下做一些簡單的舉動，促使家長明白，他們的溺愛束縛了孩子飛翔的翅膀。

核心目標

此技術使家長意識到自己對孩子的愛不一定都是孩子真正需要的，有時候對孩子可能是一種約束與負擔，會在一定程度上阻礙孩子的成長。透過這個技術，使家長學會對孩子放手，讓孩子更好地成長。

技術特點與優勢

透過綵帶束縛這種形象化的表現，更能直觀地表達家長對孩子愛的約束力。父母對孩子的愛總是在不知不覺中進行的，有時候並沒有意識到這種愛對孩子造成的困擾與束縛。此技術用綵帶來代表父母對孩子的

愛，具體來說，家長對孩子一個小方面的關切，就把綵帶在孩子身上纏繞一圈，兩點關切，就纏繞兩圈，以此類推。由於家長對孩子的關愛是滿滿的，最終孩子就會被愛纏繞成一個木乃伊的形狀。這種視覺衝擊將直達在場父母的內心，給他們造成很大的心理震撼。在這種情緒波動中，自然也會對自己之前的所作所為進行反思，進而有選擇性地改善自己的行為。

技術操作指南

1. 準備工具：綵帶。

2. 指導語：「每位家長都希望自己的孩子名列前茅，能力出眾，但因此而來的過度管束和溺愛卻使孩子在各個方面的能力都退化了，離開了家長，孩子可能什麼都不會做，這也間接傷害到了孩子的自尊。我們從自己的角度出發，認為孩子安心接受我們的管教是理所應當的，但是我們在給孩子愛的時候，有沒有考慮過孩子的感受呢？有時候，我們對孩子的愛也是一種束縛。在城市的綠化管理養護過程中，每棵樹都會被纏上草繩。樹木包草繩在夏季可抵擋烈日曝晒，在冬季可防樹幹凍傷，下雨了可涵養水分。這些草繩，就是對樹的愛的表現，對樹而言是極其重要的。今天在我們的現場，有一些絲帶，它也象徵著我們對孩子的愛，但是這兩種愛的效果是一樣的嗎？現在就讓我們用這些絲帶，把我們的孩子層層保護起來吧。」

3. 孩子如果在現場，家長可以邀請孩子一同參與；如果孩子不在，則可挑選一個成員假扮孩子，一起進行互動。

4. 家長們拿起絲帶開始圍著孩子的身體進行纏繞，一邊纏一邊說一些自己對孩子關愛的話，「我不讓你到處亂跑，因為怕你摔倒」、「我不讓你洗碗，怕你割傷手」、「我不讓你去露營，因為怕不安全」……一邊說，一邊將絲帶纏在孩子身上。

5. 等到孩子被包裹好之後，請孩子做一些簡單的動作，如彎腰、走動，詢問孩子，你做這些動作容易嗎？為什麼會出現這種情況呢？在被包裹的過程中內心感受如何？

6. 引導家長思考：透過這個活動有什麼啟發，對家長和孩子的互動有什麼樣的教育意義。

7. 家長和孩子敞開自己的心扉，互相分享感受。

8. 團體導師總結：愛孩子，並不意味著為孩子包辦一切；愛孩子，並不意味著孩子需要什麼就給什麼。給孩子自由成長的空間和成長所需要的精神養料，才是最重要的。

注意事項

家長在給孩子纏綵帶的時候，也不能太過用力，只需要能夠限制住孩子的舉動即可。

參考文獻

韋志中（2013）· 學校心理學：工具箱指導手冊 · 武漢大學出版社 ·

照相機
—— 運用存在主義哲學增強人際關係

問題提出

隨著個人在社會中不斷的磨練，不少人失去了理解自己內心情感變化的能力，缺乏對周圍環境的捕捉能力。有些人發現自己想像的情境跟現實根本就不一樣。我們在知道真相之前，會相信謊言。

當我們把自己的主觀意願投射到我們所看到的事物和人身上時，我們只會根據自己的標準來判斷對方。有時候，這種判斷離現實相距十萬八千里。

技術理念

存在主義，又稱生存主義，是當代西方哲學主要流派之一。這一名詞最早由海德格（Martin Heidegger）提出。存在主義是一個很廣泛的哲學流派，它可以指任何把孤立個人的非理性意識活動當作最真實存在的人本主義學說。存在主義以人為中心、尊重人的個性和自由。人是在無意義的宇宙中生活，人的存在本身沒有意義，但人可以在存在的基礎上自我造就，活得精采。

　　存在主義認為，人之所以能做出決定及反應，是因為人擁有自我察覺的能力。自我察覺能力越強，自由的可能性也就越大，拓展人的覺察能力，也就能增進我們充分體驗社會的能力。察覺是個體對生命意義、自我發展的能力、情緒控制與行為選擇自由的自我意識。

　　存在主義是一種人生哲學思想，認為人生存在的主要問題基於如何發現自己，如何肯定自己和如何實現自己。海德格倡導的是在世存在的人生哲學。在世存在是指人誕生到這個現實世界所帶來的一切及生活中所經驗到的一切。這一概念特別強調人與世界之間的互動關係，即沒有世界人就不能存在，沒有人世界就不存在，只有人存在，世界才有意義。人在選擇追求自己的本質時，有順境也有逆境，有生之愉悅也有死之恐懼，這些都是不可避免的。只有坦然面對現實並積極努力，才會找到安身立命之所，也才會活出意義來。海德格認為，個體在從事自由選擇時，會因為選擇後必須自行負責而感到焦慮，焦慮會導致痛苦。因此，在世存在的人生處在進則光明退則陰暗的歷程之中。只有既能自由選擇又能對自己的選擇負責者，才會擁有積極而健康的人生。海德格的在世存在思想對後來心理治療的發展產生了很大的啟發作用。

　　雅斯佩斯（Karl Theodor Jaspers）認為，個體的存在價值基於自我三個層次的存在：現實存在、自我存在和自在存在。現實存在指個體經由對外在客觀世界的觀察而認識到自己的存在。自我存在則是個體在生命存在過程中所經歷到的人生體驗和選擇，個體面對衝突、痛苦和死亡必須有所選擇，是積極地活下去還是消極地放棄。雅斯佩斯認為，只有選擇積極活下去的人，才會體驗到自我存在。自在存在的人將自我從現實的境界昇華到更高的境界，化小我為大我，盡量與世界和他人交往，就會體驗到人生真正的意義。雅斯佩斯的存在主義思想對以後人本主義心

理學和心理治療學的發展產生了很大的影響，他的三個存在層次也就是
現在我們通常所提及的認識自我、肯定自我和實現自我。

「照相機」技術運用了存在主義的此時此地。此時此地指的是在現場
（在辦公室、在關係中、在你我之間的空間內），且在當時發生的事件。
基本上這是一種非歷史性的角度，不強調（但也不抹殺）來訪者的生活
歷史和事件的重要性。

「照相機」技術中，個體透過把自己想像成一部照相機，捕捉身邊環
境、內心變化、與他人互動關係的三幅圖畫，並進行加工、分析，提高
個人對身邊環境、互動關係和個人內心的感受能力，增強個體人際交往
能力。

核心目標

1. 瞬間捕捉團體成員各自內心最真實的體驗，訓練團體成員對現實的
   感受。「照相機」技術使個體把自己想像成一部照相機，捕捉身邊環
   境、內心變化、與他人互動關係的三幅圖畫，這其實是存在主義的
   此時此地，是對當下的感知，是對現實的感受。

2. 使成員能準確地觸控自己的內心世界，感受自己與周圍環境的關
   係，從而提高交往能力。在此技術中，我們感受著環境的安全和朋
   友的親近，我們與內在的自己對話，了解我們以往的人際互動中哪
   些是需要堅持的，哪些是需要改善的，怎樣可以和別人更好地互
   動。我們了解了自己的人際互動特點，知道了改善的方向，就可以
   擁有更好的人際關係。

技術特點與優勢

　　把自己的眼睛想像成照相機，既合情合理又出人意料。我們主要透過眼睛來感知外部世界，外界的一草一木主要是透過眼睛進入大腦的，從這一方面來說，眼睛就是大腦的照相機。另外，眼睛對於心靈的意義不僅僅是窗戶這麼簡單，還是感知自我存在的媒介。我們定格在當下，感知周圍的環境，感知對面他人的心情，感知自己流露出來的情感，與自我相關的種種都是可以透過眼睛感知到的。所以，不僅僅是人際關係，還有自我存在，我們的眼睛都可以給出完美的答案。

技術操作指南

1. 指導語：「我們都知道，照相機可以用來記錄風景和人物，記錄我們成長的點滴，它是一個最真實的記錄者。那麼，有沒有這麼一架照相機，拍攝後直達自我的內心世界呢？有的，其實每個人本身就是一架最精密、最昂貴的照相機，你的眼睛就是『照相機』的鏡頭。我們常說，生活中並不是缺少美，只是缺少發現美的眼睛。在最初的時候，我們的眼睛能捕捉到許多美的鏡頭，在我們成長的過程中，這一項功能逐漸被弱化了。把自己想像為一臺照相機，在十分鐘內拍攝三張照片，來訓練我們內心真正的體驗。」

2. 第一張照片：整體的感受。慢慢閉上眼睛，用你的心去感受周圍的環境，時間兩分鐘。睜開你的眼睛，感受一下真實的環境，生成第一張照片。

3. 第二張照片：對拍照對象（兩個人對拍）的感受。這一輪需要兩個人一組，互相給對方拍照。輕輕閉上眼睛，感受一下要拍照的對象是什麼樣子的，時間兩分鐘。睜開你的雙眼，與被拍照對象對望，然後成像。

4. 第三張照片：對過程的體驗。閉目兩分鐘，感受一下剛才的過程。睜開眼睛，環顧一下四周，然後生成一張照片。

5. 全體成員描述照片，分享在這個過程中的感受。

6. 透過反覆捕捉，提高感受能力。

參考文獻

1. 林增學，鞠紅霞（2001）·從存在主義到人本主義心理學：第三勢力心理學思想的興起與流變·柳州職業技術學院學報·

2. 韋志中（2013）·學校心理學：工具箱指導手冊·武漢大學出版社·

3. 韋志中（2008）·本會團體心理諮詢實踐·廣東科技出版社·

心靈感應練習
—— 採用心理場理論來闡述人際關係

問題提出

這是筆者在為一家企業的銷售菁英做團體培訓的時候所創造的一個團體技術，這個團體技術同時也被運用在小組治療中。

任何一個人都會有人際關係，也會在工作和生活中培養人際關係。當然如果作為銷售菁英，你會發現當和一個你不喜歡的人談你的產品和思想時，效果會大受影響。這是為什麼呢？假如這個人是你的團隊合作者，你又不能避免和他的接觸，你該怎麼辦？你為什麼站在某個人身邊就感覺舒服？為什麼有些人你看見他就覺得不自在？我們看到的是外在的表現，比如我不喜歡某個人，我就轉過身去，其實在這個過程中，是心理層面在活動，是心理內部有人際關係的不同感受才會導致外部的不同反應。

心理學研究是以人為研究對象的社會科學，關係圈中人的心理因素則是影響人際關係的重要方面。人的心理環境，存在諸多影響因素，有因成長生活環境不同與學習能力不同造成的事物認知誤差從而導致的意見不合；有因心理承受能力的差異導致的對他人觀點的不同的接納程度；有因自我和諧和行為自控從而對人際關係產生輻射性影響的自制

力；有因人際交往中不平等現象產生或者輿論影響導致的心理壓力及反應韌性；有因自身情商塑造的一個不可或缺的方面即情緒智力。不同心理因素影響著社會人的人際相處。

技術理念

人的心理也是一種能量，或者說人的心理也是一種特殊的事物，它也有特定的能量表現形式，這種能量同樣也在向外發射自己的力量和接受其他事物發射過來的力量，因此心理也存在特定的力量。現在我們普遍認同的是自然界的事物或其他事物對人的心理的影響，但是很少有人指出在無語言媒介情況下的人的心理間的相互影響，實際上這種影響也同樣是客觀存在的。有時人們能夠注意到這樣的影響，但大多數情況下很多影響都被人們嚴重地忽略了。如一個有人居住的房子和一個無人居住的房子，人們的感覺是截然不同的。很多人都有這樣的經驗，在一個陌生的地方，人們會透過「直覺」發現，似乎有人在這裡生活。這實際上是人們感受到了一點心理能量的作用。

心理的場實際上和其他的場沒有截然的分別，只不過心理的場是以人的心理為中心而組合成的特定的場。心理的場和自然界的場一樣也是一個三維的、立體的場，周圍的任何事物都必然會影響到這個心理場，同時這個已經形成的心理場又反過來向周圍的事物發射能量。

心理場理論借鑑了物理場中的一些基本概念，用於描述人類個體活動的特性，是一種具有較強影響力的心理學理論。在心理場理論中，「場」這個術語的含義與通常意義上的場存在區別，不僅僅指感受到的環境，並且還包括認知意義，既包含物質環境中的某些事件（即被感知到

的物質環境），也包括個人的信念、感情和目的等。簡而言之，心理場探討的是人對其周圍環境的知覺和認知。之所以借用場論的概念，是由於場論是一種分析物質間相互關係的起因和建立科學體系的方法。

心理場的基本理念是：人的心理活動是在心理場中發生的，這種心理場（也稱之為生活空間）是影響個人某時某地行為的所有因素的總和，包括個人及其心理環境。勒溫認為，一個人的個體行為取決於個人和其所在環境的相互作用。由此得到心理場的基本公式如式 B=f(P·E)，其中 f 是個人特性與環境的函式，B 表示個人行為，P 表示個人屬性，E 表示所在環境。此公式的含義為，個人的所有行為（包括心理活動）隨自身與其所處環境條件的變化而發生改變，即行為隨人與環境這兩個因素的變化而變動。不同的人對同樣的環境條件會產生不同的行為，而同一個人針對不同的環境條件也會產生不同的行為，甚至同一個人，如果情境條件發生了變化，面對同樣的環境也會產生不同的行為。

心理場具備自然界場的所有特徵，即有機化合性、變化性、輻射性和慣性。人的心理能量和其他事物的能量可以有機地結合在一起而組成一個特定的場。同時，心理場也在發生著變化，這種變化的原因也來源於兩個方面，即內因和外因。人的衰老以及由此引起的人的各個方面的變化而引發的場的變化是一種主要的內因，當然，其他事物能量的變化也是引起這種場變化的原因。心理場的外因的變化就很多了，空間事物的任何小的變化都會引起心理場的變化。心理場的輻射特徵是很明顯的，人們都知道心理具有很強烈的感染性。在一個特定的場合，人們熱血沸騰，這時另外一個人進入後會馬上形成類似的情緒。同屬於一個家庭的人具有非常相似的個性表現，這與家庭形成的這個特定的場的感染有必然的連繫。同樣，心理場具有慣性。除此以外，心理場還具有如下一些特徵：

自然場和心理場的融合

人作為自然界中的一部分，和其他的事物首先組成一個自然界的場，其次它又透過心理力量組成人所獨有的心理場。對於一個人而言，他有兩種能量表現形式，作為肉體的自然的能量和作為精神的心理的能量。這兩個場是同時並存且交織在一起的，是一個完美的整體，是一個特定的場。實際上我們的這個區分是在純理論上，實際上兩者無法區分，因為它本身就是同一個事物。

敏感性

心理場具有敏感性。與自然界的場相比，心理場更容易接受其他力量的影響，因而由此引起的變化性比較突出。

核心目標

● （1）了解個體自身的人際關係模式

在此技術中，筆者設計了三種同伴：學習同伴、遊戲同伴和聊天同伴。對於不同的人際功能，我們選擇的同伴也是不同的。

我們願意和哪一類人學習，願意和哪一類人玩耍，願意和哪一類人聊天，都是由我們的心理場決定的。對於人際互動，我們會根據自己的意願來選擇不同的交往夥伴，同時也會呈現不同的交往模式，這就是需要我們關注的點。

● （2）提升人際交往能力

既然說到互動，那肯定是兩個人以上的交往。如果在人際關係中只是你自己的一廂情願，那這個交往就是失敗的。在此技術中，我們透過

兩人同時的選擇，來驗證你的人際交往水準。如果你選擇的人正好也選擇你，代表你們兩個是彼此心中的知己夥伴，如果你選擇的人選擇的卻不是你，那就說明你的人際交往能力是需要提高的。當然依據不同的交往目的，我們的交往對象也是不同的。可能這個人適合一起逛街或者玩遊戲，卻不適合聊天。所以我們要根據不同的情景選擇不同的交往對象。

技術特點與優勢

●（1）人際關係的多樣性

在人際交往中，我們不僅要選擇和我們一起聊天的人，也要選擇和我們一起遊戲的人，還要選擇和我們一起學習的人。這三種不同的交往對象其實就能看出我們人際交往的複雜性和多樣性以及功能性。

●（2）人際交往中的心電感應

在人際交往中，我們比較關注我選擇的人是不是也會喜歡我，我重視的人是不是同樣也重視我。在此技術中我們就可以得到答案。當導師發出指令的一剎那，我們同時指向我們選擇的人，此時的心電感應就可以顯現出來。

技術操作指南

這個技術包括 3 個環節，每個環節都有引導語言，以及獨特的分享方式。

● （1）第一環節

指導語：

「現在我們開始做一個活動，讓我們大家圍成一個圓圈，要保持相鄰的兩人之間沒有空隙，都要有身體的接觸。然後我們選擇一個人作為自己的學習夥伴，你現在就可以在內心醞釀你將會選擇誰，選擇的對象必須是我們這個團體內的成員。當我宣布開始的時候，全部成員一起用自己的右手指向那個人。如果兩個人都選擇了對方，那麼你們的選擇就是成功的，可以離開這個圈子，先到旁邊觀看，但不能說話。然後繼續進行，沒有選擇成功的成員，繼續圍成一個圈子，再一次選擇。成功的那些人像之前成功的那樣，離開圈子站在旁邊觀察，直到最後全部選擇成功。

我們現在開始分享一個話題，這個話題是：我為什麼會選擇你？時間為 3 分鐘，不能跑題，要盡量讓對方明白你為什麼選擇他。」

● （2）第二環節

指導語：

「剛才我們進行了第一個環節，我想大家也許能夠感受到一些東西，那就讓我們在最後的分享環節再說吧。現在讓我們像開始一樣再圍成一個圓圈，然後選擇一個人來作為我們的遊戲夥伴，但不能選擇剛才選過的人，醞釀好了以後就等『1、2、3』開始。

按照第一環節的方式進行下面的部分，直到結束。」

●（3）第三環節

指導語：

「分享環節會在最後進行。現在我們像開始一樣圍成一個圓圈，現在開始在腦海中尋找一個人，這個人是能夠和你說私人話題的人，但不能選擇剛才已經選擇過的人。好的，現在開始。

按照上面的兩個環節依次進行，直到全部完成。

現在是我們的分享環節，我們在生活中要和別人相處，在工作中也要和其他人打交道，但我們是否發現一個現象：我們在和一些人相處的時候很開心，甚至當這個類型的人走近我們的時候，我們就已經感受到愉悅的氣息。但和另外類型的人相處時卻相反，他們總是讓我們感到不舒服，或者不能夠深入交流。可是我們作為一個人，總希望明天的自己比今天更優秀，我們的工作和生活總是要和各種類型的人打交道。所以我安排了這個環節，讓我們來體會一些東西，這是一個成長的過程。現在我們開始分享，分享的話題是『我在這三個環節中發現了什麼』。」

參考文獻

1. 李娟，梅會英（2016）·考慮複雜心理因素的自我呈現對和諧人際關係的調節·經營管理者·

2. 陶鵬飛（2012）·基於心理場理論的駕駛行為建模·吉林大學博士論文·

3. 韋志中（2013）·學校心理學：工具箱指導手冊·武漢大學出版社·

4. 鄭希付（2000）·心理場理論·湖南師範大學社會科學學報·

因為人生太悲慘，所以需要正向心理學：

敘事療法、替身技術、利社會行為、心理場……60 多招教你告別「偽裝」的樂觀，掌握內心的平衡

作　　　者：韋志中
責 任 編 輯：高惠娟
發　行　人：黃振庭
出　版　者：樂律文化事業有限公司
發　行　者：崧博出版事業有限公司
E - m a i l：sonbookservice@gmail.com

粉　絲　頁：https://www.facebook.com/sonbookss/

網　　　址：https://sonbook.net/

地　　　址：台北市中正區重慶南路一段
　　　　　　61 號 8 樓
8F., No.61, Sec. 1, Chongqing S. Rd., Zhongzheng Dist., Taipei City 100, Taiwan

電　　　話：(02)2370-3310
傳　　　真：(02)2388-1990
律 師 顧 問：廣華律師事務所 張珮琦律師
定　　　價：550 元
發 行 日 期：2024 年 06 月第一版
◎本書以 POD 印製

國家圖書館出版品預行編目資料

因為人生太悲慘，所以需要正向心理學：敘事療法、替身技術、利社會行為、心理場……60 多招教你告別「偽裝」的樂觀，掌握內心的平衡 / 韋志中 著 . -- 第一版 . -- 臺北市 : 樂律文化事業有限公司 , 2024.06
面； 公分
POD 版
ISBN 978-626-98687-2-8(平裝)
1.CST: 心理衛生 2.CST: 情緒管理
3.CST: 生活指導
172.9 　113007541

電子書購買

爽讀 APP

臉書